KB156141

나는 어떻게
조선 황실에
오게 되었나

나는 어떻게
조선 황실에
오게 되었나

—

엠마 크뢰벨 지음
김 영 자 옮김

—

민 속 원

1882년 미국과 우호통상조약을 체결했던 19세기 후반에 이르러
서야, 조선은 서구세계를 향해 문을 열기 시작했다. 중국과 인도, 일
본 등은 이미 16세기부터 천주교 선교사들을 통해 서양문물을 받아들
였고, 무역교류도 활발하게 진행해 오고 있었다. 특히 일본인들은 메
이지유신(19세기 중엽) 이후 다소 강제적이긴 해도 자발적으로 서양과
의 통상교류협정을 체결했고, 또한 즉각적으로 서양문화를 받아들였
다. 그들은 유럽에 지식인들을 유학 보내기도 하고, 서양 학자들을 직
접 자국으로 초빙하는 등 서구식 교육의 장점을 적극적으로 수용했
다. 또한, 군사조직을 서구식 군대로 재편성하고, 무기를 수입하는 등
의 유신정책을 펼쳐나갔다. 같은 시기의 조선은 어땠을까?

19세기 중엽까지만 해도 유럽의 어느 나라와도 통상을 원하지 않
았던 조선을 두고 당시 서방세계는 '은둔의 나라(조용한 나라)' 라 불렀
다. 19세기 말에 이르러서야, 조선은 반강제적으로 통상을 목적으로
한 문호를 개방했고, 마침내 서양인들이 조선 땅을 밟는 것을 허락했
다. 그리고 이때 잠시라도 조선 땅을 밟았던 서양인들이 자기 나라로
돌아가 '미지의 나라, 조선' 에 대한 기사들을 자국의 신문에 실으면
서, 거의 알려지지 않은 채 그저 '동양의 은둔국'으로만 알려졌던 조
선은 서구세계에 알려지기 시작했다. 여행자들의 견문록 혹은 연구

자들의 각종 저서에서는 그 내용이 때로는 사실과 다르게 왜곡되기도 하고 또 때로는 과장되기도 했다. 그러나 그들이 펼쳐놓은 조선의 이야기들은 광적일 정도로 호기심 많은 서양인의 지적인 갈증을 적셔주는 단비와도 같았다. 여행견문록 가운데 유독 시선을 끌었던 것이 바로 독일인 엠마 크뢰벨Emma Kroebel의 저서 『나는 어떻게 조선 황실에 오게 되었나?』이다. 그녀는 조선 황실 ─ 더 정확하게는 대한제국 ─ 의 서양 전례관이었다.

아관파천(1896년) 후 환궁한 고종은 황실에 국제적인 외교행사 때 필요한 전문적인 외교전례관을 두었고, 당시 독일령이었던 알자스 태생의 안토니에테 손탁(독일명 Antoniette Son(n)tag) 양을 첫 서양인 전례자로 임명했다. 그리고 이 책의 저자인 엠마 크뢰벨Emma Kroebel은 손탁 양의 후임으로 1905년에서 1906년까지 1년 동안 외교 전례를 담당했다. 마리 앙투아네트 손탁(프랑스 명칭) 양은 명성황후를 소재로 한 뮤지컬이나, 영화 등을 통해 한국인들에게 그런대로 알려졌지만, 이 저서를 쓴 엠마 크뢰벨에 대해서는 전문적인 역사학자들에게조차 잘 알려지지 않았다.

대한제국 황실에서 외교 전례를 주관했던 한 독일 여성의 회고록이라는 점만으로도 이 책의 가치는 자못 지대하다. 을사늑약 이후 일본의 강제합병을 전후한 고종황제의 황실 내부 생활상이며, 황실에 영향력을 미쳤던 당시의 고관과 내시들을 비롯하여 조선에 체류하고 있었던 서양인들의 일상생활과 조선에 대한 그들의 생각이며, 일본의 강제적인 내정간섭이며, 그로 인한 정치적인 수난을 온몸으로 견뎌내야 했던 고종황제의 고독한 고통이며, 당시의 궁중 생활은 물론 전통적인 풍습에 이르기까지, 이 책에는 생생한 역사기록이 담겨 있다. 다시 말하면, 이 책은 조선 황실의 마지막 긴박했던 위기 상황을 가슴 졸이며 지켜봐야 했던 한 독일 여성의 역사적 실제 목격담이다.

엠마 크뢰벨이 꿈에도 상상해 보지 못했던 조선 황실에서 '서양문화 전례관'이라는 큰 직책을 맡게 된 경위를 설명하려면, 시대를 조금 거슬러 올라가야 한다. 1895년은 명성황후가 일본 낭인에게 시해된 을미사변이 일어난 해이다. 이후 고종황제는 생명의 위협을 느끼고, 이듬해 1896년 2월 러시아공관으로 피신했다. 그리고 바로 그곳에 황제를 '안쓰러운' 마음으로 지켜보며 정성스레 그를 보좌했던 독일 여성이 있었는데, 그녀가 바로 손탁Sontag이었다. 그녀는 당시 러시아의 공사이자 경제 고문 자격으로 조선에서 활동하고 있었던 베버Carl von Waeber와 사돈지간이었다.

고종황제는 1여 년의 피난생활을 청산하고 경운궁으로 환궁할 때 손탁 양을 함께 데리고 왔다. 이때부터 그녀는 황실에서 베푸는 연회에 각 나라의 외교관을 접대하는 주례 책임을 맡게 된다. 러시아공관에서 외롭게 피신생활을 하고 있을 때 극진히 돌봐 준 이 서양 여인에 대한 고종황제의 신임은 거의 절대적이었다. 궁중의 대신들은 물론 내시들까지 두려워할 만큼 손탁 양의 지위는 막강했다. 당시 조선을 찾아온 외국인들은 황제 알현은 물론 조선에서의 사업 허가 승인을 받기 위해 빈번하게 손탁 양에게 도움을 청하곤 했다. 손탁 양에 대한 고종황제의 신임도 두터웠지만, 그에 못지않게 그녀 없는 황실 전례를 상상할 수도 없을 만큼 그녀의 존재는 고종황제에게도 각별했다.

1907년 네덜란드 헤이그에서 제2회 만국평화회의가 열렸을 때, 고종황제는 일본에 강제적으로 자주권을 빼앗긴 조선의 억울함을 호소하기 위해 비밀리에 사신을 보내기로 했고, 이 비밀사절단에 손탁 양을 합류시켰다. 황제는 일본 정부가 알아채지 못하도록 집안의 상속 문제를 해결하기 위한 휴가라는 명목으로 그녀를 극비리에 민간외교 사절로 유럽에 파견했다. 이때 그녀는 자신의 황실 전례관을 대신할 사람으로 당시 중국에서 사업을 하는 남편과 함께 머물고 있었던 엠마 크뢰벨 여사를 선택했다.

저자인 크뢰벨 여사의 동양 체류는 남편을 따라 중국 칭다오青島

로 떠나면서부터 시작한다. 크뢰벨 부부에 대해서는 부록에서 다시 소개하겠다.

11월 어느 날 아침 음침하고 안개 낀 함부르크 항을 출발했고, 그렇게 크뢰벨 여사의 동양체류는 시작되었다.

이 책의 첫 부분에는 크뢰벨 부부를 태운 '그라프 발데쎄Graf Waldesse' 호가 함부르크 항을 출발하여 미 대륙의 시카고와 샌프란시스코 등을 거쳐 일본에 도착하기까지의 여정, 그리고 일본에 체류하는 동안 그녀가 관찰했던 생활풍습과 문화, 그리고 이후 남편의 근무지인 칭다오에서 지내면서 체험했던 중국인의 전통의식과 생활풍속에 대해 자세히 소개하고 있다.

크뢰벨 부부는, 조선으로의 여행은 물론 손탁 양의 대리자로서 조선 황실에서 중대한 임무를 맡아 국제적으로 활동하리라고는 전혀 상상해 본 적이 없었다. 그들의 조선방문은 정치적인 목적과는 직접 상관이 없었지만, 체류 1년 동안(1905~1906년) 크뢰벨 여사는 여성 특유의 섬세하고 부드러운 시선으로 한일합병 직전의 조선 정치를 바라보았다. 당시 조선 황실의 상황은 '우왕좌왕' 그 자체였다고 해도 과언이 아니었다. 저자는 바로 이 시기에 조선의 백성들은 알지 못했던 역사적 진실을 『나는 어떻게 해서 조선 황실에 오게 되었나?』라는 '여행

추억담' 속에 담아냈다. 그녀의 저서는 궁중 생활을 하면서 가까이 지켜봤던 고종황제, 엄비, 그리고 엄비 소생의 태자 등의 인물 성격에 대해서도 생생하게 묘사하고 있다. 특히 궁궐 깊숙한 곳에서 일하는 내시들을 따로 분류하여 소개한 부분 매우 흥미롭기까지 하다.

크뢰벨의 저서는 총 184쪽 분량에 서른두 장의 사진이 함께 실려 있으며, 고향인 독일 함부르크 항을 출발하여 미국을 경유하여 일본에 이르기까지의 여정과 중국과 한국에서의 체류 생활에 대해 회고하는 내용이 4부로 나누어 기술되어 있다.

1부: 미국 여행기, 2부: 일본 여행기
3부: 중국 체류기, 4부: 한국 체류기

제1부에서 제3부까지는 1901년 독일을 떠나 미국과 일본을 거쳐 중국에 이르는 여정과 중국에 체류하면서 받은 인상을 담박하게 기록하고 있는 여행담이지만, 마지막 제4부는 대한제국 황실에서 서양 전례 직책을 수행하면서 위기에 처한 한국의 근대사를 직시했던 저자의 목격담과 혹독한 근대사에 묻히게 되었던 한국인들과 그들의 풍속, 그리고 당시 조선을 찾았던 외교 사절들의 쓴웃음 짓게 하는 행동들을 섬세한 관찰로 그려냈다.

CONTENTS

Emma Kroebel

•••

•••

Wie ich an den Koreanischen Kaiserhof kam.

어떻게 나는 조선황실에 왔는가

지은이 서문 _

내가 동북아시아 즉 일본, 중국과 조선[1]에서 5년간의 체류 중에 받았던 인상과 여행의 추억, 그리고 이들 나라로 가기 위해 항해 중에 있었던 추억까지 모두 합친 견문기를 이렇게 세상에 내놓을 수 있게 된 것은 독일 고향의 지인들 ― 특히 동양에서 오랫동안 함께 활동했던 친구들 ― 의 간곡한 권유가 절대적인 영향을 끼쳤다. 동아시아에 체류하면서 체험하고 관찰했던 것을 책으로 출판하고 싶어 했던 간절한 나의 바람이 마침내 이루어질 수 있었던 것은 마음이 들떠 안절부절 미지의 세계를 동경했던 남편 덕분이다. 그는 군 복무를 하는 동안 작은 소대의 변화 없고 단순한 군대 생활에 지루해했고, 대위로 군 복무를 마쳤다. 그리고는 활기차고 새로운 활동 영역을 찾는 일에 눈을 돌렸다.

그는 여러 지역으로 여행을 다녔고, 국내외의 많은 사람과 사귀면서 그곳들의 문화와 생활상을 알게 되었다. 그러던 1897년, 남편은 독일이 막 식민지로 점령한 중국 규주膠州에 있는 해군부대의 이동수송 연대장으로 가게 되었다. '이동수송 해상 연대'의 주된 임무는 군수

---

1 이 책의 번역에서 '조선/한국'이나 '서양/서구/유럽'의 개념을 시대변화에 맞추려고 노력했다. 간혹 역사적 맥락에서 현재까지 진행되는 내용으로 볼 때는 이 단어의 개념을 크게 구분하지 않았다.

품을 동아시아로 수송하는 행정사무였다. 1898년 2월 초, 남편은 칭다오에 도착했고, 그곳에서 유럽 식민지 집권자 중 한 명으로 타국 생활을 시작했다.

항상 성실하게 일하는 것을 최우선으로 여겼던 남편은 개인적인 일에서든 직업적인 일에서든 성공을 거두었다. 그리고 이러한 성공이 남편을 조선으로 가게 하는 계기가 되었다. 남편의 조선 방문은 내겐 조선 황실의 서양전례관인 손탁 양을 만나게 되는 기회로 연결되었다. 조선을 방문하게 된 나는 황실에서 손탁 양이 맡았던 황실 전례직을 수행하면서 1년 여간 그곳에 머물 수 있었다.

여기 내놓은 나의 저서가 아직 알려지지 않은 동양의 실태를 세상에 알리고, 또한 그동안 동양에 대해 곡해되어 있었던 부분들이 바로잡히기를 기대해본다. 특히 한국의 역사적 사실들은 매우 왜곡되어 전해진 부분들이 상당하다. 내 글을 통해 이처럼 왜곡된 부분들이 조금이라도 수정될 수 있다면 글 쓴 목적이 어느 정도 달성한 셈이니 이 이상 바랄 게 없을 것이다.

베를린, 1909년 10월

01

작별과
출발

나는 어떻게 조선 황실에 오게 되었나

1
작별과 출발

고향과 작별하는 날은 안개가 자욱하고 쌀쌀한 11월 어느 날이었다. 내 마음도 이 날씨와 별로 다르지 않았다. 오전 9시에 우리는 함부르크에서 미국으로 가는 증기선 그라프 발데쎄Graf Waldersse(발더쎄 백작)호에 올랐다.

배가 출발하는 부둣가는 활기에 차 있었고, 여러 나라의 사람들로 우왕좌왕 법석댔다. 사람들은 작별하느라 소리를 지르기도 하고, 손수건을 흔들기도 하고, 눈물을 흘리기도 하는 등 곳곳에서 헤어지는 아쉬움이 목격되었다. 작별을 안타까워하는 가족들과 간신히 인사를 마친 사람들이 모두 배에 올라타기까지는 한참이 걸렸다. 중간층 선상의 표를 구매한 사람들은 승선하기 전에 건강에 이상이 없는지 확인하는 의사의 검진을 받아야 했다. 선박은 모두 4등급으로 나뉘어 있었다.

마지막으로 아름다운 엘베강변Elbufer 가에 눈길을 주는 사이에 고향 땅은 우리의 눈앞에서 사라져 갔다. 갈아탈 증기선 선박이 정착해

조선황실의 전례를 맡은 여인들, 손탁양(우측위 X표시), 엠마 크뢰벨(우측아래 XX표시)

있는 항구에 도착하기까지는 5시간 15분이나 걸렸다. 도착하자마자
승객들의 선실 등급에 따라 공손한 인사로 맞이해주는 (승무원들의) 태
도는 작별로 우울해진 우리들의 마음을 달래주었다.

　이럭저럭 오후 1시가 되었고, 점심이 준비되었다는 안내 방송이 흘
러나왔다. 우리는 우선 선실에 들려 잘 꾸며진 방을 둘러보면서 잠시
휴식을 취한 뒤, 식사가 준비되어 있는 홀로 들어갔다. 그곳에는 멋진
옷차림의 승객들이 벌써 자리를 잡고 앉아 있었다. 점심 요리가 어찌
나 훌륭했는지 여행을 떠나올 때 느꼈던 슬픔 따위는 이내 사라져 버
리는 듯했다. 항해가 계속되면서 우리는 미국행 선박의 여기저기를 둘

러볼 수 있는 여유도 가질 수 있었다. 그라프 발데쎄는 중급 증기선이었고, 선실 내부는 편리하고 안락하게 꾸며져 있었다. 배의 맨 위층은 승객들이 산책을 즐길 수 있게 되어 있었고, 여성 전용 선실과 흡연실도 있었다. 그 한 층 아래 중간에는 승객들을 위한 식당을 비롯해 일등칸 객실과 이등칸 객실이 있었다. 식당에는 일등객실 손님 120여 명과 이등객실 손님 100여 명, 그리고 일반객실 손님 2,000여 명이 있었다.

배 너머로 지나쳐가는 수많은 전경을 바라보면서 우리는 깊이 감동했고, 어느덧 고향 친지와 작별할 때 아쉬워했던 슬픈 감정도 점차 옅어지기 시작했다. 사람들은 이제는 모든 것을 잊은 채 서로 웃고, 즐거워했다. 낯선 나라의 승객들은 각자의 언어로 대화를 나누었고, 그들도 역시 기분이 풀린 모습이었다. 승객들은 처음에는 대화하기를 망설이고 주저했지만, 이내 서로 활발하게 대화를 나누었다. 남성들의 호기심을 불러일으키는 아름답고 부유한 여성들이 많았는데, 그중에서도 특별히 내 눈길을 끄는 것은 동시대 관심사를 흥미롭게 대화로 이끌어가는 열정적인 여성들이었다. 그들 가운데서도 금발 머리의 한 여성이 유독 여행객들의 관심을 끌었다. 혜성처럼 빛나 보이는 이 여성의 주위에는 늘 젊은 남성들은 물론 중년층의 남성들이 있었고, 그들은 배 위층에서 산책하는 그녀와 기꺼이 동행했다. 그러나 그녀는 천성적으로 질투심 많은 뭍 여성들의 미움의 대상이 되기도 했다. 사람들에게 알려지기에는 그녀는 미국인이며, 유럽에서 미국으로 가는 여행길에 남성 동반자의 보호를 받지 않고, 홀로 여행을 하고 있다는 것이었다. 시기심에 가득 찬 여성 중에서도 한 여성의 질투는 특별

조선 황제 고종

했다. 그녀는 남성들의 관심을 끌 정도의 미모가 아니었고, 오히려 인상이 날카로웠다. 여성스러운 매력이라곤 눈 씻고 찾아볼 수 없는 그녀는 뚱뚱했고, 사람이 흥분할 때 양 볼이 불그스레해지는 것처럼, 그녀의 두 볼은 늘 그렇게 붉었다. 물론 그녀는 나이도 젊지 않았고, 여성의 태생적인 우아한 자태를 한 번도 배운 적이 없는 것처럼 보였다. 그녀 역시 혼자 여행을 했지만, 그녀의 외로움을 달래줄 '구원자'는 나타나지 않았다. 사람들은 그녀를 '사과 꽃'에 비유했고, 그것은 미국에 도착할 때까지 실제로 그녀의 별명이 되었다.

저녁 6시는 선상의 저녁 식사 시간이었다. 여성 승객들은 저녁 식사 때에는 화려하게 옷을 차려입고 식사하러 왔고, 남성 승객들도 연미복을 차려입었다. 저녁 식사 때에는 선상연주대가 연주를 했다. 선상에서의 일상은 대략 같은 식으로 반복되었다: 먹고, 마시고, 잠자는. 이러한 일상 속에서는 사람들 간의 중상모략이 결코 빠지지 않는다.

그 해결책은 단 하나였다. 그것은 가능한 한 진중하게 타인에 대해 관심을 갖는 것이었다. 승객들은 선상에서 상상할 수 없을 만큼 편한 생활을 했다. 그들은 몇 시간 동안이나 갑판에 누워 하늘을 바라다볼 뿐이다.

다음 날 아침 식사를 하러 식당에 갔다가, 나는 어제와는 완전히 다른 광경이 펼쳐져 있는 걸 발견했다. 명랑하게 웃으며 대화를 나누던 사람들의 모습은 온데간데없고, 모두 얼굴이 백지장처럼 하얗게, 두려움에 질린 표정을 짓고 있었다. 갑판에는 깊게 숨을 들이쉬는 사람들, 괴로운 표정을 지으며 끙끙대는 사람들로 가득했다. 바다의 신 넵튠Neptun이 사람들을 희롱하고 있었다. 그러나 배 여행 때마다 아무리 풍랑이 몰아치고, 파도가 높이 치솟아도 뱃멀미에 시달린 적이 없었던 나는 이번에도 끄떡없었다. 뱃멀미를 하지 않는 승객들에겐 오히려 불시에 나타나는 크고 작은 자연의 조화는 아름다운 장관으로 느껴졌다. 그리고 동시에 인간이 얼마나 허약하고 하잘것없는 존재인지를 확인하게 되기도 한다. 거대한 배는 마치 아주 작은 배가 되어 이리저리 흔들리다가, 산더미 위로 높이 떠올랐다가 곧바로 크게 하품을 하는 파도 속으로 침몰하기도 했다. 그럴 때면 바다의 풍랑이 배의 몸통 위로 치올라와, 단단히 고정되지 않은 물건들을 모조리 물속으로 쓸어내릴 듯 덤벼들기도 했다. 승객들은 순간 '최후의 시간이 닥쳐왔나' 싶어 겁에 질려 소리를 마구 질러댔다. 그러다가 갑자기 하느님의 가호처럼 풍랑이 멈추었고, 뿌연 안개로 자욱했던 하늘은 이내 두 쪽으로 갈라지고, 어둠 속에서 해가 몸을 드러냈다. 이러한 험악한 날씨에는 해변 근처에서 풍랑을 알리는 선박의 고동이 울려댔기 때문에 사람들의 두려움은 더욱 커졌다. 배가 정박을 하기 위해 닻을 내릴 때는 작은 실수로도 거대한 배가 갑자기 멈춰서는 일이 자주 발생하곤 했다. 그 충격에 침대에서 굴러 떨어지는 승객들도 있었고, 겁에 질려 무슨 일이 일어났는지 확인하려고 갑판으로 몰려드는 승객들도 있었다.

그러나 대부분의 항해 일정은 변동이 없이 흘러갔다. 한결같은 나날이 지속될 때면, 승객들은 오히려 편한 생활이 지루해져 어쩔 줄 몰라 했다. 열흘간의 선상 여행이 끝나는 날, 승객들은 잔뜩 들뜬 모습이었다. 그들은 다시 즐겁게 농담을 나누는 등 기분이 전환되어 있었다. 송별식으로 작별 만찬이 준비되었고, 연회장엔 등불이 밝혀졌고,

축제 분위기에 어울리게 화려하게 장식되었다. 저녁 식사가 끝나자, 다음 날이면 모두 각자의 여정을 향해 뿔뿔이 흩어져 살아생전에는 다시 만날 수 없을지도 모를 승객들은 선상에서의 마지막 밤을 위해 춤을 추었다.

다음 날 아침, 우리 앞엔 또 다른 정경이 펼쳐졌다. 이제껏 바다와 하늘, 하늘과 다시 바다만 보던 우리 앞에 끝없이 줄지어 선 집들 사이로 온갖 모양의 배들이 항구에 정박해 있는 게 보였다.

뭍으로 내리기 전에 작은 배 한 척이 우리 배로 다가왔다. 그리고는 의사가 올라와 먼저 배 안 승객의 건강 상태를 살폈다. 별일이 아니라고 생각하는 사람들도 있었지만, 그것은 매우 중요한 일이었다. 여행 중에 생긴 일들은 우리 탓은 아니었다. 한 아이가 항해 중에 장질부사에 걸려 죽었고, 사람들은 그 아이를 수장해야 했다. 아이의 부모와 같은 선상 갑판에서 함께 지냈던 승객들도 본의 아니게 며칠 동안 격리되었다. 특별히 환자우송선이 출동해 아이와 관계되는 모든 승객을 데리고 갔다. 중간 갑판에서의 일들은 정신없이 바쁘게 돌아갔다. 인상 좋고 체격 좋은 사람들은 특이한 의상을 입고 있어서 금방 눈에 띄었다. 열대 지방의 사파리를 입고 있는 사람도 눈에 띄었다. 그는 단 하나의 소지품인 망원경으로 먼 곳을 관찰하곤 했다. 그리고 먼 나라로 미래의 새 생활을 찾아 떠나는 이민자들도 눈에 띄었다. 그들은 남녀를 막론하고 제대로 먹지 못해, 볼과 눈이 퀭하니 들어간 얼굴 모습을 하고 있었다. 그들이 가진 거라곤 아이들이 전부였다. 과연 그곳에는 그들이 바라는 행운이라는 게 있을까! 병든 승객들이 먼저 배에서 내렸고, 배 안에서 그들의 손길이 닿았던 모든 곳은 철저하게 소독되었다. 11시 무렵, 세관원들이 배를 타고 왔다. 그들이 배 갑판에 오르자 배는 곧바로 종착지를 향해 출발했다. 세관을 통과해야 할 특별한 짐이 없었기 때문에 배는 종착항인 뉴욕을 향해 항해를 계속했다.

02

미국에서
받은
인상

나는 어떻게 조선 황실에 오게 되었나

2
미국에서 받은 인상

거대한 증기선, 돛단배, 여러 종류의 보트, 그리고 호보켄에서 뉴욕까지 다니는 증기 운항선 등이 물살을 가로 지으면서 내는 증기선 부속 장치들의 삐걱대는 소리와 증기선에서 뿜어져 나오는 고동 소리, 안개 경보를 알리는 나팔 소리, 배의 종소리 등이 어지럽게 뒤섞여 마치 지옥의 영혼들이 서로 아우성쳐대는 장면이 연상되어 사람들은 겁에 질리지 않을 수 없었다.

특급 증기선 '비스마르크 제후Fürst Bismark'가 먼저 출발해야 했기 때문에, 우리가 배에서 내리기까지 시간이 더 걸렸다. 뉴욕 항은 세계에서 가장 큰 항구 중 하나였지만, 배가 상륙하는 게 간단하지 않았다. 우리는 최소한 다섯 척의 작은 배에 나눠 탔다. 일부 배는 끌고, 일부 배는 미는 방식으로 우리는 자유의 나라 미국에 입국할 수 있었다.

먼 바다에서부터 뉴욕시와 신세계의 상징인 자유의 여신상이 보였다. 이 동상은 막 도착한 사람들에게 압도적이고 강렬한 인상을 주었다. 특히, 야경에 모습을 드러내고 있는 여신상은 명물이었다. 수면에서 90m 높이로 치솟아있는 그것은 예전이나 지금이나 신대륙에서 가장 높은 조각물이었다. 그때 나는 이 자유의 여신상이 프랑스 공화국에서 미국에 보낸 선물이라는 것을 알지 못했다. 사람들은 여인상 안으로 나 있는 계단을 통해 머리 끝 부분까지 올라갈 수 있었다. 계단을 오르는 게 힘이 들긴 했지만, 꼭대기에서 바라보는 황홀한 전경은 힘들었던 수고에 대해 충분한 대가를 지급해 주었다. 자유의 여신상에서 받았던 경이로웠던 감명을 우리는 브루클린 다리에서 다시 한번 경험했다. 이 다리는 이스트 리버East River위에 세워져 있었고, 그것은 브루클린에서 뉴욕을 연결하고 있었다. 강 위에 걸쳐있는 이 다리haenge Bruecke는 현재까지 건축된 다리 중에서 가장 거대했고, 세계의 그 어떤 것과도 비교할 수 없는 공학기술을 자랑하는 뛰어난 기적의 건축물이었다. 접착 거리 1,826m, 넓이 26m, 팽팽하게 지탱시키는 밧줄 간격 486m, 이스트 리버 수면에서 다리까지는 41m 높이였다. 다리 전체는 굵은 철선으로 4곳에 고정되어 있었고, 그것은 83m 높이의 화강암 탑 두 개에 단단히 묶여 있었다. 그리고 다리 중간을 약간 높이 올려 만든 보행자 도로가 있었다. 사람들은 이 보행자 도로에 서서 아름다운 전경을 바라볼 수 있었고, 또는 1분 간격으로 운행되는 전차를 타고 다리를 건너는 재미를 즐길 수도 있었다.

우리는 브로드웨이의 중심가에 숙소를 잡았다. 브로드웨이 가街는 뉴욕의 중심가였다. 이곳에는 상점이 즐비했고, 교통이 번잡했다. 바로 여기에 구름 속으로 우뚝 솟아 있는 26층의 고층건물이 있었다. 교회건물은 이 높은 고층건물과 비교해 얼마나 작아 보였던가.

뉴욕시를 소개해 보기로 하겠다. 뉴욕시에는 세계 어디에서도 찾아볼 수 없는 여러 인종의 시장으로서 미국을 상징한다. 뉴욕에 존재하지 않는 인종이란 없을 것이다. 나는 특별히 중국인들에게 주목했다. 우리 호텔의 종업원들은 대부분 흑인이었다. 그것은 우리 유럽인에게는 그리 흔치 않은 광경이었다. 특히 남편은 이곳 '미합중국'에 유럽인들이 즐겨 마실만한 맥주가 없는 것을 무척 못마땅해 했다. 어디를 가나 얼음이 담긴 물 ― 미국인들은 식당에서 여름이면 얼음이 든 물을 찾는다. ― 뿐이었고, 흑인 종업원들은 이미 관례처럼 손님이 원하든 원치 않든 일단 얼음이 든 찬물부터 가져다 놓았다. 다음 날 일요일, 우리는 시내 관광을 위해 전차를 탔다. 그것은 외국인에게는 매우 편리한 시설이었다. 사람들은 브로드웨이 가를 평행선으로 다니는 전차를 애비뉴Street Avenue 행이라 했고, 브로드웨이 가를 가로질러 지나는 전차를 스트리트 행이라고 했다. 그것은 방향을 가리키는 '동과 서'를 함께 표시했다. 가장 화려한 곳은 다섯 번째 애비뉴fifth Avenue와 밀리언 애비뉴였다. 상점의 화려한 외관과 호사스러운 실내 장식은 세상 어디에서도 다시 볼 수 없는 모습이었다.

워싱턴, 수도 / 정부 청사의 도시

워싱턴은 북아메리카연합의 중심 도시로 매우 우아한 도시였다. 우리는 이곳에서부터 필라델피아와 볼티모어로 계속 여행했다. 이 아

서울의 혜화문 성문과 옛 성벽의 일부

름다운 도시의 교통은 시내 전체로 연결되어 있었다. 아스팔트가 잘 깔려 있는 거리, 웅장한 건축 형식으로 된 아름다운 건물들, 셀 수 없이 많은 기념조형물, 여기저기 드넓은 공원들이 뉴욕만큼은 아니어도 비교적 잘 정돈되어 있었다. 워싱턴은 정부 청사가 있는 공무원들의 도시였고, 외교관저들이 즐비했다. 또한, 군대에서 최고 군권을 가진 자들이 이곳에서 근무했다. 그러나 상업이나 법조계 실세들은 이곳에서 활약하지 않았다. 정부 청사가 있는 이 도시에서 가장 볼 만한 건물은 정부 청사인 '캐피털'이었다. 거기에는 코린트 양식의 기둥이 정면에 배치되어 있었다. 정부 청사는 건물 전체가 사암과 흰 대리석으로 지어져 있었다. 건물 중간에는 둥그런 돔 양식의 지붕이 덮여 있었고, 그것은 왼쪽과 오른쪽 건물을 연결해 전체 정부 청사 건물을 이루고 있었다. 동쪽을 향해 있는 본관 건물은 정말 거대했는데, 그것은 건축 상의 오류였다. 당시 사람들은 시내가 동쪽으로 뻗어 나갈 것으로 예상했기 때문이었다. 정부 청사 건물은 예상했던 것과 다르게 반대 방향으로 그 뒷모습을 보이고 서 있었다. 청사 건물 중에서 특별히 돋보이는 건축 양식은 서쪽 앞으로 나 있는 20m 길이의 흰 대리석 층계였다. 건물의 실내 장식은 정부 청사로서의 위용을 충분히 갖추고 있었고, 크고 넓은 회의실의 볼거리들은 최고의 가치를 지니고 있었다.

세속적이고 상업적인 성격을 지니고 있는 건축물들[1]을 보고 있노라면 미국인들의 독특한 성격을 알아챌 수 있다. 공공건물들은 매우 실용적이었고, 들어가기 전까지는 그 크기를 짐작조차 할 수 없는 매우 거대한 건축양식의 건물들이었다. 하나의 예를 들자면, 르네상스 건축 양식으로 지어진 국회의사당의 도서관 건물은 정말 인상적이었다. 대리석으로 만들어진 층계들은 반짝반짝 눈이 부실 정도였고, 건물 실내를 빙 둘러 있는 도서관은 무척 쾌적해 보였다. 세계 어디를 가도 이런 도서관은 없다 싶을 정도로 부러웠다. 쌓여있는 장서들이 모두 수준 높은 문학서적들이 아닐지라도 도서관 건물의 그 실용적인

---

1 즉, 종교적 건축물이 아니라는 의미이다.

시설만큼은 다른 어떤 도서관도 따라가지 못할 듯했다.

공기를 압축한 프노이마식으로 되어 있는 도서신청 용지가 중앙 주문처로 전달되면, 자동 '전차'가 책이 소장되어 있는 선반에 도착하여, 주문받은 책을 찾아내고, 터널 전차에 그 책을 실어서 주문자가 있는 캐피털 청사로 가져다주는 방식으로 되어 있었다.

워싱턴 시내에는 세계에서 가장 큰 또 하나의 석조 건물이 있었다. 그것은 워싱턴의 기념조형물인 200m 높이의 오벨리스크 탑[2]이었다. 그것의 하단부는 4m 두께로 되어 있었고, 위로 올라갈수록 좁아지는 구조로 되어 있었다. 사람들은 탑 내부의 900개가 넘는 계단을 올라가야 뾰쪽한 탑 꼭대기에 오를 수 있었다. 그러나 편히 올라가려면, 오르락내리락하는 승강기를 이용할 수도 있었다. 맨 꼭대기에 올라가서 바라보는 시내 경관은 힘들었던 수고의 대가를 받기에 충분했다. 노을 지는 황혼녘에 바라보는 파노라마의 아름다움은 이루 말로는 표현할 수 없을 정도였다. 아래를 내려다보면, 사람들과 마차들이 마치 기어 다니는 벌레처럼 보였다. 너무나 매혹적이고 아름다운 전경을 한없이 바라보고 있어도 싫증나지 않았다.

지금까지 소개한 기념조형 건축물들과는 전혀 다른 '백악관'을 소개하자면, 일단 그것은 미합중국의 대통령 관저이다. 흰 대리석으로 지어진 이 건물은 특별히 눈에 띄는 것은 없었지만, 아름답고 화려한 양식의 거대한 건축물들에 비해 너무도 단순해서 오히려 사람들의

---

2 독일 쾰른 대성당 첨탑의 높이는 156m이다.

시선을 끌었다.

　워싱턴에서의 짧은 체류일정 때문에 우리는 매혹적인 관광지는 물론 전혀 그렇지 않은 관광지조차도 많이 보지는 못했다. 우리의 다음 여행지는 나이아가라 폭포였고, 그곳으로 가기 위해 우리는 다시 뉴욕으로 되돌아가야 했다. 그 이유는 뉴욕에서 알바니 버펄로Albany Buffalo를 거쳐 나이아가라로 가야 했기 때문이었다. 우리는 알바니까지는 허드슨 강 오른쪽 해안을 따라갔다. 허드슨 강물의 흘러가는 모습은 우리 고향의 라인 강에 비해 부드러운 면이라곤 전혀 없었다. 반면에 해안지대는 훨씬 넓고 다양한 모습이었다. 강폭은 그보다 3배나 넓어서 강은 물살을 가르고 흘러가고 있다기보다는 그대로 호수처럼 보였다. 허드슨 강 주변의 자연환경도 라인 강의 경관과는 전혀 달랐다. 강 왼쪽의 높은 지대에는 나무들이 많이 심어져 있었고, 순박한 마을이 형성되어 있었는데, 그곳에는 아름답게 지어진 고급빌라들이 있었다. 그러나 오른쪽 해안가에는 하늘에 닿을 듯 날카롭게 치솟아 있는 절벽들이 있었다.

　기차를 타고 열세 시간을 달려 우리는 목적지에 도착했다. 오랜 기차여행이었지만, 매우 친절하고 이해심 많은 사람과 함께 여행하는 것은 무척 즐거웠고, 또한 기차 역무원들이 승객들에게 더 많은 도움을 주려 애쓰는 태도도 여행하는 즐거움에 한 몫 거들었다. 특히, 승무원들의 친절한 태도는 미국 철도국만의 특별한 장점처럼 보였다.

　목적지에 도착했을 때는 이미 날이 저물어 있었다. 그래서 나이아가라 폭포의 관광은 다음날로 미루어졌다. 그러나 우리는 호텔에서도 이미 이 불가사의한 세계 자연유산인 나이아가라 폭포의 웅장한 모습을 상상할 수 있었다. 천둥처럼 물 떨어지는 소리에서 우리는 높은 폭포 위에서 아래로 떨어져 내리는 세찬 물줄기 주위를 가득 채우고 있는 공기의 압력을 느낄 수 있었다.

나이아가라 폭포에서

동이 트자마자, 기대감에 찬 일행들은 움직임이 분주했다. 남편은 세수하는 둥 마는 둥 하고 서둘러 길을 나섰다. 그보다 30여 분 후에 식사하러 갔더니 종업원이 웃으면서 내게 말했다. "부군께서는 벌써 나가셨는데 언제쯤 돌아오실 지는 잘 모르겠습니다." 나는 가이드가 일찍 일어나는 사람들이 새로운 것을 발견하려는 열정이 얼마나 있는 지를 시험하려 한다는 것을 알아챘다. 남편의 상대방을 배려하는 예의 바른 태도는 그래도 그 열정을 뛰어넘었고, 그렇게 그는 잊지 않고 나를 데리러 와주었다. 멀리서부터 폭포수가 천둥처럼 떨어지는 소리가 들려왔다. 그리고 튕겨 나온 물방울을 피부가 느낄 때쯤이면, 사람들은 마침내 세계에서 유일하고 장엄한 자연의 조화라고 할 수 있는 폭포를 보게 된다는 것을 미리 알 수 있었다. 나이아가라 강과 연결된 온타리오 호수Ontario see에 합류한 이리에Erie 강, 온타리오 호수는 그 폭이 58km나 되었고, 100m 높이의 폭포를 이루고 있었다. 그에 비하면, 우리가 알고 있는 나이아가라 폭포는 정말이지 위대한 자연현상이었다.

　버펄로 옆 이리에Erie 강의 보루에서 마지막 이리에 호수로 흘러들어 가는 넓이 1,200m 강물이 10km 이리에 강 하류로 흘러가다가 두 갈래로 갈라진 채로 그랜드 아일랜드Grand Island를 빙 돌아 10km도 더 내려가서 다시 합쳐졌다. 그리고 이곳에서부터 강은 점차 폭이 넓어지면서 굉장히 빠른 속도로 흐르다가, 종국에는 7km 하류로 더 내려가서 큰 입을 벌리고 하품을 하듯 가파르고 깊숙이 아래로 굴러떨어졌다. 강 전체의 약 4분의 1 정도를 차지하는 강물이 아일랜드 해안을 통과하게 되면, 강물은 각각 길이가 다른 두 물줄기로 나뉘게 되는데, 동쪽의 물줄기는 미국의 폭포를 이루었다. 이 폭포는 그 넓이가 300m, 높이는 50m이다. 그리고 서쪽의 폭포는 소위 말굽 폭포라고 하는데, 호수의 모습이 마치 말발굽처럼 생긴 데서 붙여진 이름으로 그 넓이가 915m이고, 높이는 48m나 되었다. 우리는 공원 쪽으로 다가가 다리를 건너서 캐나다 쪽으로 넘어가기로 했다. 그것은 이 방향에서 살아생전에는 결코 잊을 수 없을 만큼 압도적인 폭포의 경관이 더 잘 보였기 때문이었다. 또한, 물줄기도 미국 쪽에서보다 이곳 캐나다 쪽에서 훨씬 더 깊숙이 보였다. 높은 곳에서 떨어진 강물은 거품을 분사하지 않고 잔잔하게 흐르다가 계곡을 통과해 이곳까지 이르게 되면 세찬 물기둥을 만들어 진초록의 물줄기를 아래로 떨어뜨렸다. 말굽 폭포의 모습은 정말 위풍당당했다. 떨어지는 물줄기가 요란스럽거나 거칠지 않아서, 오히려 보는 이들에게 더욱 강렬한 인상으로 위엄 있는 안정감을 준다는 게 옳은 표현일 것이다. 100여m 되는 높은 계곡 사이로 물살이 떨어지니, 금방 저 먼 곳에서는 구슬처럼 반짝이는 빗방울이 영롱하게 튀어 올라 구름을 만들어냈다. 우리가 그곳에 도착했을 때는, 안개가 자욱했고, 기온도 쌀쌀했다. 한참 후, 해가 나오더니 물살에 빛을 비추기 시작했는데, 마치 황금이 반짝거리면서 만들어내는 그 영롱함은 자연현상이 연출해내는 한 편의 연극이었다. 물이 떨어지면서 만들어내는 온갖 빛깔의 화려한 파노라마는 순간순간 그 색채를 변화시키면서 우리의 눈길을 사로잡았다. 청색이던 것이 자주색과 분홍색으로 빤짝거리며 색을 바꾸더니, 순간 그것은 물줄기에 반사되어 무지개 색으로 변했다. 그러자 모든 자연경관이 다이아몬드처럼 반짝거렸다. 물이 떨어지면서 내는 소리는 마치 천둥소리처럼 수 마일 밖에서도 들릴 것 같았다. 눈을 감고 그 소리를 듣고 있노라면, 귀가 떨어져 나갈 듯한 그 굉음은 마치 지구의 종말을 방불케 했다. 이 폭포를 제대로 구경하려면, 미국과 캐나다 양쪽에서 다 보아야 했다. 간혹 들어가는 입구가 막히기도 한다는데, 실제로 그런 일이 발생했다. 기차를 타고 강줄기를 따라 다음 도시를 여행하기 위해 90m 정도 되는 좁은 계곡을 지나가는데, 갑자기 물살이 세차고 빨라졌다. 물살이 어찌나 세찼는지 지나가는 기차의 창문에 물방울이 튀어 올랐다 튕겨 나갈 정도였다. 강 상류의 경치는 정말 아름다웠다. '세 자매 가도 The Three Street'를 지나면서는 경치가 그만큼 아름답지는 않았지만, 캐나다 쪽으로 힘차게 흐르는 강물은 보는 것만으로도 매우 즐거웠다. '세 자매 가도'가 끝나자, 곧바로 '작은 남 형제 가도The little Brother'가 나타났다. 나이아가라 폭포 구경은 매우 짧았지만, 우리에겐 평생 잊지 못할 깊은 인상을 남겼고 이때의 추억은 오늘까지 남아있다.

다음 날 아침 일찍, 우리는 다음 기차여행을 하기 위한 준비를 마쳤다. 시카고 행 배를 타야 했기 때문에 우리는 기차를 갈아타야 했다. 달리는 기차에서 바라보는 주위 경관은 그다지 볼거리가 없어서 황망하고 지루했다. 넓은 벌판에는 볼품없이 작달막한 식물이 전부였다. 간혹 선로 옆으로 현란한 색의 글자들이 새겨진 광고 간판들이 약간의 변화를 주기도 했지만, 그것은 오히려 우리의 신경을 더 혼란스럽게 할 뿐이었다. 거의 집채만 한 크기로 만들어져 있는 간판들은 결코 주위의 자연경관을 대신할 만한 장식물이 되지는 못했다.

정오 무렵, 우리는 '윈저Windsor'에 도착했다. 여기서부터는 우리가 타고 온 기차와 함께 증기선을 타고 디트로이트 강Detroit river에서 디트로이트로 갔다. 이곳에서 우리는 큰 발견을 했다. 그것은 나이아가라 폭포에서 머물 때 그곳에서는 정시로 알고 있었던 시간을 한 시간 뒤로 돌려야 한다는 사실이었다. 우리는 미국 시간과 유럽 시간의 차이에 대해 설명을 들었다. 미국의 '시간대'는 1883년부터 네 개의 지역대로 나뉘어 있었는데, 첫 번째 지역대는 경도 76도, 두 번째 지역대는 경도 90도, 세 번째 지역대는 경도 105도 (서쪽 국경까지), 그리고 마지막으로 태평양에서 대서양에 이르는 지역대로 나뉘어 있었다. 그것은 중부유럽 시간대와는 다르게 동쪽에서 중앙 지역으로 움직이면서 점차 조절되어 한 시간의 차이가 발생하게 된다. 그래서 지금은 13시인 것이고, 우리는 1시간을 덤으로 얻은 셈이 되었다.

시카고의 대형 도살장

저녁 무렵, 우리는 시카고에 도착해 오디토리움 호텔auditorium Hotel에 묵었다. 이 호텔은 9층짜리의 큰 건물이었고, 이 도시에서는 최고급 호텔이라고 했다. 호텔은 실내장식이 우아했고, 편리한 내부 시설을 갖추고 있었으며, 큰 홀과 연주공연장도 있었다.

시카고는 건축양식이나 상가들로 번잡하게 술렁이는 거리 모습이 뉴욕과 비슷하다는 인상을 주었다. 우리는 호텔 옥상의 탑에 올라가 거대한 시가지를 둘러보았다. 맨 먼저 눈에 들어오는 것은 미시간 호수와 그 호수 주위로 빙 둘러 늘어서 있는 저택들이었다. 우리가 시카고를 방문했을 때는 성탄절이어서 어디를 가나 사람들로 북적였고, 상점들은 분주했다. 상점의 진열장에서 반짝이고 있는 값 비싼 조명 장식이 어찌나 찬란했는지 우리는 눈길을 뗄 수가 없었다. 그러나 이런 화려한 성탄 장식보다 우리를 더 놀라게 한 것은 세상에서 가장 크다고 할 만한 짐승을 잡는 도살장이었다. 수만 마리의 짐승이 이 도살장의 테이블 위에서 처리되고 있었다. 우리는 '최상급'을 받은 잘 생긴 소들이 이곳에서 사라져 가고 있는 것을 지켜보았다. 신경이 약한 사람은 하루에 수도 없이 죽어가는 이 도살장에는 차라리 오지 않는 편이 나았다. 믿기 어려울 만큼 신속하게 일이 처리되었다. 돼지 250 마리를 죽이는 데 고작 5분이면 충분했다. 아무리 강심장인 사람도 아직 숨을 거두지 못한 돼지가 꿈틀대는 것을 지켜보면서 움찔하지

조선의 가마

않을 수 없었다. 막 죽은 돼지들이 다른 단계로 넘어가면 어느새 연기에 그을린 소시지로 만들어져 나왔다. 짐승의 몸통은 쓸 수 있는 모든 부분이 깡그리 활용되었다. 소시지 만드는 기계가 돌아가면서 지방은 비누를 만드는 데 사용되었고, 피부 껍질은 가죽상인을 위해 처리되어 나왔다. 또한, 고가에서부터 저가에 이르기까지 온갖 종류의 저장식품도 눈에 띄었다. 이 도살장이 얼마나 거대한지는 갖가지 부속 공장시설들을 보고도 짐작할 수 있었다. 도살장을 위해 별도로 목공소가 있는가 하면, 공장에서 가공된 식품을 운반하기 위한 운송회사도 딸려 있었고, 우체국은 물론 교통 운수회사까지 부속되어 있었다.

시카고에서 모르몬까지

여행은 블럽스 카운실Bluffs Council에서 오마하Omaha를 거쳐 덴버Denver에 이르기까지 계속되었다. 우리는 서른여섯 시간을 기차로 이동해야 했다. 그래도 그 유명한 펄만 카Pullmann-car의 객실 한 칸을 미리 예약했기 때문에 우리는 편하게 갈 수가 있었다. 전용객실 칸이라 위층에서 잠을 자는 낯선 사람도 없었고, 이런저런 불편한 대화를 나눠야만 했던 옆 좌석 승객도 없었다. 물론 이 기차의 객실 칸마다 다른 승객들이 있긴 했지만, 오히려 우리를 가장 불편하고 힘들게 했던 것은 객실 승무원이 밤마다 우리 객실 복도를 자기의 산책코스인 양 지나다니는 것이었다. 기차가 지나쳐가는 주위의 경치는 밤에는 전혀 보이지 않았고, 낮에 바라보는 경관도 그다지 특별하지는 않았다. 주위의 자연은 황막한 편이었다. 왼쪽에나 오른쪽에나 들풀과 비쩍 마른 작은 나뭇가지, 그리고 이따금 키 작은 식물들이 보이는 것이 전부였다. 사람들은 이 말라빠진 작은 식물들을 영양가 많은 식물이라고들 했고, 이 식물을 뜯어 먹어 살찐 짐승들의 고기 맛은 당연히 최고라고들 했다.

우리가 덴버에 도착했을 때, 날씨가 좋지 않았다. 그래서 버스로 한 바퀴 도는 시내 관광으로 만족해야 했다. 그 대신 콜로라도 온천 Colorado Springs은 무척 마음에 들었다. 이 온천은 휴양을 원하는 사람들이 자주 찾는다는 파이크스 피크Pikes Peak 아래에 자리 잡고 있었는데, 기온 변화 없이 늘 따뜻해서 폐결핵 환자들이 즐겨 찾는 곳으로 우리의 다보스Davos마을과 비슷했다.

우리가 온천지에 도착했을 때는 막 해가 떠올라와 흰 눈 덮인 산 위로 금가루를 뿌려대고 있었다. 참으로 오랜만에 고층건물이 보이지 않았다. 반면에 산을 오르는 등산객들에게 친절하게 잠자리를 제공해 주는 주택들이 녹색 정원에 아늑하게 들어 앉아 있었다.

우리는 푸에블로를 거쳐 알칸자스Arkansas를 따라 길게 계곡이 형성되어 있는 '그로스 캐넌Grosse Canon'으로 계속 여행했다. 계곡이 계속 좁아지는 암반에 교착되어 있는 61m 길이의 철교 위를 지나가면서 우리는 절벽 아래를 내려 보았다. 주위의 자연경관은 이루 형용할 수 없을 만큼 로맨틱하다는 게 오히려 우리를 소름 돋게 했다. 철교의 한쪽에는 성난 표범처럼 날뛰며 흘러가는 강물이 있었고, 다른 한쪽에는 가파르게 위로 치솟아 오른 붉은색 화강암 계곡이 있었다. 기차가 간신히 철교를 통과했을 때, 갑자기 기차가 멈춰 섰다. 급경사로 꺾인 곳에서 맞은편 기차가 속력을 내며 다가오고 있는 것을 지켜보면서 계곡 아래 물속으로 기차와 함께 추락해, 우리 몸이 갈기갈기 찢겨나가는 것이 머릿속에 그려졌고, 순간 공포로 온몸에 전율이 일었다. 다행히 맞은편 기차의 기관사가 급정거했지만, 두 개의 기차가 좁은 계곡의 철교를 비껴지나 가기에는 역부족이었다. 한참 동안 서로 상의 한 끝에 우리 기차가 뒤로 물러나기로 하면서 가까스로 위기를 모면할 수 있었다. 이 사고 때문에 기차는 연착했고, 우리는 아주 늦게 살리다Salida에 도착해, 이곳에서 밤을 보내야 했다. 살리다는 교통 분기점이었고, 이곳에서부터 두 갈래의 기차노선이 그랜드 정크션Grand Junction에서 다시 만나게 되어 있었다. 우리는 좁은 철도로 달리는 기차를 선택했다. 그것은 200km의 암벽을 따라 형성되어 있는 계곡 마을을 달리면서, 이 지역 특유의 매력을 우리에게 제공해 주었다. 기차는 모험하듯, 협곡을 따라 뱅뱅 돌면서 위로 올라갔다. 산정에는 일 년 내내 눈이 덮여 있었기 때문에, 이렇듯 가파르게 올라가는 기차 여행은 힘이 들었고, 위험도 감수해야 했다. 기차는 아주 천천히 계곡을 내려올 때면, 곡선으로 꺾인 굽은 길을 마치 그림 그리듯 움직여야 했다. 구르듯 계곡을 내려온 기차는 처음에는 오른쪽, 그리고는 다시 왼쪽 규니존 강Gunison-River을 지나, 마침내는 깊은 협곡, 블랙 캐넌Blak-Canon에 이르렀다. 관광 열차를 타고 오르내리는 동안, 우리에게 가장 큰 볼거리는 쉐페타 폭포Chippeta-Fall였다. 가파른 계곡에서 아래로 떨어지는 폭포수는 여기저기서 다시 만나 거칠게 물거품을 만들어냈고, 폭포는 세차게 내려오다가 마침내 잔잔하게 흘러갔다. 규니존 강 하류에 있는 캐넌은 아주 독특하고 매끄럽게 깎인 사암으로 이루어져 있었는데, 그 빛깔이 아주 특별했다. 전체 바탕색은 회색이었지만, 온 갖 색의 무늬들이 암석 위에서 찬란히 빛나고 있어서 마치 모자이크를 만들어내고 있는 것 같았다. 그리지 포트Gridgeport 아래의 긴 터널을 지나서 소박하기 짝이 없는 작은 도시 그랜드 정크션Grand Junction

에 도착한 우리는 몇 시간을 기다려 침대칸으로 바꾸어 탔다. 기차는 다시 달렸다. 기차가 덜컹거리며 심하게 흔들리는 데도 여행에 지친 우리는 곤히 잠에 떨어졌다. 우리가 눈을 떴을 때, 기차는 어느덧 와세취Wahsatch 산악지대를 지나가고 있었다. 발이 빠질 정도로 온통 눈이 덮여 있어서 기차는 한 시간 정도 연착했다. 눈 더미 속에 파묻힐 수도 있었는데, 다행히 우리는 운이 좋았다. 산간지역에서 아래로 내려오면서 눈은 점차 비로 변했고, 사방은 안개로 자욱했다. 우리는 곧이어 경관이 빼어난 유타Utah 계곡에 이르렀다. 계곡 남쪽으로 네보Nebo산이 우뚝 솟아있는 게 보였고, 마침내 스프링 빌레Springville 근처에 있는 유타 호수가 바로 우리 눈앞에 펼쳐졌다. 그것은 솔트레이크와 조르단Jordan에 연결되어 있었다. 드디어 모르몬도시인 솔트레이크시티Salt-Lake-City에 도착했다.

모르몬인들을 방문하다

솔트레이크시티는 유타 주의 수도였고, '성스러운 시온'이라고 불리었다. 세상에 널리 알려져 있는 모르몬 시는 도로가 제대로 정비되지 않아서 더러웠고, 그 때문에 첫인상은 그다지 좋지 않았다. 도로가 어찌나 더러웠던지 보행인들이 걸어 다니기조차 힘들 정도였다. 솔트레이크시티는 거대한 소금호수 인근에 있었고, 넓은 평지는 산으로 빙둘러쳐져 있었다. 이 도시가 형성된 지는 그리 오래되지 않았다. 1844

년 모르몬교의 브리검 영Brigham Young은 일리노이 주에서 추방되면서 다른 모르몬 단체를 이끌고, 이곳 솔트레이크시티에 정착했다. 이 도시를 중심 거점으로 삼고 있는 모르몬교의 교리는 불교, 이슬람, 유대/기독교의 교리를 종합한 내용을 담고 있다. 교리의 창시자는 조셉 슈미트였다. 그는 팔림야라Palmyara 인근에서 신의 부름을 받았고, 바로 그 자리에서 모르몬교의 성서인 철판을 받았다고 스스로 주장했다.

창시자 조셉 슈미트는 새로운 입회자들과 기존의 교주들과 함께 모르몬교를 이끌었다. 그는 동생 하이람Hiram과 함께 투옥되었는데, 감옥에서 누군가에 의해 살해되었다. 바로 슈미트의 후계자가 브리검 영이었다. 그가 일부다처제를 모르몬 교리로 정하면서 교인들의 수는 매우 줄어들었다. 법치국가인 미국연방에서 일부다처제가 법적으로 허용되지 않았기 때문에, (모르몬교의) 사회제도도 당연히 복잡해지게 되었다.

모르몬 시의 중심지는 '템플 블록Temple block'이었다. 그곳은 '성스런 광장'이라고도 불리었고, 관광객들이 가장 많이 찾는 거리였다. 넓은 거리엔 가로수가 길게 늘어 서 있었고, 맑고 깨끗한 시냇물이 흐르고 있었다. 그리고 담으로 둘러쳐진 단독주택들의 잘 정돈된 베란다는 꽃들로 장식되어 있었다. 주택들은 부유한 모르몬 신자들의 소유였다. 신전거리인 템플 블록은 넓이가 약 4헥타나 되는 높은 담으로 둘러 쌓여있었고, 그 안에는 타보름과 신전, 그리고 집회장소가 있었다. 타보름은 길이 76m, 높이 25m의 팽팽한 타원형 지붕이 덮여 있는 조형 건물이었고, 사암 기둥 마흔네 개가 그것을 떠받치고 있었다. 그러나 이 기둥들은 건물 내부와는 연결되어 있지 않았다. 기둥이 받

혀 있지 않은 커다란 타원형의 실내는 만 삼천 명 정도는 거뜬히 수용
할 수 있었다. 거대한 건축물은 물론 그 실내에서 울리는 음향 효과는
매우 인상적이었다. 이탈리아 음악가 오십 명이 연주하는 행사에 참
석했던 우리는 그 음향 효과를 직접 확인 할 수 있었다. 건물은 수많
은 연주회와 학회 행사에 주로 사용되고 있었다. 행사를 위한 강연 무
대엔 거대한 파이프 오르간이 빠지지 않았다. 타보름 동쪽에는 신전
건물이 있었다. 그것은 워서치 산Wahsatch Mountain에서 채굴한 흰 화강
암으로 지어졌고, 여섯 개의 탑들로 둘러싸여 있었다. 그중에서 가장
높은 탑은 64m나 되었다. 모르몬교의 상징인 모로니 천사가 바로 이
가장 높은 탑 꼭대기에 세워져 있었다. 신전의 창문들 사이사이로 모
르몬교의 상징 장식이 새겨져 있는 게 보였다. 그러나 모르몬교인들
외엔 아무도 신전 안으로 들어갈 수 없었다. 우리는 다만 신전 내부가
수많은 아름다운 예술품으로 장식되어 있으며, 거대한 세례식 테이블
이 놓여 있고, 결혼식을 비롯한 그들의 온갖 의식이 이곳에서 열린다
는 이야기만을 들을 수 있었다.

솔트레이크시티와 샌프란시스코 중간 지점에서

모르몬 시에 도착할 때 내리기 시작했던 비가 종일토록 그치지 않
았다. 우리는 이 도시에서 하루 동안만 묵고, 예전에는 지진 위험지역
이 아니었던 샌프란시스코로 떠났다. 한참 동안 소금 호숫가를 달려

조선인의 식사

가던 기차가 남서쪽 지역, 말하자면 '아메리카의 사막지대'를 통과하고 있었다. 이곳은 알칼리 성분의 갈색 언덕 지대였는데, 사막의 꽃이라고 하는 쑥과 식물들이 드문드문 있었고, 동물류로는 도마뱀과 야생 토끼들이 외롭고 황량한 들판에서 가끔 눈에 띌 뿐이었다. 얼마 전부터 이 황무지의 일부 지역은 인위적으로 물을 대어 농토로 사용하고 있었다. 나는 그런 미래를 기대했다. 유감스럽게도 이 사막 지역의 원주민이었던 인디언은 볼 수 없었다.

다음 날 아침, 투럭키 강Trukee River을 따라 시에라네바다Sierra Nevada를 등에 지고 수차례 기차선로를 가로질러 달리는 우리의 긴 기차여행이 시작되었다. 기차는 클락스Klarks 근처 대서양의 밀림계곡지대를 지나갔다. 시에라네바다는 캘리포니아의 콜르딜리엔 산맥을 가로 지르고 있었다. 이 산맥의 최정상은 2,500m에서 3,000m 높이였다. 주변 경관은 매우 아름다웠지만, 철로가 지나가는 산꼭대기에는 눈으로 덮여 있어서 탁 트인 그 경관을 가리고 있었다. 그러다가 철로가 가파르게 높아지면서 경관은 더없이 아름다워 보였다. 날씨가 점점 따뜻해지면서 야생 귤나무들과 활짝 핀 꽃들이 환상적인 원시림을 이루고 있었고, 황금빛 태양을 받으면서 막 돋아 난 초록 풀잎들이 몸을 드러내고 있었다. 지금 이곳을 지나가고 있는 계절이 겨울이라는 사실을 까마득히 잊은 채, 우리는 마치 봄 전경 속으로 빠져 들어가는 느낌을 받았다. 봄 날씨처럼 따뜻한 기후와 눈부시게 아름다운 자연경관은 대서양 해변의 영향 때문이었다. 이윽고 기차가 시에라네바다의 정상에 도달했다. 485m 길이의 터널을 통과해 지나가는 데 걸리는 시간은 길지 않았지만, 마치 '영원의 시간'처럼 느껴졌다. 기차가 산꼭대기에서 내려오는 길이 어찌나 높고 그 속도가 어찌나 빨랐던지 흰 눈 쌓은 산맥에 푸른 풀들과 꽃들이 피어 있는 경치를 마치 꿈결에서 본 듯, 불현듯 내려왔다. 유감스럽게도 산맥 저편은 사방에 눈이 덮여 있어 잘 보이지 않았다. 그러나 전망이 트인 곳에 이르러서야 볼 수 있었던 야생의 자연경관은 얼마나 황홀했던가. 이곳에서부터 기차는 가파른 협곡 사이를 내려가야 했는데, 협곡이 아주 좁아 마치 절벽에

철로만 있는 것 같았다.

오번Auburn에 가까워지자, 주변엔 온통 각양각색의 과일과 포도가 주렁주렁 매달려 있는 경관을 보이면서 우리의 마음을 즐겁게 해주었다. 새크라멘토Sacramento에서 기차에 올랐는데, 누구나 신혼부부라는 것을 알아차릴 수 있게 하는 미국식 전통대로 전송 나온 사람들이 기차에 오르는 미국인 부부에게 쌀을 뿌렸다. 기차 안에선 내게도 예기치 않았던 일이 있었다. 17살 된 어린 미국인 아가씨가 내게 아이들이 몇이나 되는지 꼬치꼬치 캐물었다. 그녀는 서투른 독일어로 내 가족이 얼마나 많은지를 물었고, 나는 그녀에게 그것을 되물었다. 그러자 그 소녀는 울상을 지으며, 몹시 언짢은 표정으로 말했다. "애들아, 애들아, 나 너무 놀랐어. 내가 그렇게 나이가 들었다고 생각하니?"

기차는 새크라멘토를 떠나 새크라멘토 강을 건너 수이존 베이 Souison-Bay 부근의 베니카Benica를 경유했다. 베니카에서 기차는 증기선에 실려 계속 갈 수 있었다. 기차와 함께 우리를 싣고 갈 배는 아주 큰 증기선이어서 24개의 객차가 매달려 있는 우리의 열차 정도도 거뜬히 실릴 수 있었다. 얼마 후 기차는 남부를 향해 달렸다. 이윽고 서편으로 아름다운 샌프란시스코 해변이 나타나더니, 그 뒤로 타말파이스Tamalpais 산맥이 높이 솟아 있는 전경이 드러냈다.

우리는 기차 안에서 흑인 종업원들의 마지막 '서빙'을 받은 후, 오클랜드Oakland에 이르러 기차에서 내렸다. 갑자기 익숙한 목소리가 들려 왔다. 오빠 친구의 목소리였다. 그는 어느 날 갑자기 아무도 몰래 집을 떠났고, 그의 친척 아저씨가 먼저 정착한 미국 땅으로 행운을 찾아 이민을 왔었다. 지금은 꽤 성공을 거두었고, 결혼도 한 그는 우리를 마중 나온 일행 중에 섞여 있었다. 그는 아주 친절하게 우리 부부에게 자기 집에 묵으라고 했고, 우리는 그의 초대에 흔쾌히 응했다. 샌프란시스코에서 체류하는 내내 우리는 그의 집에 머물기로 했다. 기차에서 내린 우리는 육지까지 데려다줄 널찍한 배에 올라탔고, 그렇게 20여 분 동안 약 4마일이나 되는 해변을 돌아 마침내 샌프란시스코에 도달했다.

～

샌프란시스코

백여 개의 언덕 위에 세워진 샌프란시스코는 조용한 대양의 도시라고 불릴 만큼 아름답고 훌륭했다. 자연현상이 만들어낸 항구가 있었고, 그것은 '황금의 성문(금문교)'이라는 이름으로 조용한 대양을 연결했다. 시민들의 자랑거리인 '골든 게이트 파크Golden Gate-Park'도 서쪽 대양에까지 이어져 있었다. 이 아름다운 공원에는 수많은 나무가 드넓게 심어져 있어서, 시민들에게 서늘한 그늘을 제공해 주었고, 인공 호수와 분수도 있었다. 공원 광장에는 형형색색의 식물들과 키큰 측백나무, 전나무, 그리고 야자수들이 심어진 식물원들이 곳곳에 있었다. 맨 처음 시민공원은 바다의 부드러운 모래 위에 만들어졌었는데, 식물공원의 한 지혜로운 건축가에 의해 이처럼 온갖 식물들로 더없이 아름답게 꾸며질 수 있었다.

다음 여행 일정에서, 우리는 대양의 한 절벽에 세워진 유명한 '클리프 하우스Cliff House'를 찾았다. 최고의 절경인 절벽 꼭대기에서 사람들이 돌멩이를 던진다면, 육지에서 가까운 거리 '실 로크Seal Rocks'에서 햇볕을 쬐고 있을 수백 마리의 갈매기들을 덮칠 수도 있을 것이다. 목이 쉰 소리로 울어대는 갈매기 소리가 저 멀리서 철썩대는 파도 사이로 선명하게 들려왔고, 갈매기들끼리 물 위에서 둥실둥실 떠 놀고 있는 모습을 바라보는 것도 꽤 재미있었다. 유독 눈에 띄는 갈매기가 있었는데 자세히 관찰하니 4m나 되어 보였다. 한 전문가는 10m 크기의 갈매기도 있다고 내게 말해줬다.

'클리프 하우스Cliff-House' 근처에는 공동 수영장이 있었다. 이 수영장은 화려하게 지어져 있었고, 매우 편리했다. 꼭 한번 들어가 보라고 권하고 싶다. 어떤 수영장은 이탈리아 경기장인 '아레나'형으로 되어 있었는데, 그곳에는 수백 명이 앉을 수 있는 객석도 있었다. 이곳에서는 수영을 하지 않고, 단지 수영하는 사람들을 구경만 해도 된다는 게 참으로 신기했다. 그보다 훨씬 더 나의 관심을 끌었던 것은 프리스코 지역에 사는 만 명도 넘는 중국인들이었다. 그곳에 중국인 지역이 따로 있었던 것은 이미 잘 알려져 있었다. '차이나타운China Town'은 수많은 셋방이 빽빽하게 늘어서 있는 더러운 골목에 사람들이 개미처럼 모여 사는 중국인촌이다. 그들은 비좁은 곳에 옹기종기 모여 여러 친지와 친척들이 함께 모여 생활하는 것을 좋아했다. 이 지역의 공기가 더럽고 탁한 것은 당연했다. '차이나타운' 이곳저곳을 구경하는 내내 우리는 숨이 막혔지만, 중국인들은 이처럼 더러운 곳에서 사는 게 아무렇지 않아 보였다. 샌프란시스코에 사는 중국인들 대부분은 남성이었고, 여성이나 아이들은 매우 적었다. 내게 강한 인상을 주었던 동양인에 대한 환상은 남성과 여성의 외모였다. 남성들은 거의 발꿈치까지 닿은 머리를 길게 내려뜨렸고, 길게 땋은 머리끝에는 묵직한 장식이 달려 있었다. 그들의 뒷머리는 머리카락 없이 빡빡 깎여 있었다. 일할 때는 길게 딴 머리를 둘둘 감아올리기도 하고, 머리꼭지에 묶어 두기도 했다. 여성들의 의상은 매우 화려한 색으로 되어 있었다. 붉은색의 넓은 바지를 입은 여성은 아직 미혼임을 나타냈다. 찢어진 옷을 입을 만큼 가난한 여성도 뒷머리에는 화려한 장식과 비녀를 꽂았다. 중국인들은 걷는 모습이 '기우뚱' 했다. 그것은 꼭꼭 묶어 놓았던 발로는 똑바로 설 수 없었고, 그 때문에 우아한 걸음걸이로 걷는 게 불가능했다.

'전쟁의 학교'를 방문했을 때, 발을 질질 끌면서 느릿느릿 행진하는 군인들의 태도를 바라보면서, 우리는 어딘지 모르게 어색해 보인다고 생각했다. 학생들의 교복 역시 잘 어울리지 않아 보였지만, 치마에 맞춰 입는 그들의 상의는 실용적이고 편해 보였다. 군 복무 시간 외에는 무장하지 않고, 또 사전에 사고를 미리 방지하기 위한 그들의 훈련 방식은 우리도 본받을 만한 점이었다.

우리는 이틀간 성 요제San Yose와 산타크루즈Santa Cruz를 여행했다. 정말 기분 좋은 여행이었다. 이곳 날씨는 아주 온화하고 싱그러웠고, 열대식물들은 그 빛깔이 아름답고 다채로웠다. 그것은 우리에게 이곳 기후가 정말 좋은 곳이라는 것을 말해 주고 있었다.

03
고요한
대서양에서

나는 어떻게 조선 황실에 오게 되었나

3

고요한
대서양에서

우리는 아름다운 프리스코를 떠나, 12월 19일 작은 증기선 '페루'
호에 몸을 실었다. 승객들은 다시 한 번 작별인사를 나누었다. 이번에
는 이전과는 다르게 떠나보내는 사람들이 바뀌어 있었다. 중국인 남
성들을 두고 떠나는 중국 여인들은 가슴 쓰리게 울면서 작별인사를
나누었다. 높은 산맥으로 둘러싸인 샌프란시스코를 마지막으로 다시
한 번 바라보았다. 증기선은 갈매기들이 동행해 주는 '골든게이트'를
지나, 오로지 하늘만 보일 뿐인 망망대해로 나아갔다. 해안 근처에서
하얀 갈매기들이 보이는가 싶더니 사라져 버리고, 뒤이어 검은 갈매
기들이 나타났다. 흰 갈매기든 검은 갈매기든 두 종류 모두 크고 날렵
한 몸집이어서 유럽에서 보이는 갈매기 종류들과는 달랐다. 이전 선
상 여행에서는 흑인들이 우리에게 '서빙'을 했는데, 이번에는 중국인
종업원들이 우리를 보살폈다. 머리를 길게 땋은 중국인들은 능숙하
게 일을 잘했다. 그들은 푸른색 옷소매에 흰색의 천을 덧댄 복장을 하
였으며, 영어도 귀염성 있고 능숙하게 구사했다. 주방장도 역시 중국

인이었는데, 그는 우리 입맛에 맞게 음식을 아주 잘 만들었다. 주방장 아래에는 보조 요리사들이 여럿 있었는데, 주방장은 그들을 잘 다루었다. 프리스코(샌프란시스코 시)의 '차이나타운'에서 경험했던 것과는 아주 다르게 흰옷 입은 요리사들에게서 우리 승객들은 청결한 인상을 받았고, 그들이 부엌에서 요리하는 것을 즐겨 구경했다.

우리가 탄 배에는 약 100여 명의 승객이 있었는데, 미국인이 가장 많고, 그다음으로 영국인이 많았기 때문에 배 안에서 영어로 대화하는 것은 당연하게 여겨졌다. 이 승객들은 정말 지루하기 짝이 없는 사교 집단이었다. 그래서 그들의 선상 생활은 특별한 일없이 평범하게 지나갔다. 먹고 자고, 그러다가 한 번씩 쾌활한 사람들이 짧은 연애를 시도해보려고 했지만, 성공한 적은 없었다. 이윽고 12월 24일 성탄절 전야가 되었다. 성탄절 행사는 하루 뒤에 열리기로 되어 있었다. 다음 날 아침 조반을 먹으러 식당에 들어갔더니, 식당은 꽃들과 작은 깃발들로 장식되어 있었고, 온갖 종류의 선물들이 가득 놓여있었다. 우리 테이블에는 미국, 영국 국기 외에 친절하게도 독일 국기가 꽂혀있었다. 일본인과 중국인들이 앉아 있는 바로 옆 테이블에는 용이 그려진 황금색 중국 국기와 해 뜨는 모양의 일본 국기가 장식되어 있었다. 승객들은 모두 기분이 좋아 보였고, 전날 저녁까지만 해도 향수병에 침울해 있었던 우리 독일인들도 어제의 감정을 다 잊고 성탄절의 축제 분위기를 흠뻑 즐겼다. 사람들은 서로 악수하며 "해피 크리스마스"라고 인사했다. 그러는 동안, 태양이 성탄절을 축하하는 인사로 강렬한 빛을 우리에게 쏟아 부었고, 그 때문에 너무 더워서 참을 수 없을 정도였다. 우리가 지구에서 가장 더운 지역에 도달해 있었던 것이었다. 뜨거운 더위 때문에 갑판에서는 거의 아무것도 할 수 없었다. 사람들은 그저 긴 의자에 누워 푸른 하늘을 쳐다보던지, 아니면 우리 배를 빙글빙글 날고 있는 갈매기를 관찰하던지, 그도 아니면 짙푸른 바다를 감상하는 게 우리가 할 수 있는 전부였다.

정오 무렵에 우리는 호놀룰루에 도착했다. 이곳에서 내리는 승객들을 위한 작별 만찬이 있으니, 저녁 8시에 성탄축하 행사가 열리는 식당으로 모두 모이라는 방송이 있었다. 선상 의사가 몇몇 여인들의 도움을 받아, 반짝이는 장신구들을 매달아 크리스마스트리를 장식했다. 우리는 문득 고향 생각이 났다. 맨 먼저 선박 종업원들에게 성탄 선물이 나누어졌고, 선물을 받는 사람들에 어울릴만한 인사도 잊지 않았다. 축하 행사가 시작될 때만 해도 차분했던 성탄절 분위기는 시간이 지나면서 흥겨운 분위기로 바뀌었다. 승객들의 기분을 한껏 고조시키기 위해 승무원들은 온갖 수단과 방법을 다 동원한 것 같았다.

04

호놀룰루
항에서

나는 어떻게 조선 황실에 오게 되었나

4
호놀룰루
항에서

다음 날 아침, 정말 상상하지 못했던 좋은 일이 벌어졌다. 마침내 고요한 대서양의 천국인 호놀룰루 항이 저 멀리 보였다. 하와이 섬 중에서 가장 큰 호놀룰루 항이 햇볕을 받으며 환히 빛나고 있었다. 갑판에 도착했을 때, 산호섬 여기저기 가득한 배들이 유명한 항구로 들어가고 있는 게 보였다. 그리고 언덕 위에서 그 앞까지 층계를 이루고 있는 정원들과 더운 지역에서는 흔히 볼 수 없는 아름다운 시가지가 눈에 들어오기 시작했다. 항구 인근의 수많은 산호섬 때문에 배가 항구로 들어가는 것은 전혀 쉽지 않았다. 항구에서 산호섬 사이의 거리가 100m밖에 되지 않아서, 날씨가 좋은 날에도 출렁이는 파도에 언덕 사이로 치솟았던 수백만 개의 물방울 진주의 거품이 영롱한 햇살을 받으며 떨어졌다. 한편으로는 승객의 3분의 1이 내리기 직전의 흥분과 또 다른 한편으로는 항구의 아름다운 전경을 기대하는 승객들의 흥분으로 배 안은 한껏 들뜬 분위기였다. 해가 막 떠오르면서, 서서히 더워지기 시작했다. 고향에서만큼이나 날씨가 무더웠다. 그러자 승객 중 몇몇은 이미 가벼운 옷으로 갈아입었다. 배에서 아침을 먹은 후, 우리는 시내로 갔다.

호놀룰루는 아열대 기후였다. 화산석이나 산호들로 넓게 뒤덮여 있는 길가에는 망고나무며, 아카시아 나무며, 엄살풀이며, 야자수가 즐비했고, 그 옆에는 특별한 화려한 건축 양식의 저택들이 늘어서 있었다. 아름답게 가꾼 식물들로 가득한 저택의 정원에는 열대식물의 꽃들이 만개해 있어서, 그곳을 지나가는 구경꾼들에게 커다란 즐거움을 선사했다. 정원에 무성하게 피워있는 꽃들은 대부분 진달래였고, 이 꽃들의 모양새와 화려한 색상은 열대기후 지역에서만 볼 수 있는 이국적인 전경이었다. 거대한 야자수와 올렌더 나무가 하늘 높이 솟아 있었다. 길게 뻗어 있는 정원 울타리는 '밤의 여왕 꽃'이 피어 있었고, 물속에는 수많은 엄살풀 꽃들이 피어 있었다. 못생긴 칵투까지도 이곳 열대지역에서는 한결 아름답게 보였다.

밤중에 잠시 비가 내렸었는지, 수백만 개의 다이아가 풀잎 위에서 그리고 꽃잎 위에서 반짝이고 있었다.

우리가 알기에는 호놀룰루는 몇 년 전 미합중국에 편입되었는데, 자원이 부유해서 미국에 커다란 이익이 될 게 분명했다. 산업체는 물론 중요한 무역업체까지 벌써 백인들의 손에 들어가 있었다. 역사적으로도 흑인과 황색인종을 지배한 자들은 아름다운 게 뭔지를 잘 알고 있었다는 사실을 우리는 건축물만 보고도 알 수 있었다. 카메하메이스 왕의 옛 왕궁은 지금은 정부 청사로 쓰이고 있었고, 그 맞은편에 있는 재판소 궁의 건축양식도 왕궁의 모습에서 크게 차이가 나지 않

조선의 아름다움 (장옷을 들러 쓴 조선의 여인)

았다. 그리고 재판소 궁 앞에는 역사상 가장 세력이 막강했던 카메하메이스 1세의 동상이 세워져 있었다.

전동차를 타고 해변을 구경하는 동안, 우리는 수족관이며, 각종 열대 해양식물원을 둘러 볼 수 있었다. 근처에 우물이 하나 있었는데, 그 안에서는 거대한 자라가 살고 있었다. 이 역시 좋은 볼거리였다.

와이키키 해변에서는 수영이 허용되었다. 남편은 수영하고 싶어했지만, 시가지에서 흘러들어온 물이 섞여 있는 바다에서 수영해도 괜찮을지 망설이는 듯했다. 공원의 식물원들을 둘러보며 아름다운 식물들을 구경하고, 야자수 나무에 매달려 있는 코코넛을 보는 것도 특별한 재미가 있었다. 그러다가 바나나를 재배하는 곳에 들르게 되었는데, 재배장의 수확량이 정말 대단하다고 했다. 해변은 넘치는 구경거리로 활기에 차 있었고, 이곳 시가지도 볼거리가 다채로웠다. 시가지에서 우리는 각양각색의 인종을 볼 수 있었고, 그들 모두 분주해 보였다. 여러 인종이 뒤섞여 있는 호놀룰루는 어쩌면 가장 큰 인종시장 같다는 생각이 들었다. 독일인, 영국인, 미국인, 포르트갈 사람, 스페인 사람, 중국인, 일본인, 그리고 원주민까지 다인종이 섞여 있는 게 참 인상적이었다. 외모만 보아도 민족들의 특성이 드러났다. 특히 흑인 여성들은 서양산 흰 레이스 옷을 입고 산책을 하는 것을 좋아했는데 많은 수는 아니었지만, 그들은 귀족층에 속해 있었다. 남성 흑인들도 역시 서양식 의상을 입는 것을 좋아했다. 반면에 중국인과 일본인은 자기네 의상을 즐겨 있었는데, 그러는 게 그들에게 훨씬 잘 어울려 보였다. 그러나 마음에 들지 않은 것도 있었다. 그중에서 특히 눈에 거슬리는 것은 일본 남성들의 '발 의상'이었다. 그들은 샌들과 비슷한 신발을 신었는데, 엄지발가락을 고리에 꿰고 있어서 걸을 때 발을 질질 끄는 인상을 주었다. 그리고 그들은 남녀 구별 없이 머리와 모자에 꽃을 꽂고 있었다. 목을 꽃으로 장식하거나, 허리 아래를 허리띠처럼 화환으로 장식하고 있는 모습이 보기 좋았다. 화환은 빨간색 카네이션 꽃, 오랑캐꽃, 장미꽃, 그리고 여러 가지의 싱싱한 꽃들로 만들어져 있었다. 이곳 사람들은 부자든 가난한 사람이든 모두가 장식하는 데 특별한 재주가 있어 보였다. 그래서인지 온갖 꽃들이 시가지에 출하되어 있다는 느낌을 받았다. 화려한 색의 꽃 장식은 까무잡잡한 원주민의 반질반질한 피부에 잘 어울렸다. 그것은 정장 차림에 높은 원통형 모자를 쓰고 있는 것보다, 그리고 예쁜 레이스 의상을 걸치고 있는 것보다 그들을 훨씬 아름답게 보이게 했다.

호놀룰루에서 꽃은 그 자체가 행운을 뜻했다. 여기서는 영원한 축제 분위기가 일상생활을 지배했다. 사람들은 부지런히 일하는 것엔 별 관심이 없어 보였는데, 누군가 실제로 그렇다고 내게 알려줬다. 특히 여성들이 그렇다고 했다. 산책하다가, 우리는 원주민 옷을 차려입은 합창단을 만났는데, 그들은 끌고 다닐 수 있는 피아노를 갖고 있었다. 저녁 무렵, 우리 일행의 대부분이 묵고 있는 유명 호텔에서 이 합창단이 연주회를 열기로 되어 있었다. 그런데 합창단원 대부분이 너무 늦게 도착하는 바람에 우리는 간신히 배에 올라탈 수 있었다.

05
호놀룰루에서 ———
요코하마까지

나는 어떻게 조선 왕실에 오게 되었나

5
호놀룰루에서
요코하마까지

다시 배에 오른 우리는 여행을 계속했다. 한동안 보이는 것이라 곤 마음을 우울하게 만드는 망망대해와 한 번도 우리에게 웃는 모습을 보이지 않는 파란 하늘뿐이었다. 배는 북쪽을 향해 항해했다. 더위가 차츰 가시기 시작하더니 이내 시원한 바람이 불어왔다. 그리고 날씨가 변하는가 싶더니 마침내는 풍랑이 일었다. 우리의 작은 배는 파도 위에서 이리저리 춤을 추는 장난감 같았다. 승객들도 침대에 누워서, 몸의 균형을 유지하려고 안간힘을 쓰며 버텼지만, 속절없이 덩달아 춤을 출 수밖에 없었다.

다음 날 아침의 우리 선실은 정말 볼 만했다. 물건들이 어지럽게 널브러져 있었다. 여행 가방은 제자리를 떠나 데굴데굴 굴러다녔고, 빗자루며, 구두며, 모자도 제멋대로 굴러다녔다. 우리는 다치지 않으려고 조심스럽게 몸을 움직였다. 방이 어찌나 엉망진창이 되었는지, 나는 그것을 제대로 치울 수 없었다. 특히 힘들었던 것은 옷을 입고 벗는 일이었다. 정말 웃기는 상황이었다.

다음 날 아침 식사 때에는 여자는 나 혼자 나와 있었고, 다른 여자들은 아예 방에서 나오지도 않았다. 그리고 일부의 남성들과 선상 의

사까지도 풍랑의 희생자가 되어 모습을 보이지 않았다. 우리가 놀랐던 것은 이러한 분위기 속에서도 중국인 종업원들의 빈틈없는 태도였다. 요리가 담긴 접시를 어쩌면 그렇게 날렵하게 나르던지. 그들은 한 방울의 음식도 흘리지 않았고, 단 한 개의 그릇도 바닥에 떨어뜨리지 않는 특별한 재주를 우리에게 보여 주었다. 물론 음식을 흘리거나 그릇을 떨어뜨리지 않게 미리 만반의 준비를 한 탓이겠지만. 종업원들이 테이블 '세팅'을 하자마자, 또다시 파도가 쳤다. '꽁꽁 묶거나 못으로 박아두지 않은 것'을 제외한 삼지창이나 칼 따위들이 바닥에 떨어졌다. 승객들은 걷는 것도 서 있는 것도 힘들어했다. 나는 바다 물속에서 큰 파도가 솟아올라 오는 것을 보고 싶어서 갑판으로 나갔다. 그러나 바람이 불어오는 쪽을 향해 걸어가려는데, 갑자기 파도가 갑판 위로 솟아올라 내 옷을 완전히 적셔 버렸다. 지금까지 우리 배는 넓은 면이 보이도록 떠 있었고, 물에 빠지지 않으려면 어디든 꼭 붙잡고 있어야 했다. 시간이 지날수록 풍랑은 더 거세졌고, 파도 역시 더 험악해졌다. 배가 양옆으로 요동치자 승객들은 점점 생명의 위협을 느끼기 시작했다. 두려워진 승객들이 재빨리 아래층에 있는 식당으로 내려갔다. 바로 그때 날카로운 신호가 울리자, 식탁을 정리하던 중국인 종업원들이 급히 위층으로 뛰어 올라갔다. 일급 승무원이 소리를 쳤다. "빨리, 내 권총을 줘!" 여자들은 너무 놀라, 중국인들 사이에 무슨 살인사건이 난 것이라고 상상했다. 승무원들이 모두 무장을 하고 갑판으로 부랴부랴 올라갔는데, 중국인들은 정신없이 작업하고 있었다. 무장한 중국인들은 소방호스를 만지고 있었고, 누군가 "화재경

보였다"고 했다. 남편에게 이 사실을 알리려고 달려갔더니, 그는 웃으면서 "당신 옷이 다 젖었소." 라고 말했다. 긴박한 상황이 계속되는 동안, 나는 파도에 옷이 다 젖은 사실을 잊고 있었다.

밤이 되었고, 오늘은 1902년 1월 1일이 되었다. 우리 배는 서반구의 최 동쪽을 막 지나고 있었다. 우리는 모두 하루가 젊어진 셈이었다. 베를린은 지금 여기보다 12시간이 늦었고, 이곳은 12시간 앞서가고 있었다. 하루를 건너뛰면서, 12월 31일은 우리에겐 없는 날이 된 셈이었다. 우리 승객들 모두 하루가 젊어진 채, 정월 초하루 저녁 지중해를 지나가고 있다는 것에 심적으로 야릇했다. 남성들은 여성들에게 비꼬는 '야유'를 보내기도 했다. 고작 하루였지만, 나이가 든 여성들에게 그건 결코 작은 일이 아니었다.

그 사이 험악했던 날씨도 점차 풀렸다. 자연은 언제든 막강한 '힘'을 갖고 있다는 사실을 사람들에게 알려 주려는 듯 해가 떠올랐다. 그리고 저녁 무렵, 그것은 여행하는 동안 가장 추억에 남을 만한 것을 우리에게 선사했다. 그것은 바로 '바다 물빛'이었다. 물 위에서 반짝이는 수만 개의 보석이 광휘를 비치며 황홀지경의 춤을 추는 듯했다. 마치 귀여운 요정들이 푸른색 등불을 들고, 이리저리 춤을 추고 있는 것 같았다. 물론 우리는 모두 우리를 요정 세계로 끌어들이면서 보여주는 파도의 황홀한 전경이 물속의 고기들뿐 아니라 미생물의 인광이 움직이고 있는 것이라는 것을 알고 있었다. 다음 여행지까지 한 주 더 걸렸다. 별다른 일이 일어나지 않은 지루한 나날이었다. 그리고 1월 8일, 마침내 일본 해안이 시야로 들어왔다.

06

일
본

나는 어떻게 조선 황실에 오게 되었나

6
일본

일본의 해안이 점차 맨눈에 들어오기 시작하면서, 우리는 눈 앞에 펼쳐진 자연경관에 놀라지 않을 수 없었다. 가장 먼저 눈에 들어온 것은 눈 덮인 높은 산의 모습이었다. 바로 후지야마 산이었다. 사람들은 그것을 후지라고 부르기도 하고, '타지노야마'라고도 했다. 그것은 일본에서 가장 높은 산이다. 일본인들은 '후지'산을 신성한 산으로 여겼고, 회화 작품에도 자주 등장했다. 전체적인 산의 형상은 매우 기괴했고, 마치 오벨리스크처럼 수평선 위로 그 고귀한 자태를 드러내고 있었다. 후지 산 꼭대기에는 일본의 만년설이 있었고, 고작해야 7월과 8월에만 눈이 없었다. 그것은 원래 바다에서부터 3,778m 높이로 솟아오른 화산이었다.

여행의 종착지는 그 유명한 요코하마 항이었다. 도쿄나 에도, 요코하마가 있었지만, 그 가운데서 특히 요코하마 항이 가장 훌륭했다. 길게 뻗은 항구의 선착지가 있어서 배를 대기에 쉬웠기 때문이었다. 두 개의 등대는 파도를 가로질러 들어가는 관문을 잘 안내해 주었다. 우리는 곧바로 하선할 수 있을 것으로 생각했다. 그러나 그건 우리의 잘못된 판단이었다. 해상 길을 안내해주는 한 일본인이 의사를 데려다주면서, 육지까지는 아직도 꽤 멀다고 했기 때문이었다. 배에서 내리기 두어 시간 전에 일본인 의사들이 증기선을 타고 우리 배로 올라와 승객들의 건강 상태를 점검했다. 승객들은 군인들처럼 한 줄로 서서 차례차례 검진을 받았다. 승객 중에서 얼굴이 창백한 사람은 혀를 내밀고 조사를 받았는데, 그것은 서양에서 검진 받을 때와 다르지 않았다. 건강 검진과 서류를 확인받고 난 후에야 우리 배는 선착장으로 떠날 수 있었다.

요코하마 항이 우리에게 특별히 인상적이었던 것은 활기차게 움직이고 있는 배들의 모양이었다. 돛단배들 말고도 이상하게 생긴 배인 '정크'라고 하는 이상한 모양의 배들도 보이고, 넓고 야트막한 배들도 보였으며, 서양의 배보다 앞뒤가 짧은 노 젓는 배들도 있었다. 특히 마지막 배의 경우, 그것은 서양의 배처럼 노를 저으면서 앞으로 나가는 게 아니라, 노가 배 뒤편에 달려있어서 한 사람이 서서 ─ 특히 여자들 ─ 노를 저었기 때문에 불안정하게 양옆으로 흔들거렸다.

서양의 여느 항구에서처럼 여기서도 새로 입항하는 배들은 큰 소리로 환영 인사를 받았다. 선착장은 돈을 벌려는 짐꾼들로 북적거렸다. 그들은 세관을 거친 승객들의 손에 들린 짐들을 막무가내로 빼앗듯 들고 갔다. 우리가 아무리 원치 않아도, 짐꾼들에게서 다시 짐을 되돌려 받는다는 것은 거의 불가능했다. 세관에서의 절차는 서양에서보다 훨씬 빨리 끝났다. 일본인 세관들은 외국인들을 신뢰했고, 특별한 일이 아니면 그냥 눈감아주는 편이었다.

미리 예약된 그랜드 호텔로 가는 길에 우리는 요코하마의 번잡한 시가지를 통과해야 했다. 그곳에는 유럽인과 미국인 외에도 눈이 가늘고 검은색 머리카락을 가진 황인종들이 있었다. 흑인도 적잖이 있었다. 상인들은 자기가 원하는 것이 무엇인지를 분명히 알고 있었고, 가게는 어떤 규칙에 따라 운영되고 있다는 느낌이 들었다.

호텔에 들어서자마자 우리는 몹시 놀랐다. 호텔 내부가 엄청나게 크고 화려했기 때문이었다. 그랜드 호텔은 1등급 호텔이라는 것을 이미 들어서 알고 있었지만, 이 정도로 고급스러울지는 상상도 하지 못했다. 설치 조명은 물론 욕실도 있었다. 객실로 들어서자, 종업원이 들어와 우리에게 목욕할 것을 권했다. 그들이 가장 먼저 '따뜻한 목욕'을 권하는 것은 우리가 생각하듯이 목욕이 필요해서가 아니라, 단지 피로를 풀기 위해 권하는 하나의 예의였다. 그러나 우리에게 아직 동양인들의 친절은 낯설었다. 객실 담당의 여인은 키가 작았고, 밝은 색의 기모노를 입고 있었으며, 반질반질하게 손질한 검은 머리카락을 머리 위로 틀어 올리고 있었다. 만일 귀염성 있는 여자종업원이 마음에 들지 않았더라면, 남편은 분명히 한바탕 싸웠을 것이다.

크고 넓은 식당에 들어갔더니, 조명 시설이 잘 설치되어 있었고, 여기저기 식물들이 잘 정돈되어 있는 게 인상적이었다. 이곳에서는 매일 저녁마다 연주회가 열렸다. 남녀 손님들이 모두 정장 차림으로 참석했는데, 그것은 동양인들에게는 하나의 관례였다.

다음 날 아침에 요코하마의 관광지를 구경하려고 하자, 일본을 잘

상복과 삿갓을 쓴 조선여인

아는 사람들이 볼거리가 없다고 했지만, 우리는 무작정 모든 게 낯설기만 한 거리로 나갔다. 동양에서는 잘 알려진 '릭샤'[1]이 우리 앞에 멈추어 섰고, 우리는 이 인력거에 올라탔다. 유일한 교통편이었던 그것은 인력거였다. 처음에는 사람이 끄는 인력거를 탄다는 게, 같은 인간으로서 미안한 마음이 들었다. 그러나 점차 익숙해지면서, 우리는 30여 분을 빠른 속도로 달려가는 인력거꾼의 인내와 그의 튼튼한 허파와 근육에 감탄해마지 않았다. 사람들은 인력거를 타고 아주 먼 거리까지 관광하기도 했다. 이처럼 힘든 일을 하는 인력거꾼은 대부분 가난한 남성들이었다. 말 뒤를 따라 달리는 동안, 그의 갈색 이마엔 어느덧 땀방울이 송굴 송굴 맺혀 있었다. 그런데도 그에게 더 빨리 달리라고 재촉하는 승객도 있었다. 물론 인력거꾼들 가운데는 인력거가 간신히 움직이는 정도로 천천히 달리는 게으른 사람들도 있었다. 그럴 경우 손님이 '콰이, 콰이'라고 크게 소리쳐야 비로소 조금 속도를 낸다는 것을 알 수 있었다.

시가지 중심가를 지나 항구 지역과 외국인의 생활 지역으로 들어갔더니, 최고급의 명품 상가들이 나왔다. 현지에서 생산한 비단과 특이한 색채와 무늬의 자수용품, 상아로 만든 상품과 수공예품들은 사람들의 구매 욕구를 충동질했다. 일행 중 한 오스트리아 여인이 상아로 된 수공예품을 구매하려다가 가격이 너무 비싸 잠시 머뭇거리자, 주인이 물건을 팔 욕심으로 흥정을 걸어왔고, 결국 오스트리아 여성

---

1 인력거를 의미하는 진릭샤じんりきしゃ를 가리킴

은 절반 가격으로 물건을 샀다. 우리 유럽에서처럼 이 나라에서도 어디를 가나 흥정을 할 필요가 있었다.

항구의 남쪽 끝에는 정원이 잘 꾸며진 주택이 있었고, 그곳에는 주로 유럽인들과 미국인들이 살았다. 사람들은 인력거를 타고 그곳으로 가기도 했지만, 걸어서 올라가도 그리 힘든 길은 아니었다. 100여 개 정도의 계단이 이어져 있는 산 위에는 카페가 있었다. 그곳에서는 시가지와 항구 마을이 아주 잘 내려다보였다.

이 나라의 민족에 대한 지대한 관심이 충동적으로 일어났다. 특히, 아이들과 여성들이 첫눈에 들어왔다. 서양에서 일본 여인들의 우아한 모습을 자주 긍정적으로 평하는 것을 이제 나도 이해할 수 있고 관심이 갔다. 일본에서는 발쯔[2] 씨가 발표한 내용에 의하면, 일본인들은 두 가지 유형으로 구별된다. 우락부락하게 생긴 몽골인 모습의 사람들이 있는가 하면, 다른 형으로는 섬세하고 귀티나 보이는 사람들도 있었다. 특히, 후자의 경우엔 얼굴이 타원형으로 갸름했고 코가 살짝 휘어있는 게 특징이었다. 그리고 얼굴색은 흰 편이었다. 남부지역 사람들은 북부지역 사람들보다 아주 왜소했다. 그중에서도 특히 닛코日光 지역 사람들은 키도 작고 뚱뚱했다.

---

2 Erwin von Baelz, 1849년 생, 독일인, 의학박사, 인류학자, 일본왕의 시의였으며 일본의학계의 선구자

멋진 전통의상을 맵시 있게 차려입은 일본 여성들이 뒤뚱대며 걷는 모습은 우리의 눈과 마음을 즐겁게 해주었다. 의상과 잘 어울리는 나막신(게다)이며 '버선(다비)'이 시내에서는 눈에 많이 띄었다. 게다 소리는 우리 유럽인들의 귀에 거슬리지 않았고, 오히려 재미있게 들렸다. 일본 여인들의 걸음걸이나 우아한 몸짓이 타고날 때부터 그랬던 것은 아니란 걸 우리는 이미 들어서 알고 있었다. '버선'발에, 그것도 달랑 끈 하나 붙어 있는 나막신을 신고 그렇게 우아하게 걷는다는 것은 사실상 거의 불가능하기 때문이다. 어쩌면 걷는다고 하기보다는 발을 질질 끌며 뒤뚱거린다고 표현해야 옳을 것이다. 일본인들은 남자나 여자나 걸을 때 모두 양다리를 안쪽으로 향하게 하고 걸었다. 일본 여인들은 썩 아름답다고는 할 수 없었지만, 그녀들의 자태를 여성스럽게 나타나게 하는 재주를 가지고 있었다.

의상의 색 선택이나 모양을 잘 골라 입는다. 그들의 귀여운 몸집을 잘 손질하면서 또한 잘 어울리게 머리를 장식해서 여성의 고운 자태를 내놓을 줄 안다.

그녀들은 그렇게 아름답지도 않고, 또 걸음걸이도 불안정했지만, 장밋빛 입술로 장난기 어린 앙증맞은 미소를 지으면 누구라도 반하지 않을 수 없었다.

인형처럼 작은 일본 여인의 자태, 이러한 자태는 유럽의 자매들과 마찬가지로 남성들이 반하도록 몸에 젖었다.

평상시에도 그녀들은 아주 우아한 태도로 대화하기도 하고, 농담을 나누기도 했다. 일본 여성들은 머리 장식과 의상을 통해 처녀와 기혼 여성이 구분되었다. 처녀들은 검은 머리가 풍성해 보이도록 머리를 부풀렸고, 뒷머리를 장신구로 치장했다. 기혼 여성들은 나비 날개 모양을 한 머리를 뒤로 둥글게 얹은 다음, 그 위에 꽃이나 장신구 혹은 리본을 꽂았다. 이러한 '예술품' 머리 장식이 흐트러지지 않게 그녀들은 잠을 잘 땐 삼지창처럼 생긴 목침을 베고 잠을 잤다. 동양 여인들의 사치는 서양 여인들보다 훨씬 더 심했다. 처녀와 기혼녀는 의상에서도 차이가 있었다. 처녀들의 옷은 색상이 훨씬 밝았고, 허리를 여러 차례 둘러 감은 다음, 그 끝을 허리 뒤로 묶어 리본으로 장식한 넓은 허리띠(오비)는 의상 색깔에 잘 맞추어져 있었다. 이 의상에서 우리는 일본 여인들의 멋을 볼 수 있었다.

반면에 혼인한 여성은 화려한 색상의 의상을 입지 않고, 나이나 가문의 지위 등에 따라 단색으로 옷을 입었고, 색도 고상했다. 예전엔 기혼 여성이 치아를 검게 칠했다는 고약한 관습은 지금은 다행히 사라지고 없었지만, 그래도 시골 지방에서는 아직도 까만 치아의 여인들을 자주 만날 수 있다고 했다. 우리는 어디서든 얼굴을 하얗게 분칠하는 일본 여성들의 관습을 경험할 수 있었다. 처음에는 '영원히 젊음'을 지키려는 욕망에서 시작된 이 관습이 과연 좋은 관습인지 악습인지 알 수 없었지만, 일본 여성들은 어려서부터 이 관습을 따르고 있었다. 그들은 한국 여성이나 중국 여성의 사회적 지위와 달랐다. 한국과 중국의 여성들은 일단 혼인하게 되면, 남성의 노예가 되어 절대복종해야 하고, 공식적으로 외부에 나갈 수 없었다. 고위층 신분의 중국과 한국의 기혼 여성들은 외부 남성에게 자기를 보이는 것을 수치로 여겼다. 그러나 일본에서는 아직 결혼하지 않은 처녀들은 자기 맘껏 즐거운 시간을 보내도 되었다. 그들은 유럽에서와 마찬가지로 노래나 춤이나, 바느질 등 온갖 것을 배웠고, '남편감'을 찾기 위해 애교부리는 것도 배우기도 했다. 특히, 기생 '게이샤'는 일본에서는 결혼하지 않는다. 어느 날인가 우리는 기생학교에서 그들이 춤을 배우는 학습시간을 참관했었다. 거기서 본 것은 우리 유럽의 춤 학습시간과는 달랐다. 한마디로 그녀들의 춤 동작은 우리가 알고 있는 춤과는 전혀 달랐다. 그리고 그것은 우리의 사교춤보다 훨씬 어려웠다. 동작 하나하나가 어떤 의미를 담고 움직였으며, 불현듯 동작이 빨라지기도 했다. 손을 굽히기도 하고, 뒤로 돌리기도 하는 등의 몸짓을 했고, 그럴 때면, 그것은 우아함과는 사뭇 거리가 멀었다. 만돌린같이 생긴 악기에서 나는 소리는 잠이 올 정도로 지루했다. 그것은 너무 느리고 단순해서 음악을 연주하는 것이 아니라, 무작정 소리를 내고 있다는 생각이 들 정도였다. 춤을 지도하는 교사는 기생 학생들이 부채를 잘못 드는지 혹은 손동작과 발동작을 잘못하고 있는지, 아주 작은 동작까지 놓치지 않고 세심히 살폈다. 춤 선생은 학생의 오류를 발견하는 순간, 부채를 '딱' 소리가 나게 접으면서, 그의 동작이 만족스러워질 때까지 몇 차례고 반복해서 연습을 시켰다. 일본사회에서 기생들은 우리 유럽보다 훨씬 중요한 위치를 차지했고, 그 때문에 그녀들의 수업은 매우 중요하게 여겨졌다. 일본에서는 연회가 있을 때면, 기생들을 불렀다. 그녀들은 화려한 의상을 차려입고, 머리에는 온갖 장신구를 꽂고 연회장에 나타났다. 옷 사이사이로 늘어진 곡선의 주름은 그녀들의 우아한 모습을 더욱 돋보이게 했다. 공식적인 연회에서 기생들은 만돌린 비슷한 악기의 반주에 맞추어 춤을 추기고 하고, 노래를 부르기도 했다. 노래의 가사 말이나 전통적인 춤에 대한 사전 지식이 없으면, 외국인들은 이처럼 특이하고 아름다운 동작에 대해 잘 이해할 수 없다.

기생집에서 술을 파는 기생들(오이란)이 연주하는 것과 연회 무대 위에서 연주하는 '미카도 오도리' 연주는 아주 달랐다. 사람들은 특히 교토의 '미카도 오도리'가 가장 유명하다고 했다. 예를 들어, 무용극 '사쿠라'는 인형극 같기도 했고, 춤과 연주 테크닉이 매우 탁월한 예술 작품이었다. 각종 장식이 설치된 무대 배경은 정말 아름답고 멋이 있었다. 그것은 유럽 극장 무대의 설치기술에 결코 뒤떨어지지 않았다. 찻집에 들어섰을 때, 특별히 우리의 관심을 끈 게 있었다. 그것은 '차 파는 소녀'들이었다. 그녀들은 아주 작고 어린 소녀들이었다. 사람들은 이 소녀들을 에워싸며 뭘 원하느냐고 물었고, 그녀들은 재빨리 토속 차인 '녹차' 한 잔을 우리에게 권했다. 그러면서 웃고 재잘거리는 모습이 마치 세상 물정 모르는 천진난만한 '요정'들 같아 보였다.

일본인들에게 '집'은 마치 하나의 신전이었다. 그들의 집에 들어가려, 가장 먼저 신발을 벗어야 했다. 집주인들은 먼저 알아서 우리 외국 여성들의 발에 '샌들'을 신겨 주었다. 그들은 항상 집 밖에 자신의 신발을 벗어둔 채, 솜이 든 '버선' 같은 것을 신고 집 안으로 들

행복한 부부

어왔다. 일본에서는 뭐든 앙증맞고 귀여운 소품들이 정리되어 있었고, 그들의 주거지도 마찬가지였다. 목조로 된 작은집들은 벽 문이 밀고 닫는 식으로 되어 있었는데, 종이로 바른 벽 문은 마치 인형 집 같은 인상을 주었다. 집들은 거의 모두 단층으로 된 낮은 건물이어서 난쟁이 집 같았다. 집들은 나무기둥 위에 지어져 있었고, 방바닥은 땅에서 약 반 미터 높이에 지어져 있었다. 그래서 집과 그 아래 기둥 사이로 비바람이 날고 들었다. 건물의 외벽과 내벽에는 이미 서술했듯이 미닫이 식 '창문'이 있었다. 그리고 나무로 만든 틀에는 사각형의 나무 빗살로 된 작은 문이 나 있었다. 실내 전체에는 빛이 반쯤 들어오는 반투명 종이로 발려 있었는데, 이 종이는 닥나무에서 축출한 닥종이였다. 닥종이 창문을 통해 들어오는 햇살은 그 빛이 밝고 아늑했다. 또 밤에 등불을 밝히면 — 대체로 종이로 만든 초롱 — 참으로 아늑하고 따뜻한 불이 방 전체를 가득 채웠다. 모든 집이 켜놓은 초롱불들에서 만들어내는 밤의 전경은 축제 때의 '유등놀이'를 연상시켰다.

물론 종이를 바른 창문은 궂은 날씨에는 보호막이 되지 않기 때문에, 일본인들은 비가 오면 재빨리 나무로 된 바깥문을 닫아야 했다. 목조로 된 바깥문은 집 건물 벽보다 약 1m 밖으로 나와 있었고, 지붕 역시 밖으로 길게 빠져나와 있었기 때문에 집 자체 건물은 비를 피할 수 있었고, 지붕 끝에는 빗물이 흘러내리도록 설치되어 있다. 집의 방 바닥에는 부드러운 싸리나무로 만든 초석이 깔려 있었고, 방 한가운데는 나무를 반질반질하게 깎아 만든 '작은 마루'가 있었고, 사람들은 이곳에서 식사했다. 방에는 가구라곤 거의 없고, 잘 짠 초석과 '족자'가 전부였다. 족자는 가느다란 긴 벽화를 뜻하는데, 주로 일본의 산천과 역사의 한 장면이 그려져 있었다. 또 여닫는 문도 있어서 방을 크게 넓히기도 하고 필요할 때는 좁게 할 수도 있어서 일본인들의 실리적인 면모가 잘 드러났다. 그들은 한겨울에도 하루 대부분을 집 앞에 있는 '마루'에서 시간을 보냈다. 그들은 추위를 막기 위해 화로를 앞에 놓아두고 몸을 녹이면서 추위를 견뎠다. 화롯불을 쬐면서 그들은 작은 담뱃대에 골초를 잔뜩 집어넣고 피웠는데, 대략 12모금이 되었다. 이 작은 담뱃대는 일본인에게는 없으면 안 될 생활필수품이었고, 여성들에게도 담배를 피우는 것은 당연한 일상이었다.

일본 남성들의 생활은 집 밖으로 벗어나면 아주 달라졌다. 그들이 찻집에 들어서는 순간, 객주가 공손하게 인사하면서 그들을 맞이하고, 곧이어 귀염성 있는 작은 소녀들이 달려와 무릎을 꿇고 환영 인사를 한다. 만일 이 착하고 귀여운 소녀들이 제때 환영 인사를 하러 나오지 않으면, 객주는 곧바로 손뼉을 세 번 쳐서 손님맞이를 하러 나오게 한다. 그런 다음 손님을 안으로 '들게' 하는데, 마치 인형의 집으로 들어가게 하는 듯하다. 전통에 따라 손님은 종업원인 소녀들이 가져다 깔아주는 비단 방석 위에 양반다리를 접고 앉는다. 이렇게 다리를 접고 앉는 것은 서양인들에게는 익숙지 않아 여간 곤욕스러운 일이 아니었다. 외국인 손님이 자주 찾는 찻집에서는 그래서 자리에 앉는 다른 방법을 고안하기도 했다. 음료 중에서 우리 입맛에 맞는 것은 쌀로 빚은 '사케' 라는 정종이었는데, 이것은 마실 때 (너무 많이 마시지 않도록) 주의해야 했다. 목이 마를 때 가장 좋은 방법은 녹차를 마시는 것이다. 녹차에는 설탕도 우유도 섞지 않는다. 그런데도 정말이지 그 맛이 싱그럽고 향긋했다.

일본의 많은 호텔의 종업원들은 전부가 여성이었다. 인형 같은 여성들은 ─ 우리 유럽에서도 그렇긴 하지만 ─ 때때로 남성 투숙객들에게 반하는 일도 적지 않았다. 일본 여성의 '사랑' 에는 어딘지 특별한 데가 있다. 우리와 함께 투숙한, 나이가 지긋한 미국인 장교가 한 일본 여성의 '사랑' 의 대상이 되었는데, 그가 식사 하러 식당에 나타나기만 하면 젊은 여종업원들이 모두 몰려들어서, 다른 테이블엔 종업원이 하나도 보이지 않기도 했다. 그래서 다른 테이블의 손님들은 그저 조용히 앉아서 미국인 장교가 식사를 마칠 때까지 구경만 해야 했고, 그 후에야 아가씨들이 테이블로 돌아와서 '서빙'을 했다. 난쟁이 요정들은 자기네끼리 낄낄대며 웃기도 했고, 한 여종업원이 미국인 장교를 대접하고 나면, 그다음 소녀는 그에게 더 잘하려고 온갖 아양을 떠는 장면을 구경하는 것도 재미가 있었다. 미국인 장교의 식탁에는 매일 싱싱한 꽃이 꽂혀있었다.

작은 요정 같은 여종업원들은 찻집이나 요릿집 객주에게는 큰 보물과도 같았다. 손님들이 많이 찾는 고급 요정의 작고 귀여운 여종업원들 가운데 몇몇은 영어를 아주 잘 구사했다. 그녀들의 가장 중요한 임무는 어떻게든 손님들을 잘 접대해서, 그들로부터 많은 관심을 끄는 것이었다. 그녀들은 우리 유럽 여성들의 치장에도 관심이 많아서, 부드러운 손으로 우리의 옷을 만져보기도 하고, 우리의 화장술에 대해서도 묻기도 했다. 그녀들은 직접 자기들의 옷에 대해 알려주었고, 심지어는 추위를 피하기 위해 기모노 밑에 껴입은 속옷가지에 대해 알려주기도 했다. 그리고는 그녀들의 기모노에서 가장 소중한 '오비'를 우리에게 보여주기도 했다. 특히, '오비'는 값이 매우 비싸다. 금실로 짠 비단 천으로 만들어진 '오비'의 가격은 일본 돈으로 40엔, 800 독일 마르크였다. 이런 '오비'의 사치성은 기모노 주인의 취향에 따른 것이기도 했지만, 우리가 보기엔 남성들의 호감을 사려는 목적이 더 큰 것 같았다. 일본에서는 일상 속에 불운의 사랑이 흔한 일이

서울 시내를 달리는 전차

었는지, 수많은 절 부근에는 서 있는 나뭇가지가 둘로 갈라진 대나무의 잎사귀마다에는 진정한 사랑을 소원하는 하얀 천들이 셀 수 없이 많은 걸려 있었다. 실연한 여인들이 이 나무 아래로 찾아와, 그녀들의 잃어버린 사랑이 다시 찾아와 주길 기원했다. 우리 서양인들에게는 대나무에서 기원하는 관습은 이해하기 어려웠다. 앞서 일본 여성의 의상에 대해 언급했듯이, 유럽이나 다른 문화국의 여러 나라에서는 여성의 의상은 해마다 유행에 따라 변했지만, 일본 여인들의 복색은 수백 년이 지나도록 변하지 않고 그대로였다. 일본의 귀족 집안들과 부유한 집안의 여인들은 유럽식 의상을 착용하기도 했지만, 그녀들에게는 전혀 어울리지 않았다.

일본 왕실에서는 공식행사가 있을 때면 서양식 의상을 입기도 했다. 왕비는 서양식 복식을 입기도 했지만, 왕의 어머니만 예외로 전통 옷을 입었다. 머리에 모자를 쓰는 것은 일본 여인들에게는 별로 알려지지 않은 듯했다. 모자를 쓴 일본 여인은 거의 없었지만, 비가 올 때면, 언제나 기름에 배인 화려한 노란색 우산을 썼다. 그리고 해가 쨍쨍 내리쬐는 날에는 더위를 피하기 위해 부채를 사용하기도 했는데, 부채 든 그녀들의 모습은 매우 우아하고 맵시 있었다. 일본 여인의 아름다움에 대한 평판은 남성보다 월등히 우월했다.

일본의 남성복은 여성의 의상과는 사뭇 달랐다. 유럽인들이 많이 찾는 도시 지역에서 일본 남성들은 거의 모두 서구식 복장을 하였다. 그중에서도 특히 공적인 지위를 가진 남성들 ― 공무원들, 군 장교들, 의사 등등 ―은 공식적인 자리에서는 늘 서양 복장을 했다. 물론 유니폼은 예외였지만. 그들은 모자 끝이 위로 높이 올라간 원통형 모자를 착용했으며, 근무를 마치고 집에 돌아가면 유럽식 옷을 벗고 다시 온전한 일본인이 되었다.

***

일본의 근대 역사는 40년도 채 되지 않는다. 현재 정권을 잡고 있는 '천황'은 일본을 과거에서 현재로 바꾸어 놓았다. 서구문명이 급속도로 일본에 들어와 문명사회로 발전하는데 걸린 속도는 서양 어느 나라에서도 그 유례를 찾아볼 수 없을 것이다. 근면하고, 또한 놀랄 정도로 이해가 빠른 일본인들은 문명사회를 이루기 위해 난관을 잘 극복해냈다. 특히 군대를 개혁하는 데 있어서 그들은 독일식의 군대 양식을 본보기로 삼았다. 우리가 정말 놀랐던 것은 특히 '신식' 군대의 문제를 해결하는 그들의 적응력이었다. 그들의 끈질긴 인내력과 적응력이 일본인들에게 러시아와 중국과의 전쟁에서 승리를 거둘 수 있게 했다. 일본 국민들의 교육은 지금까지 알지 못했던 모든 지식을 무조건 암기하는 방식으로 이루어졌다. 그들의 치밀한 암기 노력은 생산업과 기술에 좋은 결과를 가져다주었다. 우리는 서양문화를 통해 일본인의 성격과 행동에 큰 변화가 있었음을 알 수 있었다. 수백 혹은 수천 명이 유럽의 학교에 입학해서 새로운 문화와 문명의 지식을 더 많이 배우려고 했던 태도도 그들의 변화에 한몫을 했다. 괴테나 칸트나 쇼펜하우어 등을 오히려 독일인들보다 더 잘 이해하는 일본인들도 많았다. 유럽인들이 일본에 와서 지식인 행세를 하려면 스스로 유럽의 알려진 문학이나 문화나 예술이나 학문에 정통해 있는 그들의 저서를 이해할 정도로 읽어두어야 했다. 일본인들의 이러한 교육열에는 물론 외국어 실력도 포함되어 있었다. 일본의 지식인들은 모국어인 일본어는 물론, 영어나 독일어를 거의 완벽하게 구사하는 사람들도 많았다. 일본인들은 교활하고 불성실하기도 했지만, 부지런하고 현실적인 성격이 농후했다. 그들이 만든 수공예품들은 예술성이 높았고, 아름답고 고상한 그들의 문화상품들은 그래서 일본을 찾는 관광객들에게 힘들이지 않고 잘 팔렸다. 일본사람들이 서양의 복색과 관습을 완전히 수용했다고 주장하는 것은 틀린 말이다. 그들은 필요한 경우 그것을 이용했을 뿐이며, 언제든 그들의 조상이 물려준 고유문화로 되돌아갈 게 분명하다. 특히 서양문물의 영향을 많이 받은 지식층일수록 더욱 그럴 것이다. 사회적으로 중상층이나 서민층 사람들은 서양문명의 영향을 받지 않았고, 그들은 100년 전이나 지금도 일본의 전통 속에서 생활하고 있다. 일본의 정부도, 서양문화를 받아들인 권력자들도 국민들의 이러한 전통생활을 결코 막을 수 없었다. 온갖 새로운 변화들, 군대의 혁명이나 교통, 전보와 전화시설 등과 같은 온갖 새로운 변화나 개혁도 서민층에는 그리 큰 영향을 주지는 못했다. 유럽에서는 여성의 인구 비율이 훨씬 월등한 데 비해 어느 고위층 사람에게서 들은 바에 따르면, 일본인의 남성과 여성의 인구 비율은 비슷하다고 했다. 그래서 여성이 결혼할 수 있는 확률은 유럽의 나라들에 비해 훨씬 높았다. 일본에서 여성교육은 결혼해서 가정일은 물론 남편에게 복종을 잘하는 아내 역할과 자애로운 어머니가 되어 아이들을 잘 교육하는 데 있었다. 따라서 일본인들의 결혼생활은 대체로 행복해 보였는데, 그것은 일본인 남성이 한 남성의 지위에 걸맞은 자아를 충분히 누리고 있었기 때문이었다. 남성들은 어렸을 때부터 결혼해서 다음 세대를 이어갈 자손을 조상들에게 낳아주는 것을 교육받았다. 그들의 가족사회는 특별히 두 가지의 기본 규율을 통해 이끌어졌다. 그 첫째는 조상숭배와 부모에 대한 절대적인 복종이었다. 예로부터 내려오는 법에 따르면 한 가정에는 반드시 후손이 있어야 했다. 그래서 일본 남성들이 '아내감'을 찾을 때는 가장 먼저 건강한 여인을 찾았다. 신부의 가정적인 지위나 부유함, 또는 종교적인 여건은 자손을 잘 생산할 수 있게 하는 건강보다 결코 더 중요하지 않았다. 이런 사고방식은 다른 문명국에서도 본받아야 할 것으로 본다. 일본의 윤리사상에 따르면, 아내는 남편에게 절대적으로 복종해야 한다. 그리고 자녀들은 부모에게 복종해야 하고, 또 하인들은 주인에게 복종해야 한다. '복종'이라는 것은 일본사회의 교육에서 가장 중요한 역할을 했다. 미혼의 처녀들은 장차 남편에 대한 복종을 물론 시부모에게 절대복종해야 하는 것을 교육받았다.

일본의 관습에는, 그리고 문명국으로 발전하지 않은 민족들의 관습에도 임산부와 아이들은 모두 부모 집에서 살았다. 남성의 경우도 마찬가지였다. 이러한 관습이 일본 여성들의 일상생활에 반드시 편한 것만은 아니다. 시어머니는 가정의 총책임자로서 만사를 간섭했는데, 이것은 우리 유럽도 마찬가지다. 시어머니는 무서운 존재였고, 모든 일이 시어머니의 마음에 달려있었다. 일본의 경우엔 며느리는 반드시 시어머니에게 복종해야 했고, 그렇지 않으면 이혼을 당할 수도 있었는데, 그것은 조상에 대한 것은 말할 것도 없고, 가문에 대한 수치로 여겨졌다. 조상을 잘 받들기 위해 부모들은 자식이 열다섯이 채 되기도 전에 혼인시키는 일이 허다했다. 오늘날의 법에는 남자는 열일곱 살에, 그리고 여자는 열다섯 살이 되어야 혼인할 수 있게 되어 있다. 외국에 잘못 전해져 왜곡된 주장이 있는데, 일본에서 '처녀성'은 매우 귀중한 보물이다. 이에 대해 어느 일본인 학자는 이렇게 적고 있다. "처녀성을 지키기 위해 소년이나 소녀는 일곱 살이 되면, 한 방을 사용할 수 없다. 이 문구에 포함된 뜻은 남자의 깨끗하고 용감하고 순수한 덕이 무너질까 해서이다."

"한번 잘못하면 평생 도둑이 된다."는 속담이 생긴 것도 일본에서는 남녀의 자유로운 성교를 금기시하고 있기 때문이다. 미혼의 처녀들은 가능한 한 집안에서 많은 일을 해야 했고, 반드시 동행자가 있어야 외출할 수 있었다. 가족들은 한 집안에서 공동생활을 했고, 서로 비밀이라는 게 없었다. 그래서 미혼의 젊은 여성들은 더욱 외부와의 접촉이 드물었다. 이처럼 외부와의 완벽한 차단에도 불구하고, 한 '처녀'가 일을 저질렀을 경우, 본인만 불행한 것이 아니라, 가문의 조상들에게도 잘못을 끼치는 것이 되었다. 이런 수치스러운 일이 발생할 경우 그녀는 평생을 '치욕' 속에 살아야 했다. 일본 남성들은 아내를 고를 때 미모보다는 덕을 먼저 살폈다. 미모보다 덕을 앞세우는 미덕에 대한 일본인들의 이러한 사고가 곧 아름다운 여인을 인격의 꽃으로 여기게 하였다.

약혼한 사이일지라도 신부를 맞이하기 전까지 일본 남성들은 신부를 가까이할 수 없었고, 신부를 고르는 일도 대부분 부모가 결정했다. 유럽에서처럼 당사자들의 의견이 아무 역할을 하지 못했던 일본인들의 혼인은 때로는 불행을 자초하기도 했다. 일본 남성들은 혼인하게 되면 아내를 보호해야 할 의무가 있었다. 그는 아내에게 항상 친절하고 부드럽게 대해야 한다. 남편은 아내를 자식의 어머니로서 존중해야 하고, 가능한 한 자녀 교육이나 집안 살림의 전권을 아내에게 맡겼다. 또 다른 한편으로 아내는 남편을 존중하고 덕을 베풀고 사랑해야 한다. 그녀들은 결혼하기 전에 미리 덕성 — 즉 자의를 거부하는 덕과 자기를 자제하는 덕 — 을 교육받았다. 더불어 그녀들은 어떤 경우에도 항상 명랑한 표정을 짓는 '예술' 교육도 받았다. 아내로서, 어머니로서, 그리고 집안 살림을 맡은 가정주부로서 그녀들은 온갖 의무를 충실히 수행하고, 남편에게 절대복종과 믿음을 갖는 것을 최고의 덕행으로 여겼다. 그러나 그녀들의 의무감은 종으로서의 '종'이 아니라, 남편을 대하는 '의무'로서, 철저한 가정교육을 통해 이루어진 것이다. 그래서 일본 여성들은 여러 면에서 남편의 원의와 의지를 잘 '비켜' 가면서 여성이 원하는 목적을 달성하기 위해 외모적으로 더 '사랑스럽고 우아한 자태'를 보인다.

이런 일본 여성들을 잘 모르는 외국인들은 그녀들이 겉만 치장하고 변덕스럽다고 생각하는데, 실제로는 전혀 그렇지 않다.

일본인 부부에게 자식이 없는 것은 큰 불행이다. 따라서 대를 이을 자식이 없을 경우, 남편은 '첩'을 얻어서 조상에게 제사 지낼 자식을 볼 수도 있었다. 그러나 여러 부인과 한집에 살게 되면 불화가 생기게 마련이고, 그로 인해 집안이 평화롭지 않게 된다는 이유로 대부분 첩들이기를 꺼렸다. 그뿐 아니라 여러 부인을 거느리는 것은 경제적으로도 부담스러웠기 때문에, 양자를 들이는 경우가 허다했다. 그들은 부부관계를 다른 사람들에게 드러내는 것은 흉으로 여겼다. 예를 들어 부부만의 자연스러운 애무라든지, 입을 맞춘다든지, 포옹이나 팔짱을 끼고 길을 걷는 일은 전혀 없다. 그러나 다른 사람 앞에서 어머니가 아기를 앉고 젖 먹이는 모습은 흉이 되지 않았다. 아기에게 젖을 먹이는 갓난아이의 엄마에게선 수치심을 찾아볼 수 없다. 유럽 '엄마'들이 조금이라도 이런 모습을 배울 수만 있다면 얼마나 좋을까. 품에 안긴 아이들을 쓰다듬어주기도 하고, 더울 때는 시원하게 부채질해주는 어머니의 온갖 사랑스러운 애무는 참으로 아름답다.

일본인들의 부부 생활은 자칭 문명국의 시민이라고 여기는 우리 유럽인이 알고 있는 그런 부부의 모습과는 전혀 다르게 자연적이고 순수하다. 남편에게 바치는 일본 여인들의 '신의'는 올곧고 절대 비밀이란 게 없으며, 어머니로서도 헌신적인 모성이 돋보인다. 보호자로서 그리고 교육자로서 자식을 대하는 그녀들의 모습은 더없이 고귀하다. 물론 일본 아이들은 참으로 귀여워서 어느 사람이라도 예뻐하지 않을 수가 없을 것이다. 그녀들이 자식들과 놀면서 즐기는 모습은 마치 '즐거운 평화 동산'을 상상하게 한다. 지식층에서는 이미 오래전부터 자녀들을 일찍부터 유럽식 교육을 받게 했다. 나는 배를 타고 가면서 한 일본인 가족을 만났는데, 아이들이 예의 바르게 식탁에서 칼과 포크를 들고 조용히 식사하는 것을 본 적이 있다. 젓가락으로 식사하는 일본인들의 손가락 놀림은 아주 날렵해서 유럽의 식사 도구인 포크와 칼로 식사하는 예절을 배우는 것은 일본 아이들에게는 그리 어려운 일이 아니었다. 아이들은 색상이 화려한 옷을 품위가 있게 입고 있었고, 머리는 그 모양새가 재미있었다. 일곱 살 이하의 소녀들에게는 예의 바른 행동교육을 위해 세 겹으로 된 치마를 정갈하게 입혔고, 소년의 머리는 정수리를 둥글게 밀었다. 여자아이는 성인 여성들처럼 머리를 빗고, 장신구로 장식하고 있었는데, 나이가 좀 들어 보이는 게 흠이긴 해도 예뻐 보였다. 일본에서는 어디서든 아이들을 만날 수 있다. 우리나라에서처럼 길에서도, 놀이터에서도 아이들을 보게 되는데, 아이들이 함께 놀고 있는 것을 지켜보는 것은 즐거웠다. 갓난아이는 어머니의 등 뒤에서 기모노 속에 푹 쌓여 있었고, 조금 큰 아이는 작은 띠에 매어 등에 업혀 있었다. 일본의 어머니들은 빨래할 때도, 천을 짤 때도, 실을 감을 때도, 기도할 때도, 밭일할 때도, 옆집 여자와 잡담을 나눌 때도 아이들을 데리고 갔으며, 울고 떼쓰는 아이들을 잘 다루었고, 어떤 문제든 현명하게 처리하는 방법을 알고 있었다. 아이들은 어릴 때부터 어른들처럼 온갖 일을 해야 했는데, 이 점은 우리 유럽과도 비슷했다. 일본 아이들은 잘 울지 않는 게 특히 눈에 띄었다. 그것은 아이들이 어려서부터 '절제교육'을 받기 때문이었다. 아이들은 바닥에 넘어져도 꾹 참았을 뿐, 우는 아이가 거의 없었다. 물론 우는 아이도 있었는데, 내가 쳐다보는 것을 알아차리고는 얼른 울음을 그치고 입을 '삐죽'거리며 살짝 미소를 지어 보이더니, 나무 뒤로 몸을 숨겼다. 그러다가 아무도 보지 않은 것을 알고는 결국 울음을 터뜨렸다. 아이들은 어릴 적부터 부모를 존경하는 태도를 배우기도 하지만, 가능한 한 아이들의 자유의사에 맡겼다. 사람들은 일본 아이들이 교육을 잘 받아서 세계에서 가장 부모에게 공손하고 복종하는 줄로 알고 있는데, 그것은 잘못된 인식이다. 아이들은 아이들일 뿐이다. 일본에서도 베를린에서도 아이들은 아이들일 뿐이며, 아이 교육

물동이를 인 조선의 여인

에는 인자함이나 이해심보다는 '채찍'이며, 그것은 일본에서도 아이 교육에 필요한 도구이다. 일본 아이들의 공손한 태도는 이미 어려서부터 그것을 잘 보여주었던 부모의 본을 받아서였다. 부모와 자식 간에 서로를 공경하는 태도는 그래서 어릴 때부터 아이들의 몸에 배게 된다. 그들의 공손한 태도는 말을 통해서만 학습되는 것이 아니라, 상호 간의 행동에서 자연스럽게 익히게 된다. 어느 날 저녁 무렵, 나는 한 어머니가 아이를 데리고 길을 걸어가는데, 여덟 살쯤 되어 보이는 그녀의 아들이 손에 종이 등불을 들고, 어머니의 앞을 비추며 걸어가고 있는 것을 본 적이 있다. 갑자기 비가 왔는데도, 어린 아들은 우산도 없이 비를 맞아 머리카락에서 얼굴로 빗물이 줄줄 흘러내리는데도 씩씩하게 앞서 걸어갔다. 그때 다른 길모퉁이에서 인기척이 나자, 아이는 급히 뒤로 돌아와서 어머니의 손을 잡았다. 그러더니 어머니의 옷자락에 자기 얼굴을 다정스럽게 비비면서, 그 옷자락 사이에 자기 얼굴을 감추었다. 그러자 아이의 어머니가 아들의 젖은 얼굴을 어루만지면서 비에 젖은 옷을 털어주었다. 아이들은 일본인의 삶에서 — 물론 동양 다른 나라에서도 마찬가지겠지만 — 아주 소중했고, 유럽보다 그 비중이 훨씬 컸다. 그래서 일본 전역에는 아이들의 성인식을 축하하는 행사가 있었다. 5월은 소년의 날이었는데, 화창한 날에 높은 대나무에 색종이로 만든 물고기를 달았다. 그것은 소년들과 관련된 가족이나 친지들이 대나무에 걸린 물고기의 형상을 보고 '어둠의 상징'인 액운을 보기 위한 것이라고 했다. 어느 일본인 남성은 이 물고기 형상은 물고기의 특유한 성격(물속에서 미끄러운 형상의)에 대해 말하는 것으로서, 특이 잉어는 생활에서 조심할 것을 의미하기도 하고, 때로는 장수를 상징하기도 한다고 했다. 물고기 형상은 소년이 장차 어떤 어려움에 직면하더라도 씩씩하게 잘 이겨내기를 축원하는 상징물이다. 소년의 날은 축하객들이 기쁜 마음으로 함께 축하해주는 행사로서 평상시와 다르게 매우 흥겹고 즐거운 축제일이다. 그러나 '소녀의 날'은 '소년의 날'과는 전혀 달랐다. 우선 '소년의 날'은 날씨가 화창한 5월인데 비해, '소녀의 날'은 그보다 앞선 3·4월에 축제가 열린다. 여기서부터 우리는 일본인들이 '소년의 날'에 더 비중을 둔다는 것을 알 수 있었다. 그리고 '소녀의 날'은 해당 가정 내에서만 축하 행사를 한다. 딸을 많이 둔 부모들은 서로 돌아가면서 차를 마시며 축하를 해주었기 때문에, 차에 곁들여 먹는 과자의 양이 상당했다.

일본의 현 정부가 초등교육을 시행한 것은 가장 중요한 치적 중의 하나이다. 초등 교육제도는 ─ 우리 유럽에서도 그렇지만 ─ 일본 국민정책의 기본요소이다. 따라서 초등학교 국어독본 첫 장에 "가장 행복한 것은 우리가 일본인으로 태어났다는 것이다"라고 적어야 할 것이다. 유럽에서 건너온, 특히 독일로부터 '수입한 것' 중에는 물론 요긴한 내용도 있긴 하지만, 단지 외향적이고 피상적인 내용도 꽤 많이 수용되었다. 현재 일본에서는 어느 공공기관에서든 '유니폼'을 착용하는 것이 유행이지만, 맨 처음 그것을 받아들인 것은 초등학교의 '교복'에서였다. 초등학교 남학생들은 정해진 모자를 착용해야 하고, 여학생들은 빨간색의 모직 치마를 입어야 한다. 그리고 남녀 중등학생들은 학교규칙에 따라 교복을 입어야 하고, 초등학생과는 다르게 기숙사 생활을 해야 한다. 그들은 수업이 없는 자유 시간에도 — 초등학생과 비교하면 — 체력단련을 위한 각종 과외활동을 해야 한다. 최고 학년의 학생들은 축구나 테니스 같이 공을 갖고 노는 운동을 해야 하고, 저학년 학생들은 자기 체격에 맞는 운동을 해야 한다.

전통적이니 풍속적이니 하는 단어들은 특별히 일본인의 관습에 노골적으로 인용되고 있다. 예를 들어, 일본인들은 아무런 수치심을 느끼지 않고 몸을 씻는 것을 보면서 문명의 유럽인들은 웃지 않을 수 없다. 새벽 일찍 인력거를 타고 시내 길을 나서면, 우물가에서 남녀가 함께 윗몸을 씻는 것을 볼 수 있다. 그들은 얼굴이며 손과 윗몸 전체를 씻는다. 또한, 그들은 들고 나온 칫솔로 열심히 치아를 닦는다. 일본인과 다른 동양인들의 치아가 깨끗하다는 것은 알고 있는데, 특히 그들 중에서도 일본인들은 양치질에 신경을 많이 쓴다. 몸의 청결을 더 많이 신경 쓰는 데를 찾는다면, 그곳은 오히려 시골이다. 경치가 아름다운 산천마을엔 놀라울 정도로 가슴 시원하게 만드는 '목욕' 방법이 아주 많다. 일본인들의 전형적인 '목욕' 방법은 이랬다. 우선 큰 통에 물을 가득 채워놓고, 그 통 안에 온몸을 담그는 방식이다. 하느님이 만들어주신 발가벗은 몸 그대로, 가족 모두가 한 사람씩 목욕한다. 이때 가장 먼저 어머니가 물통으로 들어가 씻는다. 그들은 결코 수줍어하지도 않고, 수치심도 느끼지 않으며, 지나가는 사람이 있어

도 개의치 않는다. 이웃 나라 중국인들보다 일본인들은 '몸의 청결'
에 신경을 더 많이 쓰는 민족이다.

외국인들은 일본에서 '아름다운 것'들을 많이 보게 된다. 정원이
며, 그 정원 안에 자리 잡고 있는 훌륭한 건축 양식의 저택들, 사원
들, 묘지들뿐 아니라, 각양각색의 예술품을 만나게 된다. 수공예품들
은 또 얼마나 아름다운가. 그것들은 이미 유럽으로 수출되어 활발하
게 팔리고 있다. 또한 '꽃'을 사랑하고, 그것을 잘 가꾸는 일본인들도
일본의 아름다움에 속한다. 일본은 어마어마한 '꽃' 부자이다. 일본
인들에게 꽃은 삶의 일부라고 할 만하다. 그래서 유독 꽃 축제가 많다.
봄에는 매화꽃과 벚꽃 축제, 진달래 축제와 모란꽃 축제가 열리고, 여
름에는 붓꽃과 연꽃 축제가 있고, 가을에는 국화꽃 축제와 단풍 축제가
화려하게 펼쳐진다. 한번은 일본에서 단풍 축제를 구경한 적이 있었는
데, 화려한 단풍잎의 빛깔이며, 그 분위기가 봄 축제에 못지않았다.
  닛코日光는 일본의 천예지로서 일본인들의 예술성에 크게 이바지
하고 있었다. 길게 뻗은 사원건축은 유명한 쇼군 이에야스德川家康와
이메미츠德川家光를 숭배하기 위해 건축물로서 색상과 건축 양식이 적
절하게 어울려 조화를 이루고 있는 우아한 건물이다. 이탈리아에서
나폴리를 보고 죽어야 한다면, 일본에서는 닛코를 보지 않으면 안 된
다. 아, 닛코! 참으로 아름다운 닛코의 가로수 길엔 거대한 노목들이

줄지어 서 있다. 언덕으로 올라가면 신전으로 가는 길이 나타나고, 성스러운 다리를 건너게 되면 줄기차게 흐르는 다이야가바를 지나가게 된다. 이 다리는 진한 붉은 색으로 칠해져 있었는데, 이곳을 찾는 사람들은 일 년에 두 번 이상 이 다리를 건너서는 안 된다고 한다. 점점 높아지는 계단식의 길은 활짝 열린 부처의 문을 통과해 신전으로 연결되어 있다. 쭉쭉 뻗어 있는 웅장한 크립토메리언Chryptomerien 나무들과 편백나무들이 신전에 그늘을 드리워주고 있다. 성스러운 신전의 광장은 화려했고, 건축물의 채색도 몹시 매력적이었다. 갑작스레 쏟아진 비를 이기지 못하고 다리는 무너지고 말았다.

외국인 관광객들은 도쿄에서는 그 유명한 시바 신전을 방문한다. 이 성스러운 신전은 도쿠가와 시대의 쇼군 여섯 명을 모신 곳으로, 역시 크립토메리언 나무들이 시원한 그늘을 만들어주고 있었다. 우아한 신전의 건축 양식은 매우 특별했는데, 천정과 내부 장식물들은 닛코에서 본 것처럼 목조 조각으로 되어 있었고, 각 조각마다 섬세하게 옻칠이 되어 있었다. 그것은 조각이 상하지 않고 오래 보존하기 위한 것이었다. 신전의 앞뜰에는 높고 둥근 기둥 위에 석등이 놓여 있었다. 그리고 석등에는 구멍이 있었는데, 일본의 관습에 따르면, 구멍 안에 돌멩이를 던져, 그 돌멩이가 안으로 들어가면 — 비록 미신일지는 몰라도 — 소원이 이루어진다고 했다.

교토! 교토가 유명한 것은 천년왕국 '천황의 나라' 때문만은 아니다. 천황의 가계는 원래 태양신에서 유래되었다. 왕궁에 들어가려면, 사전에 허가를 받아야 한다. 특히 교토는 산업도시로도 잘 알려졌다. 이 도시에서 생산되는 수공예품은 금속 공예품, 도자기 공예품, 칠기 공예품을 비롯해 비단 자수공예에 이르기까지 없는 게 없고, 그 품질은 아주 높다. 그래서 외국인들은 이 공예품들을 보고 감탄해 마지 않았다. 그리고 높은 가격에 놀라기도 한다. 그러나 섬세하고 질 높은 물건들을 보게 되면, 그것들의 가격이 비싼 것에 수긍하게 된다. 이곳의 수공예 상품들은 너무도 매력적이어서, 구매할 의사가 없다가도 돈지갑을 열어 물건을 살 수밖에 없게 된다.

일본을 떠나기 전에 들렀던 작은 섬, 가마쿠라鎌倉에 대해 말하지 않을 수 없다. 가마쿠라는 옛 궁성만 있는 작은 섬이다. 아름다운 산들과 싱그러운 공기, 그리고 늘 푸른 하늘은 그야말로 지상천국이다. 가마쿠라는 사가미相模 해변의 북쪽 한 모퉁이에 있으며, 요코하마橫濱에서 그리 멀리 떨어져 있지 않다. 인력거를 타거나 혹은 걸어서 시내를 지나 신전이 있는 산등성이에 올라 주위를 둘러보게 되면, 동화에서나 나올 법한 아름다운 광경이 바라다 보인다. 저 멀리 산 아래로 해변이 내려다보이고, 그 뒤로 마치 은빛의 거울처럼 반짝거리는 수면이 드넓게 펼쳐져 있다. 수평선이 안개 속에 몸을 숨기고 있고, 진보라와 파란 빛깔의 바다 물결 너머로 하늘을 향해 솟아있는 후지야마 산이 그 고귀한 자태를 뽐내고 있는 게 보인다.

그다음 우리는 신성한 다이부츠大佛 불상을 보러 갔다. 실측배나

무와 꽃이 활짝 핀 동백나무들이 울창하게 불상 주위를 빙 둘러싸고 있었다. 우리는 거대한 크기의 불상에 압도되었다. 내가 아는 한에 있어서, 불상 모습은 일본인의 예술성을 따라가기 어려울 것이다. 나라와 교토의 불상들은 대개는 그 크기가 거대하고, 절제미와 섬세한 예술적 테크닉이 뛰어나다. 그러나 이곳의 불상은 우리에게 거대한 인상을 주면서도, 이곳을 비추는 햇살 말고는 아무것도 없는 더없이 정결한 주변 환경 때문에 그 모습이 더할 나위 없이 고결하다. 다이부츠 불상은 예전에는 여러 개의 절 건물 사이에 있었는데, 화재와 지진이 일어나고 때로는 홍수까지 겹치면서 한 채 한 채 사라져 갔고, 오직 이 불상만은 숱한 재앙 속에서도 살아남았다. 부처상의 전신 몸과 얼굴은 동으로 만들어졌고, 두 눈은 순금으로 되어 있으며, 환하게 빛이 비칠 때만 불상의 아름다운 자태가 드러난다. 아름답게 빛은 형상은 평화와 고통을 극복하는 느낌을 자아내고 있어서, 보는 이의 마음을 사로잡는다. 불상의 전체 높이는 49척이고, 얼굴의 높이만 8척이다. 그리고 머리카락의 형상은 둥글둥글한 달팽이 모양이다. 전설에 따르면, 부처님은 하늘 아래 벌판에 서 있을 때마다, 달팽이들이 아침 이슬과 비에 젖지 않도록 부처님의 얼굴을 감싸주었다고 한다.

일본에 체류하는 동안 내내 날개 달고 내달으며 겪었던 인상들에 대한 회고는 이쯤에서 마무리한다. 내가 본 것은 단지 피상적이고 표피적인 것일 수밖에 없다. 여행의 종착지까지 가려면 시간이 많이 부족했다. 우리는 일본의 여러 강을 통과하여, 마침내 상하이上海로 가는 증기선에 오를 수 있었다.

07
중국

나는 어떻게 조선 황실에 오게 되었나

7
중국

저녁 무렵, 우리는 '아메리카 마루Amerika-Maru' 호를 타고, 밤새 내
류의 운하를 통해 일본을 빠져나갔다. 운하의 길이는 동쪽에서 서쪽
으로 380km였다. 일본에서 상하이로 가는 뱃길에서 우리는 놀라운 일
을 겪었다. 깊은 잠에 빠져 있는데, 갑자기 배가 쿵 소리를 내고, 승객
들이 소리치는 고함에 놀라 나도 잠에서 깨어났다. 나는 침대에서 떨
어져 나동그라졌고, 순간 어느 섬인가로 내동댕이쳐진 느낌이 들었
다. 그러나 아주 다행히도 — 하느님, 고맙습니다! — 아무 일도 일어
나지 않았다. 다른 배에서 사고가 일어난 것이었다. 그런데 어떤 이유
에서인지 우리 배는 사고 난 배를 돕지 않고, 그냥 항해를 계속했다.
항해 길에 나는 일본의 또 다른 해변을 발견했다. 그렇게 우리 배는
일본 육지에서 점점 멀어져 갔다. 뱃길을 스쳐 지나가는 자연경관은
매 순간 바뀌는가 싶더니, 또 다시 비슷비슷한 전경이 나타나기를 반
복했다. 어느 좁은 물길을 지나면서 승객들은 마치 우리 배가 산으로
둘러싸인 호수에 갇히는 것은 아닌가 걱정했다. 그러나 섬 모퉁이를

돌자, 곧바로 뱃머리 앞으로 드넓은 바다 수평선이 나타났다. 그리고 는 항해하는 내내 아름다운 경치가 계속 펼쳐지면서 눈부시게 황홀한 장면들을 연출해냈다. 절벽 사이사이의 크고 작은 섬들로 물이 차오르는 모습은 기이할 정도였다. 해안가를 지날 때는 안개 속 도시들이 저 멀리서 가물가물 보였고, 나무들로 울창한 산간지방에 외롭게 서 있는 신전의 붉은색의 일주문은 변화무쌍한 자연경관과 어울려 색의 조화를 만들어 내고 있었다. 나는 배를 타고 다시 이 지역을 지나가고 있는 지금은 어느덧 가을 단풍이 한창이었다. 울긋불긋한 단풍의 아름다운 경치에 나는 깊이 매료되었다. 새파란 하늘이며, 영롱하게 반짝이는 푸른 바다, 때로는 황금색의, 때로는 청록색의 더할 나위 없이 아름다운 가을 단풍. 그중에서도 가장 황홀한 색은 단연 빨간 단풍이다. 내륙 물길을 따라지나 가는 경관은 ― 그런데도 ― 그다지 우리의 기대에 미치지는 못했다. 아마도 우리의 기대가 너무 컸던 탓도 있지만, 지금까지의 경관이 더없이 아름다웠기 때문일 것이다. 우리 배의 승객들 가운데는 신분이 높은 중국인 승객 두 명이 있었는데, 그들은 거리낌 없이 다른 승객들과 이야기를 나누었다. 그들은 지적이고 귀티가 났으며, 비단옷을 입은 자태가 품위 있어 보였다. 그들 가운데 한 중국인은 아주 큰 뿔테 안경을 콧등에 걸치고 있어서 눈에 잘 띄었는데, 도중에 금테 안경으로 바꾸기도 했다. 동양에서, 특히 일본과 중국에서는 요즘 안경을 쓰는 사람들이 많아졌다. 그들은 안경을 쓰면 지적이고 박식한 사람으로 보인다고 여기는 듯했다. 나가사키 항에 도착하자, 우리는 이미 떠나온 일본의 본토 마을이 떠올랐는데, 나가

사키는 그곳과 별반 다르지 않았다. 장삿속이 밝은 상인들이 막 항구에 도착한 배들 쪽으로 몰려와서, 굉장히 비싼 가격으로 상품을 팔려고 했다. 물론 이런 장사 행위의 모습은 여기서만 볼 수 있는 것은 아니었다. 그것은 동양의 항구들 어디에서나 볼 수 있는 진풍경이었다.

며칠간의 항해가 계속되었고, 추운 겨울날 아침, 우리는 양쯔 강 입구에 도착했다. 우리 배는 굉장히 넓은 우숭吳淞강을 끼고 돌았다. 해안의 물은 누르스름한 황색이었다. 양쯔 강에서 흘러들어온 퇴적물이 강물 색을 누렇게 만들고 있었고, 그래서 양쯔 강의 일부는 '황허黃河'로 불렸다. 항구는 별로 볼 게 없었다. 황량한 벌판엔 나무도 없고, 어쩌다 푸른색의 식물이 보였다. 그러나 증기선, 돛단배, 수상가옥 등 각양각색의 배들이 모여 있는 강 주변은 생기가 넘쳤다. 특히 수상가옥에서는 우리 유럽의 선원들이 그랬듯이 한 가족 모두 모여 함께 생활하고 있었다. 우숭강의 앞바다에서 우리 배는 멈추었다. 대개는 이곳에서 큰 선박들이 정박해 있는 상하이까지 가는 승객들이 배를 갈아탔고, 상하이까지는 두 시간이 소요되었다. 배가 거의 빠져나갔을 때, 우리는 펄럭이는 용의 깃발을 높이 매달고 있는 중국 군함을 볼 수 있었다. 군함에는 선적 물품과 목적지가 어디인지가 적혀있었다. 독일 군함이 한 척도 눈에 띄지 않는 게 이상했다. 상하이에 도착해서야 독일 군함 '비스마르크 백작' 호와 다른 군함이 독일 민족을 대표하여 우리의 도착을 환영해 주었다. 항구와 선착장에 가까워지자, 시가지는 점점 복잡해지기 시작했다. 눈앞에 보이는 해변과 시내는 막 도착한 우리에게 고향 같은 푸근한 느낌을 주었다. 마치 유럽의 어느 거대한 항구에 온 듯했고, 이곳 어디에도 '중국'은 찾아볼 수 없었다. 이를 증명이나 하듯 해변에는 유럽의 증기선과 돛단배만 보였다. 특히 눈에 띄는 것은 군함들이 많이 모여 있는 항만이었는데, 그곳에는 유럽 군함뿐만 아니라, 미국 군함도 섞여 있었다. 그러나 자세히 바라보니 누르스름한 나무껍질로 만든 돛을 달고 있는 중국인들의 어선이 눈에 띄기는 했다.

상하이는 중국의 항구 도시였지만, 유럽인들, 특히 영국인들이 거점지로 자리를 잡고 있었다. 상하이 항은 가장 활발하게 움직이는 동양 최고의 항구였고, 실제로도 어디에서도 찾아볼 수 없는 국제적인 산업교통의 요지였다. 상하이! 우리 눈앞에 펼쳐지는 이른바 '조계지 租界地, 와이탄'의 아름다운 거리가 길게 뻗어 있었고, 크고 멋진 건축 양식의 주택들이 즐비했다. 그곳에는 기업회사들과 은행들, 중간무역 업체회사들, 각 나라의 공사관 건물들이 줄지어 있었다. 조계의 모든 건물은 완벽한 건축 양식을 갖추기도 했지만, 그것들은 무엇보다 당시 유럽이 동양에서 가장 거대한 상업적 연맹이라는 사실을 과시했다. 이 '동맹' 구역은 해변을 따라 잘 가꾸어진 넓은 가로수 길이 나 있었다. 오후가 되면, 해변은 사람들로 넘쳐나고, 거대한 광장은 동양인 사업가들, 산책하는 사람들, 말 타는 사람들, 사랑을 속삭이는 연인들, 남 흉보는 사람들로 북적였다. 이곳에서는 수백만 달러에 달하는 수출입의 무역 관계가 성사되었다. 상하이를 동양의 파리라고들 주장하는데, 그 말이 과연 옳은지 혹은 그른지에 대한 판단은 일단 유보해 두기로 한다. 분명한 사실은 세계 무역 통상지로 유럽에서는 런던과

파리, 그리고 베를린을 꼽는데, 상하이도 이 세 도시에 견주어 결코 빠지지 않는다.

상하이의 외적인 특성을 살펴보면, 사람들의 행동 양식이나 의상, 혹은 생활상 등이 유럽의 '모던한' 현대 모습과 다르지 않다. 이 도시는 어느 한 지역만이 유럽식이 아니다. 도시 건물의 거의 전체가 유럽식으로 지어져 있고, 그 내부도 유럽식으로 장식되어 있으며, 행정적인 것까지 유럽식이다. 유럽인 지역의 거리를 걷다 보면, 중국인의 생활 지역과는 외형적으로도 전혀 다르다는 것을 알 수 있게 된다. 중국인들의 거주지는 중국식의 교통수단이 지배적이었지만, 유럽인 지역은 우아한 현대식의 마차들이 거리를 차지했다. 멋지게 생긴 말들이 끄는 이 마차들은 유럽인들이나 고위직 중국인들과 부자들이 사용했다. 마부가 타는 좌석과 마차에 오르는 작은 계단은 중국인 하인들의 몫이었다. 상하이에는 이미 자전거가 스포츠용이나 교통수단으로 유행하고 있었다. 말을 타고 거리를 활보하는 남성들과 여성들은 모두 유럽인들이었다. 이제는 자동차도 간혹 거리를 달리기도 하는데 대부분은 유럽인들이 운전한다. 반면에 중국인들의 중요한 교통수단은 인력거와 우마차였다. 상하이의 길고 곧게 뻗은 거리는 유럽의 어느 도시에 온 듯했고, 인력거를 타고 다니기에도 편리했다. 인력거는 주로 중국의 행정 수장 '만다린mandalin'이나 고위직 관료들이 타고 다녔으며, '부끄럼을 많이 타는' 부유층의 처녀들은 주로 마차를 이용했는데, 그들은 창문을 가려 행인들의 호기심에 가득한 눈길을 피할 수 있었다.

얼굴에 땀이 뻘뻘 흐르도록 힘겹게 우마차나 짐 실은 마차를 끄는 마부들, 심부름꾼들, 길거리에서 물건을 파는 장사꾼들은 부지런한 중국 민족의 상징이었다. 번잡한 거리에는 외국인에게 유독 눈에 띄는 앙증맞은 교통수단도 있었다. 그것은 바로 '외바퀴 손수레 wheelbarrow'라는 것이었다. 사람과 짐을 한꺼번에 싣고 운반하는 교통수단인 손수레는 큰 바퀴의 양쪽에 강철로 연결된 기다란 의자가 놓여 있었고, 비교적 신분이 낮은 여성들이 주로 애용했다. 승객이 너무 많아 무거워지면, '수레꾼'은 말을 앞에 세워 수레를 끌게 하기도 하고, 마차가 뒤에서 수레를 앞으로 밀게 했다. 그것은 수레꾼이 영차하며 큰 소리로 "전진!"이라고 외치면, 말이 재빨리 움직였다. 그의 동작이 얼마나 민첩한지, 그것을 지켜본 사람들은 몹시 놀랐고, 과연 수레꾼이 얼마나 오래 수레를 끌고 갈지 염려되기도 했다. 사람들은 이처럼 힘을 주어 외치는 소리를 어디서나 들을 수 있었다. 그들은 항구에서 짐을 내리고 올리는 일을 할 때라든지, 무거운 짐을 옮길 때라든지, 이처럼 영차하고 소리를 외치면, 힘든 일이 더 수월해진다고 여기는 듯했다.

지금 이곳에서는 무거운 짐을 운반하는 데 힘이 덜 드는 방법을 찾기까지 좀 더 시간이 걸릴 듯하다. 인간의 노동력이 월등하게 싼 이곳에서는 인력에 의존하는 편이 나을지도 모른다. 여기엔 배에서 물건을 내릴 때 사용하는 기중기도 없고, 운반차도 없으며, 큰 통나무를 현지에서 자르는 기계도 없다. 궤짝이나 석조물품, 거대하고 둥근 상품 뭉치 등과 같은 무거운 짐을 나르는 것은 오직 일꾼들의 몫이었다. 도로 공사에 쓰이는 무거운 철제바퀴나 탄광에서 폭발에 사용하는 기계들까지도 모두 '인간 노동력'에 의존했다. 목공들은 나무를 자를 때도 본인이 직접 만든 '도구'를 사용했다. 이곳에서는 기계라는 것을 거의 볼 수 없었다. 현대문명에 뒤떨어진 것은 전기 시설에서도 마찬가지였다. 중국인들은 전기 시설이 되어 있는데도 기름으로 밝히는 호롱불을 사용했다. 공장이나 수공업장에서도 구식의 방식으로 작업하고 있었으며, 그들은 그것을 전기 시설로 바꾸려는 생각을 전혀 하지 않았다. 그런데도 중국의 생산품들은 우리 유럽 생산품들보다 훨씬 정확한 일정에 맞추어 나오는 것이 바로 중국의 장점이었다. 중국인의 근면은 '살과 피' 속에 함께 녹아 있고, 중국의 무역업계에서 정확성과 성실성은 기본이었으며, 이런 장점은 일본인에게서는 찾아볼 수 없다.

중국인은 유럽인에게서 단순한 전통생활보다는 사치스러운 생활을 더 많이 배웠다. 따라서 외적인 호사스러움은 유럽인들과 견줄 만했다. 오히려 중국인 부유층은 유럽인보다 더 사치스러웠다. 유럽의 거리에서처럼 상하이에서도 우아하고 호화로운 마차와 잘 차려입은 하인들이 거리를 활보하는 것이 눈에 띈다. 유럽인들은 중국인의 호화찬란한 의상의 색깔과 미감을 결코 따라가지 못한다. 예를 들어, 중국의 남성과 여성들은 화려한 색상의 비단옷에 희귀한 모피를 걸치는 것을 즐긴다. 중국인 여성들은 머리를 손질하는 데 관심이 지대했고, 반면에 남성은 수염에 관심이 많았다. 남성들이 수염을 몇 m 정도로 길게 기르는 것은 그 나이에 적격인 것을 알리기 위해서였다. 전통적인 관습에 따르면, 그들은 마흔 살이 되기 전에는 수염을 기를 수 없다. 지성적으로 보이기 위해 남성들은 대부분 뿔테 안경을 꼈는데, 그것은 필요에 의해서이기보다는 허영심 때문이었다.

활기에 찬 상하이의 거리가 안전하다는 것은 참으로 다행스러운 일이었다. 이곳에서는 유럽식의 질서와 안전 규칙이 지켜지고 있었다. 그러나 우리 유럽의 군인처럼 딱딱하고 뻣뻣하지 않은 '경관'이 교통정리를 했다. 교통경찰들은 대부분 인도 사람들이었는데, 그들은 갈색 피부에 키가 훤칠했으며, 머리카락은 검고 수염을 길렀다. 그들의 붉은색 두건은 곧 그가 공무원임을 가리키는 것이었다. 두건 사이로 빛나는 그의 눈빛은 재치 있고 영리한 인상을 주었다. 교통경찰은 친절했고, 영어도 굉장히 잘했다. 물론 유럽인 구역에서는 영어가 공용어였다.

각 나라의 민족이 모두 모인 상하이의 번잡한 거리 모습은 특별한 인상을 주었고, 나는 이곳에서 처음으로 한국인들을 보았다. 그들의 뻣뻣하고 넓은 창이 있는 모자의 모양이 이상스러워서 유독 사람들의 눈길을 끌었다. 이리저리 주위를 살피는 한 무리의 조선인들은 어딘지 위엄이 있어 보였고, 그들이 타고 다니는 현대식 마차는 별로 우아하지는 않았지만, 눈에 확 띄는, 그들의 의상에 걸맞았다. 상하이에서 조선인들을 보았을 당시에는 장차 내가 조선인과 밀접한 관계를 갖게 되리라고는 상상도 하지 못했다.

주택가로 연결된 시가지와 해변 사이에는 아름다운 공원이 하나 있었는데, 오후 녘이 되면 이곳에서는 음악연주회가 열렸다. 그럴 때면, 상류사회에 속하는 각 나라의 사람들이나 자칭 상류그룹에 속한다고 여기는 사람들이 우아하게 옷을 차려입고 연주회장에 나타났다. 이 공원에서 그리 멀지 않은 곳에 기념탑이 하나 서 있었는데, 우리 독일인들은 이 기념탑 앞에서 묵념했다. 그것은 1896년 7월 23일, '일티스Iltis' 호와 그 배의 선원들은 물론 그 배 안에 살고 있었던 '생쥐'까지 고스란히 수장되었던 것을 추모하기 위해서 세워진 것이었다. 청동으로 만들어진 이 탑은 그리 화려하게 번듯한 형상은 아니었지만, 기념탑 꼭대기에 꽂혀 있는 부러진 깃발은 배가 산산이 부서진 모습을 상징했다.

앞에서도 얘기했듯이, 상하이에는 영국인을 제외하고 독일인이 제일 많았다. 그런데도 독일인 지역이 따로 있지 않았다. 그래도 독일의 활약은 대단했다. 예를 들어, 상하이에는 각국의 우체국이 모두 합해 열두 개 정도 있었는데, 그중에서 독일 우체국은 일 처리가 매우 정확해서 다른 나라의 공무원들도 독일 우체국에서 업무를 처리하기도 했다.

독일인들도 영국인들처럼 '클럽club'을 즐겼다. 그들은 '클럽'에서 독일문화와 사교를 즐겼고, 기회가 있을 때마다 독일인들 사이에 스스로 독일인이라는 느낌을 서로 나누었다. 그들에게 맥주가 없는 삶은 생각할 수도 없는 일이었다. 그래도 기후 관계로 맥주를 자주 마시면 건강에 좋지 않았기 때문에 맥주를 포기하든지 아니면 적게 마셔야만 했다. 이곳의 기후는 대체로 우리 독일의 계절과 비슷했지만, 아주 규칙적이지는 않았다. 여름은 몹시 무더워서 경제적으로 여유가 있는 사람들은 7월과 8월에는 시원한 휴양지를 찾아 떠났다. 사람들이 많이 찾는 휴양지는 해변 지역 '치푸芝罘'였고, 독일인들도 '칭다오靑島'를 많이 찾았다. 이처럼 사람들이 많이 몰려드는 것은 '치푸'로서는 다행이라고 할 수 있다. 이점에 대해서는 다음에 다시 언급하기로 한다.

동양에 사는 유럽인들이 가장 좋아하는 계절은 가을이다. 이 시기에는 특히 기후가 좋았고 무엇보다 고향에서의 일상적인 생활 습관을 포기할 필요가 없었다. 우리는 오히려 중국인 하인을 부리며, 편안한 생활을 했다. 고향에서는 주로 여자 하녀가 하는 일을, 이곳에서는 남자 하인이 한다. 유럽인들은 대부분은 주방장이라든지 하인이라든지 마부 등을 집에 두고 살았다. 또한, 아기가 있는 집안에서는 유모를 두기도 했다. 중국인 유모는 아기들을 잘 보살폈고, 무슨 일이든지 척척 잘해냈다. 유럽에서는 이런 유모를 찾기 힘들 것이다. 특히 그들의 수를 놓는 기술은 어찌나 섬세하고 훌륭한지, 뛰어난 예술품과도 같았다.

유럽인들은 고향에서처럼 상하이에서도 해변에 여러 층의 석조 건물을 짓는 것을 좋아했고, 방의 천장도 높게 하여 공기가 잘 통했다. 그리고 집 전체가 베란다로 빙 둘러 있고, 모든 방이 곧바로 이 베란다로 통하게 되어 있었다. 이처럼 아름답고 아늑한 집을 장만한다는 것은 고향에서는 결코 쉽지 않은 일이었다. 겨울에는 벽난로에서 불꽃이 '바사삭' 소리를 내며 타올라 집안을 훈훈하게 해주었고, 반대로 여름에는 그늘진 베란다에 누워 아무 일도 하지 않으면서 달콤한 휴식[1]을 즐긴다.

상하이에서 두 번째로 번화한 주요지역은 '난징南京의 거리'이다. 이 거리는 매년 승마 경주가 열리는 큰 경마장 옆을 지나 사람들이 가장 많이 지나다니는 번화가로 길게 쭉 뻗어 있는 지역으로 가로수 길을 관통한다. 길가의 화려한 상점들 밖으로 네온사인이 찬란하게 빛

---

1 원문의 'im dolce far niente'는 하릴없이 게으름을 피우면서 즐긴다는 관용·어임.

나고, 은세공 가게의 진열장에는 행인들의 시선을 사로잡는 멋진 상품들이 뽐내고 있다.

세계의 모든 인종이 이곳을 드나든다. 국제적인 상하이 거리는 한편으로는 그 모습이 신기하기도 했지만, 또 다른 한편으로는 우리 고향의 모습과도 비슷하고, 정원이 있는 베를린의 주택가를 닮기도 했다. 상하이의 생활은 지나치게 사치적이기도 하고, 생활비가 많이 드는 것으로도 유명했다. 상류층의 사치스러운 삶은 꼭 정당하게 번 돈만으로 이뤄지는 것은 아니었다. 유럽에서도 그렇듯이, 이곳 사람들의 사치는 정직한 사람들이 알고 있는 것과는 거리가 멀었다.

남경 거리의 중국인 지역도 역시 활기차 보였다. 넓고 화려한 도로는 이리저리 작은 길로 이어져 있었고, 검사가 철저해서인지 '불결'하기로 소문난 중국인들의 모습도 다행히 이곳에서는 찾아볼 수 없었다. 거리 양옆으로 즐비하게 늘어선 주택들의 위층에는 예쁜 발코니가 길가 쪽으로 나 있고, 그 아래층엔 벽 없는 상점들이나 수공예 작업장들이 들어서 있었다. 대부분 문 없이 탁 트인 가게에서 이루어지고 있는 상거래 모습이 요지경 속의 한 전경으로 보였다. 한 가게의 주인이 안쪽에 놓인 책상 앞에 앉아 고객과 차를 마시면서, 때로는 고객에게 뭔가를 열심히 설명하기도 하고, 또 때로는 동의를 얻으려 하기도 했다. 그러면 고객은 좋다는 듯 얼굴에 미소를 짓기도 하고, 뒷머리에 땋은 검정 머리를 이리저리 흔들면서 가게 주인의 태도에 장단을 맞추기도 했다. 물건의 품질과 가격을 손님과 흥정하면서 성공을 이끌어내려는 가게주인의 힘겨운 모습이 역력했다. 마침내 가게 주인이 금속 파이프를 꺼내와, 물담배를 뻐끔뻐끔 피웠고, 그렇게 두 사람의 대화는 계속되었다.

남경 거리는 찻집이나 음식점들로 아주 잘 알려졌다. 그래서 집 위층은 예외 없이 찻집이나 식당이 들어서 있었고, 사람들은 그곳에 앉아서 탁 트인 거리 밖의 전경을 내다볼 수 있었다. 차나 '정종'을 함께 마시면서 즐겁게 대화를 나누는 손님들은 이곳에서도 '담배'를 피우는 것을 빠뜨리지 않았다.

상하이에서의 마지막 날엔 비가 내렸다. 다른 곳에서도 그랬듯이, 이런 궂은 날씨엔 엉망진창이 된 상하이 거리를 걸어 다니는 게 쉽지 않았다. 그러나 남편은 중국인들이 생활하는 모습을 보고 싶어 했기 때문에 우리는 인력거를 타고 중국인 마을로 갔다. 그때 특별히 나의 관심을 끈 것은 바로 인력거를 끄는 중국인 마부였다. 그는 짚으로 엮어 만든 우비를 걸치고 있었고, 마치 인디언처럼 두건을 쓰고 있어서 금방 행인들의 시선을 끌기에 충분했다. 중국인 마을로 들어서면서, 우리는 인력거에서 내려 마을로 들어가는 관문을 통해 허물어진 옛 성벽을 지나갔다. 그곳에는 이제는 무용지물이 된 대포가 놓여 있었다. 그런데 이 마을에서 나는 악취 때문에 우리는 거의 기절할 지경이었다. 우리가 짐승을 희생하는 행사가 열렸던 장소에 쌓여 있는 질척한 부산물과 핏물 사이로 걷고 있었기 때문이었다. 마부는 우리에게 아주 많은 돼지가 도살당했고, 이 짐승의 피가 거리에 내 쏟아져 있는 것이라고 했다. 또 이곳에는 온몸에 상처투성이인 나병 환자들이 득실거렸다. 거리는 아주 좁았고, 수많은 길모퉁이가 있었다. 집들은 나지막하고 매우 단순하게 지어져 있었고, 낡은 집들 주위에서 풍겨 나오는 지독한 악취는 이루 말로는 표현할 수 없을 정도였다. 이렇듯 지저분하고 악취 나는 곳에 사람들이 살고 있다는 게 우리 문명인들에겐 수수께끼처럼 여겨졌다. 더욱이 이 마을 인구가 125,000명이나 된다는 사실이 도무지 믿기지 않았다. 이 더러운 지역에 '만다린'이 사는 집이 있다는 게 믿을 수가 없었다. 이 주택 실내에는 길게 뻗어 있는 방들은 전통적인 방식으로 실내장식이 되어 있었고, 분위기가 쾌적했다. 작은 동산은 물론 물가에 잘 꾸며져 있는 정원은 우아하고도 아름다운 인상까지 자아냈다. 그러나 공기, 공기! 우리는 생명의 위협을 느낄 정도로 더럽고, 또 악취에 쩌들어 있는 이 마을에서 오랜 시간 버틸 수가 없었다. 찻집이 즐비한 남경 거리는 이에 비하면 얼마나 아름답고 신선했던가. 남경 거리에는 인공호수가 있었고, 육지와 호수를 잇는 '지그재그' 다리가 놓여 있었다. 중국에서는 다리와 도로를 똑바로 놓는 경우가 거의 없었는데, 그 이유는 나쁜 영혼들은 구불구불한 길을 건너오지 못한다는 미신 때문이었다.

그동안 우리에게 친절을 베풀어주었던 우리의 독일 사람들과 깊은 정이 들었지만, 이젠 정말 상하이를 떠날 때가 되었다. 제2의 고향으로 데려다줄 증기선 '재스케 지사Gouverneur Jaeshke' 호를 타고 우리는 남은 여행길에 올랐다. 배 안에서 우리는 독일 고향 사람 몇 명을 알게 되었고, 그들로부터 칭다오에 대한 자세한 정보를 전해들을 수 있었다. 상거래를 하는 한 가족이 있었는데, 우리는 그들과는 여행 후에도 계속해서 친하게 지냈다. 선교사도 두 명 있었는데, 한 명은 개신교 선교사였고, 또 다른 한 명은 천주교 선교사였다. 그들은 힘든 여행 기간 동안 선교사 복색 안에 중국식의 옷을 입기도 하고, 땋은 머리가 달린 가발을 쓰고 '중국인 행세'를 하기도 한다고 했다. 그것은 이러한 복장을 하고 있으면, 사람들의 눈에 띄지 않고 쉽게 선교할 수 있기 때문이라고 했다. 그리고 외부와 접촉이 거의 없는 선교사들은 다른 유럽 사람들과는 잘 만나지 않기 때문에 가발을 쓰지 않고, 아예 뒷머리를 땋아 중국인 행세를 하기도 한다고도 했다.

우리는 여행 중에 이런 금발 머리의 중국인들을 자주 만났다.

'기독교인'을 만들기 위한 선교사들의 과도한 '열정'으로 인해 많은 개종자가 나왔다고 하지만, 내 개인적으로는 이러한 선교사들의 행동에 오히려 회의적이었다. 기독교에서는 다른 신앙을 가진 사람을 기독교로 개종시키는 게 정당한 일이라고 주장하지만, 이미 자신들의 믿음 속에서 행복하게 살아온 민족의 관습적인 ― 종이에 적히지 않은 ― 법을 억지로 바꾸는 게 과연 옳을까?

그것은 오류이다. 누군가가 아주 다른 신앙이라고 한 불교에 대해 한 번 생각해보자. 일단 기회가 있어 불교의식에 참여하게 된다면, 지금까지의 생각이 오류였다는 사실을 알게 된다. 우리는 어느 천주교 수도원의 미사에 참석했을 때와 같은 느낌을 불교의식에서 받게 될 것이다. 주지승이 가운데에 자리한 기다란 줄 사이에서 두 손을 모으고 무릎을 꿇고 앉아서 지루할 정도로 긴 염불을 드리는 승려들의 모습은 엄숙한 얼굴로 기도하는 천주교 수도사들의 기도 행위와 구분할 수 없을 정도로 매우 흡사하다. 불교의식에서도 향이 사용되고, 규칙적으로 염불도 낭송된다. 희미한 촛불 사이로 금빛으로 반짝이는 관음상은 성모마리아를 연상시키고, 불교의식에 참석한 사람들은 누구라도 그것에서 성스러운 경외심을 느끼게 된다.

동양의 해안지역 어디에서든 유럽인들은 서로 긴밀하고 밀접한 관계를 형성하고 있다. 홍콩이나 상하이, 그리고 북쪽 지방 '치푸'에서 온 사람들은 그 지역에 살고 있는 사람들의 일상생활에서부터 흉흉한 스캔들에 이르는 온갖 이야깃거리까지도 알고 있었다. 그리고 이 지역에 대해 아직 낯선 사람들에게 '해안 지역의 스캔들'에 대한 정보를 미리 제공해주었다. 그 때문에 나는 앞으로 머물게 될 낯선 땅과 그곳의 사람들에 대해서 잘 알 수 있게 되었고, 칭다오에 도착했을 때, 그곳은 이미 내겐 낯설지 않은 고향과도 같았다.

증기선은 예정대로 칭다오에 도착했다. 당시 이곳은 '푸른 섬'이라는 명칭이 어울리지 않았다. 그러나 지금은 누구든 배를 타고 칭다오에 도착하게 되면, 처음에는 몹시 놀라게 되고, 그다음에는 충만감에 젖은 시선으로 지평선 너머의 경관을 바라보게 된다. 황량한 해안마을에 불과했던 칭다오는 이젠 울창한 푸른 산들을 배경으로 한 아름다운 경관을 뽐내고 있다. 짧은 시간 동안 부단한 노력으로 지금의 발전된 문화를 일구어낸 칭다오의 사람들은 큰 자부심을 가질 만하다. 현재의 칭다오가 있기까지 그들은 정말이지 무척이나 힘들게 일

신·구 관복을 입은 조선의 하급 관리들

했다. 그들이 흘린 많은 땀이 오늘의 '독일인 도시'를 탄생시켰다. 잘 지은 주택들과 넓고 아름다운 현대풍의 거리는 모든 편리 시설이 잘 갖추어진, 한마디로 말해 동양인의 오아시스가 되었다. 대공사를 위해 수많은 시간을 들여 훌륭한 과업을 이룩하는데 함께 한 사람으로서의 자부심은 그야말로 일생에 더없이 아름다운 추억으로 오랫동안 남게 될 것이라는 확신이 든다.

칭다오에 도착했을 때, 날씨는 청명했고, 이곳에 대한 나의 첫인상은 매우 좋았고, 매혹적이기까지 했다. 거대한 산맥들과 기괴하게 생긴 뾰쪽하고 날카로운 산 전경이 특히 나를 감동시켰다. 자줏빛 잉크

색깔로 물들어 있는 높은 산꼭대기는 가파른 절벽들로 갈기갈기 찢긴 듯 주름 잡혀 있었다. 그것은 바로 북쪽을 경계로 하여 해안지역으로 이어져 내려오는 라우산崂山산맥이었다. 북쪽에서 북동쪽으로 이어지는 대략 30km 높이의 최고봉은 독일의 보호령으로 연결된다. 칭다오를 가로지르고 있는 높은 산맥들은 여름에는 북쪽에서 불어오는 바람을 막아주고, 남쪽 해안지역으로 탁 트인 바다에서 불어오는 바람은 무더운 날씨에 시원함을 선사한다.

칭다오! 우리 증기선은 남쪽 외부에 있는 선착장에 닻을 내렸다. 이 항구는 예전엔 방파제였고, 그 북쪽엔 항구가 아닌 부두와 낚시터가 있었다. 그래서 이곳에 정박한 선박들은 작은 통통배나 목선을 통해 부두까지 이동할 수 있었다. 수많은 우아한 빌라와 주택이 눈앞에 펼쳐졌다. 건물들 가운데 한 건물에 걸린 독일 국기가 방금 독일에서 온 장교와 그의 젊은 아내를 반갑게 맞이해 주었다. 남편의 친구들과 동료들이 나를 환영하기 위해 배로 올라왔다.

마음에 드는 새집을 찾을 때까지 처음 몇 주일 동안 '하인리히 왕자Hotel Prinz Heinrich' 호텔에서 묵었다. 호텔은 굉장히 넓었고, 모든 게 현대식으로 되어 있어서 매우 편리했다. 호텔 이름이 하인리히 '프린스'인 것은 1899년 독일의 하인리히 왕자와 그의 왕비가 동양을 여행하는 동안 이 호텔에서 묵었기 때문에 붙여진 것이었다. 마찬가지로 독일의 여러 회사 ― 독일아시아은행Deutsch-asiatische Bank, 산둥山東의 광산주식회사, 규주膠州만 해운회사 ― 와 중국 황실의 세관 건물이 모여 있는 길게 뻗은 해변에는 빌헬름 황제 해변이 있고, 이곳에서 멀지 않은 곳에는 예시케Jeschke-Denkmal(1901년 칭다오에서 사망한 동명의 독일인 주지사) 기념물이 있다. 우리 집은 '황해' 해변에 자리하고 있어서, 배들이 들고 나는 것을 볼 수 있었고, 고향 소식도 가장 빨리 들을 수 있었다. 유럽인 구역에서 좀 떨어진 칭다오의 북쪽에 중국인 구역이 있다. 오래전에 짓기 시작해 얼마 전에 개장한 새 항구에 가려면, 사람들은 이 중국인 구역을 통과해야 한다. 이곳의 지명은 타파우타우大鮑島이다.

중국에서의 청결과 공손한 태도가 유럽에서와는 그 개념이 다르다는 사실을 이미 언급했었다. 독일 정부가 중국인 지역을 별도로 구획하여, 그곳에 그들의 '움막'을 짓게 한 것은 잘 한 처사라고 본다. 원주민들은 그들의 관습에 따라 생활할 수 있었고, 또한 동시에 독일의 행정법을 준수해야 했다. 독일의 법규는 매우 엄격했는데, 그것 또한 정말 잘한 일이다. 그렇게 하지 않으면 어떻게 유럽의 신문명이 이곳으로 들어올 수 있겠는가.

우리는 집에 하수시설과 수도관을 설치하고, 전기시설이 들어올 수 있게 했다. 타파우타우에도 칭다오에도 일단 어둠이 깔리기 시작하면, 깜깜했던 거리는 오히려 전깃불로 밝아진다. 전깃불이 들어오는 순간, 나도 조금은 놀라웠다.

내가 집안 살림을 본격적으로 맡아 하기 전, 독일어를 잘하는 중국인 — 우리는 그에게 '피터'라는 이름을 지어주었다 — 과 함께 생활했다. 그는 열여덟 살이었고, 우리 집 하인으로 근무한 지 얼마 되지 않아, '아내' 구하러 가야 한다며 휴가를 달라고 했다. 우리는 중국에서 사는 몇 년 동안 중국인들과 잘 지냈다. 특히 중국인 남자 하인들은 내겐 없어서는 안 될 중요한 사람들이었다. 중국인 하인들과 원만한 관계를 갖지 못하는 유럽인들도 꽤 많았는데, 중국이든 유럽이든 좋은 사람도 있고, 그렇지 않은 사람도 있기 마련이라는 생각이 든다. 나는 동양의 가정주부들이 우리 유럽 여성보다 한발 앞서 있다고 생각한다. 앞에서 이미 언급했듯이, 이곳에서는 남자 종업원을 먼저 고용한다. 그러나 아이들의 보육에는 나이 든 중국인 여성을 고용한다. 그것은 이 과제만큼은 오직 여성들만이 거뜬히 해낼 수 있기 때문이었다. 그저 기계처럼 시키는 일만 하는 중국인들에게서는 스스로 판단하는 것을 기대할 수 없었다. 한 집안의 살림살이에는 최소한 세 명의 종업원들 ― 요리사, 보이Boy, 하인 ― 이 필요했다. 하인은 온갖 허드렛일과 심부름을 도맡았다. 집안의 가정주부가 직접 가족의 음식을 담당할 경우에는 두 명의 하인이면 충분했다. 종업원들의 급료는 업무에 따라 달랐는데, 요리사와 '보이'는 12달러에서 25달러의 급료를 받았고, 하인과 마부는 8달러에서 12달러의 월급을 받았다. 그 대신 주인은 종업원의 식사나 의복을 마련해 줄 필요는 없었다. 중국인 종업원들은 보통 주인의 집에 딸린 별채에서 생활했고, 빈집을 빌린 종업원들은 스스로 자기들이 필요한 가구들을 마련했다. 그들은 마룻바닥에서 이불을 뒤집어쓰고 잠을 잤으며, 자기들의 취미에 맞게 집안에 가구를 갖추어 놓기도 했다. 이따금 중국인 요리사들은 자신들의 식사를 준비하는데 주인집의 부엌을 빌려 쓰겠다고 요구를 하기도 했는데, 이런 경우 대부분 사람들은 크게 반대하지 않고 그들의 요구

조선의 결혼식(신랑신부와 시어머니)

를 들어주었다. 다만 그들은 자기들의 그릇만을 사용해야 했고, 지독한 냄새가 나는 마늘을 사용하는 것은 금했다. 유럽인들은 중국인 종업원들이 마늘 먹는 것을 허용하지 않았는데, 간혹 ― 자주 있는 일은 아니지만 ― 이를 어길 경우에는 즉시 파면되었다. 단 인력거의 마부는 예외였다. 그들은 벌칙으로 즉시 타고 가던 인력거에서 내려야 했고, 아무리 먼 거리를 타고 갔더라도 손님은 요금을 내지 않아도 되었다. 칭다오의 경찰들은 온 사방으로 지독한 냄새를 풍기는 마늘냄새가 나지 않도록 엄격하게 검문했다. 마늘냄새는 정말이지 참기 어렵다. 동양으로 여행을 자주 다니는 유럽인들은 그것은 중국인들에게서만 풍기는 특별한 냄새가 있다는 것을 잘 알고 있다. 중국인들 역시 유럽인들에게서 이상한 냄새가 나지 않는 것은 아니라고 주장한다.

중국인 요리사는 재치가 있을 뿐만 아니라, 그들이 만드는 요리는 예술적이기까지 한다. 그는 유럽 음식 만드는 법을 잘 이해를 했고, 그가 만든 요리는 이루 말로 표현할 수 없을 만큼 맛이 있었다. 동양에서 오랫동안 지낸 외국인들은 중국인 요리사의 재능과 그들의 겸손한 마음을 잘 알고 있었다. 천부적인 재능으로 어떤 어려운 과제도 거뜬히 해나가는 중국인 요리사들은 유럽의 다른 요리사 동료들보다 훨씬 높은 평가를 받았다. 그들은 매일 그 날의 요리를 상의하고, 주인집 부인으로부터 음식 만드는데 필요한 조리법을 받아, 주인 가족의 입맛에 맞추기 위해 집주인 여성으로부터 음식 만드는데 필요한 조리법을 받았다. 그들은 감사히 그것을 받아들고, 유럽인 요리사들보다 훨씬 질 높은 요리를 만들어냈다.

일반적으로 중국인 고용인들은 유럽인들로부터 비교적 정직하다는 평판을 받았다. 유럽에서처럼 집안일 하는 '보이'가 세탁소나 시장에 갈 때 자신들의 심부름 몫을 주인에게서 받은 돈에서 먼저 제했다. 영리한 주인들은 중국인 종업원들이 그들을 대신하여 장을 볼 때 훨씬 더 많은 금액을 치르게 하여, '자기 몫'을 먼저 제하고 계산하는 방법을 눈감아 주지 않았다. 중국에서 생산되는 식품들은 값이 매우 저렴했다. 다만 주인들은 그들이 '자기 몫'으로 미리 떼는 액수가 너무 높지 않도록 관리를 잘해야 한다. 그리고 종업원들에게는 공평하고 공손하게 대하여야 하고, 황인종이라고 내려다보며 무시하는 인상을 주어서는 안 된다. 고용인들을 벌주겠다고 매를 든다고 해서 얻는 것은 전혀 없으며, 오히려 자신을 부끄럽게 할 뿐이라는 것을 나는 경험으로 잘 알고 있었다. 무엇보다 중국인 종업원들은 우리에게 절대적으로 필요했다. 중국인 '보이'는 매우 재치 있게 일했다. 그는 집에서는 실내화를 신고 조용하게 걸었고, 집안에 파티가 있을 때는 연회 식탁을 장식하는데도 탁월한 재능이 있었다. 꽃을 가꾸는 솜씨도 보통 수준이 아니었다. 집안에서 환자를 간호하고 보살피는 데도 천성적인 재능이 있었다. 우리는 6년 동안 중국인 '보이' 두 명을 데리고 살았는데, 그들은 우리가 아팠을 때, 아주 진심으로 우리를 간호했다. 우리와 헤어질 때도, 그들은 우리가 상상할 수 없을 정도로 애절하게 작별을 했다. 그들은 배에까지 동행했고, 배가 출발을 하자 눈물을 뚝뚝 떨어뜨렸다.

칭다오는 독일군 수비대가 있는 곳이었다. 이곳 군인들은 생기발

랄하게 생활했다. 칭다오는 한마디로 각국의 군인들이 북적대는 거대한 군대 병영지라고 할 수 있었다. 이곳의 '군대'는 유럽에서와는 다르게 두 종류의 군복 색깔로 구별되었다. 군영지인 칭다오는 아름다운 도시였고, 동쪽으로 독일의 보호령인 '라우산嶗山산맥'에 근접해 있었다. 1,100여m의 고산지대에 불쑥 솟아오른 산정에서 점차 해안지역으로 내려오면서 형성되는 경관은 매혹적이었다. 평평하게 포장된 칭다오의 아름다운 도로는 사방으로 뻗어 있었다. 이러한 광경이 만들어지기까지 얼마나 많은 희생이 필요했을지 충분히 짐작되었다.

'시그널/신호등산Signalberg'이나 '디더릭히트산Diederrichtsberg'을 올라가게 되면, 산 중턱에서 '디더릭히트' 기념비를 볼 수 있게 된다. '디더릭히트' 기념비는 1897년 11월 14일에 디더릭히트 해군 함장이 규주膠州에서 칭다오를 점령했던 일을 기념하기 위해 세워진 조형물이었다. 이곳에 도착하기도 하고, 떠나기도 하는 우편선박이나 상선 혹은 군함들에서 신호를 보내는 송신소가 바로 이곳 산꼭대기에 설치되어 있었기 때문에 붙여진 이름이 '시그널/신호등산'이라는 사실을 칭다오에 사는 시민들이라면 다 알고 있었다. 그들은 우편선박이 가져다주는 반가운 고향소식을 간절히 기다렸다. 다른 항구에서처럼 새로운 소식 — 특히 고향에서 보내온 가족소식 — 이 도착하는 날이면, 칭다오 시는 환희에 넘쳤다.

조선의 독일어학교

앞에서 언급한 '신호등산'은 선박들의 왕래는 물론 주정부 행정
과 군영에도 중요했다. 깃발이 휘날리기도 하고, 전등의 불빛이 주정
부와 군영, 그리고 다른 선박들에 신호를 알리기도 하고, 내부 선착장
과 외부 선착장에 정박 중인 배들에 신호를 보내기도 한다. 수평선에
서부터 약 100m 높이로 솟은 '신호등산' 꼭대기에서는 저 멀리 크고
작은 항구들에서부터 하인리히 '프린스' 산과 라우샨嶗山으로 이르
는 전경이 내려다보였다. 일부 회의적인 사람들이 이 지역의 식목작
업이 결코 성공하지 못할 것이라고 부정적으로 예언하였으나, 피땀

흘리며 열심히 심었던 수많은 사철나무며 낙엽송들 덕분에 지금의 전경은 예전보다 훨씬 더 아름답다. 1902년에 누군가 나무를 보려고 했다면 '야멘衙門²'까지 순례했어야 했다. 칭다오에는 오직 한 그루 푸른 나무가 있었다. 그것은 오래된 수양나무였다. 사람들은 이 수양나무에 잎이 돋고 꽃 열매가 보이기 시작하면 장차 봄이 올 것을 알아챘다.

중국인들이 책임자로 초창기에 작업했을 때, 작업 시작 초에 이미 심어놓은 나무들이 땔감용으로 모두 벌목되기도 하고, 심지어는 막 싹 트기 시작하는 풀까지도 뽑혀 그 자취조차도 사라져버리는 일들이 벌어졌다. 독일인이 행정관으로 작업하기 전까지 만해도 칭다오의 어디에서도 나무라는 것을 볼 수 없었다. 그러나 지금은 아름다운 정원으로 둘러싸인 주택들이 즐비하고, 잘 가꾼 공원에는 각종 사치스러운 식물들과 꽃나무들로 가득하다. 공원에는 수없이 많은 종류의 장미꽃들과 채소들은 물론 맛좋은 과일나무들이 자라고 있다. 온갖 종류의 식물들로 가득한 이 공원 안에는 건물 양식이 특이해서 유독 사람의 시선을 끄는 여러 채의 건물이 있었는데, 그것은 바로 주정부의 병원이었다. 해군 의사들이 경영하는 이 병원에서는 적십자회의 수녀들이 간호사를 교육시켰다. 이 해군병원은 처음에는 독일인 군인병원이었지만, 군인이 아닌 칭다오의 다른 유럽인들도 입원이 가능했다. 얼마 전 해변에는 일반인들도 입원할 수 있는 두 번째 병원이 설립되었다. 중국인들은 선교병원에서 입원치료를 받았는데, 이 병원에서도

---

2 관청, 관아를 가리킨다.

유럽인 의사들이 진료했다.

칭다오에는 두 종류의 개신교 선교기관이 있었는데, 두 선교원은 아주 가까이에 있었다. 한 기관은 베를린 선교기관이었고, 다른 기관은 기독 장로회 선교단체였다. 두 기관에서는 수많은 중국인 학교는 물론 기숙사를 운영했다. 개신교로 개종한 중국인 아이들이 어떤 연유로 기숙사에서 생활하는지 알 수는 없었지만, 그것은 개종하지 않은 중국인들과의 접촉을 막기 위해서였을 것이다. 개종한 중국인 아이들은 그렇지 않은 중국인 아이들과는 비교가 안 될 정도로 이점이 많았다. 그들은 정부에서 경영하는 학교에 다닐 수 있었는데, 이런 학교는 명성이 자자해서 많은 학생이 모여들었고, 그 때문에 교실이 턱없이 부족했다. 그래서 계속해서 더 많은 학교가 설립되었는데, 당시 개신교는 임시로 지은 학교건물 바로 옆으로 연결된 예배당에서 일요일 기도를 드렸다. 독일의 식민지인 칭다오에 거주하는 천주교 신자들도 미사를 드릴 때는 이 예배당을 사용했다. 현재 신축 중인 멋진 교회에서는 개신교 신자들이 예배를 보게 될 것이다. 사람들은 원래 이곳에 세워졌던 중국인들의 신전을 없애지 않고, 언젠가 스스로 무너질 때까지 그대로 ― 언젠가 저절로 무너질 때까지 ― 남겨두었다. 이 신전은 하늘의 여신 천후天后에게 바쳐진 것이었다. 중국인 선인들은 물론 모든 원주민은 천후를 숭배했다. 천후는 아버지가 갑자기 죽게 되자, 너무 화가 나서 스스로 물에 빠져 죽었다. 사람들은 살아있을 당시 미래를 정확하게 예언했던 그녀를 존경했으며, 그녀의 사후에 그녀를 기리는 사당을 지었다. 전설에 의하면, 천후의 사당 부근의

중국 규주 지역(칭다오)의 관저

바다에서 한 상인이 길을 잃었는데 하늘에서 불빛이 길을 안내해줘서 위험한 바위에 부딪히지 않고 살아남을 수 있었다. 그런데 그 불빛은 사당에서 나온 것이었다. 그때부터 천후는 배 타는 사람들의 수호신이 되었다. 사당 입구에는 두 개의 비석이 서 있다. 첫 번째 비석에는 "바다에 포근한 바람을 던져주는 그녀"라고 기록되어 있고, 두 번째 비석에는 "나라를 보호하시고, 백성을 도우소서!"라고 기록되어 있다. 그리고 '천후' 외에도 그보다 존경을 받은 바다의 신 '관음觀音'이 있고, 수많은 불교 신자들이 사랑하는 '재물의 신'도 있다. 매년 7월에 재물의 신을 믿는 사람들은 신상 앞에 많은 음식을 차려놓고, 신이 그것을 다른 신들과 맛있게 나누어 드시게 하는 정성을 올린다.

중국의 신전 내부는 일반적으로 법회 장소로 사용하는 넓은 마당 앞에 '신당'이 있고, 이 신당 안에 '신상'이 있으며, 신상 앞에는 재가 수북이 쌓인 향로가 놓인 제단이 있다. 향로 안에 재가 얼마나 쌓인지를 보게 되면, 기도하러 온 사람이 많았는지 적었는지를 알 수 있게 된다. 신전을 보살피는 승려는 신당 외벽에 붙여 지은 작은 규모의 집에서 생활한다. 칭다오에는 신전 외에도 중요하고 흥미로운 건물이 하나 있었는데, 그것은 바로 '관아 야멘衙門'이다. 이 관청은 칭다오가 독일에 점령을 당할 당시만 해도 중국인 행정관청이었지만, 후에는 독일인의 행정건물이 되었다. 그러다가 얼마 후, 칭다오 사람들이 '거대한 잉크병'이라는 별명을 지어주었던 독일 행정건물이 신축되었고, 이곳으로 행정부처가 이주하게 되면서 관청은 빈 건물로 남게 되었다. 새로운 정부청사로 입주하기 전에는 해군함장들 — 로젠탈Rosenthal 전하, 예시케Jaeschke — 이 이곳에서 근무를 하였고, 공관의 저택에서는 하인리히 왕자가 머물렀다. 정문으로 들어가는 앞 광장에는 — 다른 중국 관청건물처럼 — 담이 있다. 거기에는 악어처럼 생긴 괴물 형상이 있었는데, 눈을 부릅뜨고, 입을 짝 벌리고, 금방이라도 훌쩍 뛰어오를 듯한 자세를 취하고 있다. 괴물 형상의 표면은 비늘로 덮여 있고, 머리는 막 떠오르는 태양을 쳐다보고 있다. 이 석상은 인간의 욕망과 탐욕을 상징하며, 관청을 들락거리는 사람들에게 시민의 의무를 잊지 말도록 경고하는 현실적인 의미가 내포되어 있다.

포장이 잘 된 편편한 거리를 따라 우리가 탄 인력거는 '아우구스타 빅토리아Augusta Viktoria' 해변을 달려서 우리를 칭다오의 부유한 저택가로 데려다주었다. 왼편으로는 푸른 초목이 울창한 언덕이 있었고, 오른편으로는 천둥소리를 내며 철썩이는 파도가 가파른 절벽에 부딪혀 높이 튀어 오르고 있었다. 해수욕장이 있는 해변 빌라에 도착했을 때, 우리는 한 건물을 보고 경탄해 마지않았다. 그것은 바로 중국의 세관 건물이었다. 이곳에서는 오랜 전통에 의해 여행자들에게는 관대했다. 잘 가꾸어진 넓은 정원 안에 빌라 건물이 있었고, 식민지 회원들이 종종 찾아와서 경기하는 테니스장도 있었다. '주지사'가 거주하는 건물은 소박했다. 그러나 주지사 공관은 지금은 '신호동산' 위에 지어진 멋진 궁전을 사용하고 있다. 크고 넓은 빌라 건물의 집 모서리에 나 있는 작은 베란다와 집 벽에 딸려 세운 탑은 고향인 독일의 건축 양식을 연상시켰다. 다만 우아한 건축물은 독일에서와는 달리 건축 형식이 일정치 않았고, 여기저기 다른 양식이 섞여 있는 게 조금 유감스럽긴 했지만, 그것은 여러 명의 건축기사가 공사했기 때문에 어쩔 수 없는 일이었다. "여러 요리사가 음식을 하면 죽이 상한다." 라는 속담은 바로 이런 경우를 두고 하는 말이었다. 주지사 관저는 특별한 건축물이 되도록 계획했었으나 오히려 실패하고 말았다. 건물의 내부 시설이나 방들의 배치와 장식은 나무랄 데가 없었고, 고향 독일의 멋을 지니고 있었다. 주지사의 관저 근처에는 크고 작은 정원으로 둘러싸인 주택들이 있었다. '아우그스타 빅토리아' 거리에는 이미 주택들이 다 들어차 있었다. 이곳보다 더 좋은 주거지를 상상할 수 있을까. 리티스 산의 형용하기 어려운 화강암 절벽 근처에는 식목이 한창이었다. 앞쪽으로는 빌라 지역이 있고, 서쪽으로 거리를 따라 해수욕장이 있는 이곳으로 곧 공원이 들어온다. 새로 들어오게 될 수림 공원은 과일나무와 물론 각종 식물로 가꾸어져 있어서 사람들에게 더 많은 구경거리를 제공하게 된다. 동물원은 이미 운영을 시작했다. 수림 공원의 울안에는 일본산 담비를 데려다 놓았었는데, 그동안 다른 동물들도 그곳에서 함께 지내고 있을 것이다. 수림 공원 위쪽에는 이곳에서 살다가 세상을 떠난 — 고향에서라고 죽음이 반드시 수월한 것은 아닐 테지만 — 유럽인들을 위한 공동묘지가 있었다. 이미 꽤 많은 동포가 잠들고 있는 묘지 위엔 슬프고 평화스러운 기운이 감돌았다. 묘지는 높은 데서 계곡 아래로 내려가는 계단식으로 되어 있었다. 이곳은 울타리도 경계도 없었고, 죽은 자의 지역으로 들어서면서 이상하게도 경건한 마음이 들었다. 죽은 사람들 가운데는 주지사였던 예시케도 있고, 크리스트Christ 대령도 있고, 선교사 파버Faber도 있다. 그들의 화려한 비석은 칭다오의 역사를 잘 보여준다.

리티스 산 동쪽을 에워싸고 있는 계곡 아래로 내려가게 되면, 붉은 기와지붕과 벽돌담을 만나게 된다. 바로 이곳에 우리 독일 리티스 군대의 해군부대가 주둔하고 있다. 군영 앞에는 군대가 체력을 단련하는 장소로 사용되는 잔디광장이 있었는데, 이곳에서는 1년에 두 차례 장애물 극복하는 운동경기와 달리기 운동경기가 열렸다. 달리기 대회는 체력을 단련시키기에 적절했고, 그래서 독일에서처럼 스포츠를 좋아하는 인근 사람들이 많이 몰려들었다. 해수욕장을 찾는 사람들을 위한 큰 호텔도 있었는데, 이 호텔은 특히 하인리히 '프린스' 호텔에

딸려 있었고, 그 앞쪽 해변에는 해수욕에 필요한 여러 시설물이 늘어서 있었다. 부유층의 재력으로 호사롭게 지어진 각종 시설물은 단순했지만, 들쑥날쑥한 해변과 어울려 그림처럼 아름다운 모습을 보여주었다. 모래사장으로 길게 뻗어 있는 해변의 모퉁이에는 기둥을 세워 만든 연주장이 있었고, 해군악대는 물론 다른 악대들도 이곳에서 자주 연주회를 열었다.

여름이 되면 해수욕을 즐기는 사람들로 붐비면서 이곳 해변은 절정을 이루게 된다. 해변이 이처럼 번창하게 된 것은 그리 오래되지 않았다. 이전에 '아우그스타 빅토리아' 해변에는 고작해야 열 개 정도의 작은 해수욕 시설물들이 있을 뿐이었다. 수영하고 싶을 때는 침대에서 곧장 달려가 물속으로 뛰어들 수도 있었고, 수영할 만큼 했다 싶으면 물 밖으로 나와 모래사장에 벌러덩 누워 햇볕을 쬘 수 있었다. 가장 맘에 들었던 것은 '나 홀로' 수영을 즐겨도 아무도 상관하지 않는다는 것이었다. 그 당시에는 매혹적인 수영복도 없었고, 해수욕장에서 연애하지도 않았다. 그러나 칭다오 해변에 해수욕장이 생기면서부터는 모든 게 달라졌다. 쾌적한 환경은 물론 동양에서 "가장 건강하고 즐겁게 보낼 시설이 많다"라는 평판이 돌면서 칭다오 해변은 유명해졌고, 그 때문에 해수욕장엔 매일매일 '관광객'들로 넘쳐나게 되었다.

동양의 모든 해변에는 과시하려고 살을 태우려는 사람들과 참기 힘든 열기를 피하려는 사람들이 찾아왔다. 일본으로 여행을 갈 수 없는 사람들은 이러한 욕망을 채우기 위해 돈 보따리를 싸들고 찾을 수 있는 곳은 칭다오밖에 없었다. 칭다오 해변의 해수욕장은 그때까지

서울의 나무시장

유일하게 해변에서 해수욕 손님을 받았던 '치푸'와 경쟁하여, 짧은 시간 동안 어렵지 않게 상급 해수욕장이 되었다. 발해渤海 만에 속해 있는 '치푸' 해수욕장은 악취로 진동하는 칭다오와는 비교되지 않았다. 어떤 연유로 이곳 해변에 해수욕장이나 호텔이 세워졌는지 도무지 믿기지 않았다. 매 여름 미국의 공군부대가 이곳에 머물기도 했는데, 육지로 휴가를 나오면 술에 취해 난동을 일삼았던 미국 군인들은 한마디로 '폭력집단'이어서 피하는 게 상책이었다. 1904년에 미국인

공군부대가 잠시 칭다오에 머물렀던 적이 있는데, 이때 이벤스 해군 함장이 이곳을 마음에 들어 했고, 그로 인해 여름에 이곳에서 합동 훈련하는 것을 고려하게 되었다. 그 후 실제로 모든 준비를 마친 뒤 미국군대는 이곳에서 줄곧 합동훈련을 했다. 천혜의 조건을 갖춘 칭다오는 수많은 동양인으로부터 더없이 훌륭한 휴가지로서의 명성을 얻었다. 숱한 난관을 극복하고 식수 시설이 설치되었고, 수질을 높인 덕에 전염병을 막을 수 있었다. 상하이와 홍콩, 그리고 그 밖의 동양의 해안지역에서는 여름이면 콜레라나 장질부사나 흑사병이 창궐했는데, 몇 년 전부터인가 칭다오의 사람들은 이런 전염병에서 벗어날 수 있었다. 자주 여행을 다녀 경험이 많은 동양인들에 따르면, 칭다오가 일본 휴양지에 비해 체류 비용이 훨씬 저렴하다고 했다. 그리고 일본의 해변 지역은 큰 변화가 없이 안정된 기후였지만, 여름에는 거의 매일 비가 왔다. 외지에서 온 관광객들에게 아름다운 자연경관과 여가생활, 그리고 고급요리를 제공하는 칭다오는 유럽의 어느 해안도시와 비교하여 결코 뒤지지 않았다. 음악연주회와 사교춤, 그 외에 온갖 즐거운 일들로 지루할 새가 없었다. 남성을 동반하지 않고 홀로 온 미모의 여인들은 이곳 칭다오의 휴양지에서 충분한 보상을 받았으며, 소설로 쓰이지 않은 연애담도 수두룩했다. 칭다오에서 즐길 수 없는 단 한 가지가 있다면, 그것은 연극관람이었다. 몇 년 전부터 여가생활로 시작한 '예술과 학술회'라는 것이 창설되긴 했지만, 아직 정통적인 '문화'라고 말할 수는 없다. 그러나 이 단체의 회원들이 공연하는 연극은 전문적이지도 않고, 지나치게 오락적인 장면에 치우쳐 있어서 순수성이 부족하다는 느낌이 들기도 했지만, 우리를 즐겁게 해주었다.

사람들은 누구나 스포츠를 즐겼는데, 그중에서도 특히 승마에 열광했다. 승마는 사람들이 가장 선호하는 취미생활이었고, 칭다오 인근 어디에서든 말을 타고 산책하는 모습을 흔하게 볼 수 있었다. 각 나라의 사람들과 그들의 습관을 알 기회를 제공해주는 승마행사에 사람들은 특별한 관심을 가졌다. 날씨가 화창한 봄이라든지 생각했던 것보다 훨씬 긴 가을에는 취미생활로서 승마가 매우 인기를 끌었다. 이곳엔 4월이 되면 봄이 시작되었고, 6월 말까지는 건조한 날씨가 이어졌다. 그리고 9월 중순부터 12월 초순까지는 특히 햇살이 좋았다. 물론 중간 중간 대략 6주에서 8주 동안 우기가 계속되면 아주 불편하기도 했다. 우기에는 마치 하늘에서 물동이를 쏟아 붓는 듯했고, 후덥지근한 공기가 공중으로 펴지면서 사람들을 탈진시키기도 하고, 무력하게 만들기도 했다. 지독한 무더위의 습기는 몸에 걸친 옷뿐만 아니라, 옷장에 걸어둔 옷가지들과 집안 가구들까지 못쓰게 하였다. 축축한 습기에서 옷을 보호할 수 있는 단 한 가지 방법은 모든 것을 양철상자에 넣어 꽁꽁 봉해두는 것이었다. 이런 날씨에는 집안의 가구들도 온전할 수 없었다. 따라서 화창한 날에는 재빨리 집안의 모든 문을 활짝 열고 햇볕을 들게 하여, 잠깐이라도 방안의 끈적끈적한 습기를 제거해주어야 했다.

겨울은 겨울대로 불편한 면이 없지 않았다. 북쪽에서 불어오는 바람이 먼지와 모래를 몰고 와서 바깥생활을 할 수 없게 했기 때문이었다. 그래서 사람들은 따뜻한 실내의 벽난로 앞에 머물면서 외출을 삼가야 했다. 바람이 강하게 불어 황사가 지나간 다음 날부터 며칠간은 따뜻하고 청명한 날이 지속되기도 했다. 이곳에서는 눈이 내리는 경우가 매우 드물었고, 간혹 눈이 내리기는 했지만, 땅에 떨어지기도 전에 눈은 금방 녹아버렸다.

타파우타우大飽島, 중국인 지역에 대해서는 이미 전에 잠깐 소개한 바 있는데, 그곳은 유럽인 지역에서 떨어져 있긴 했지만, 산둥 거리와 프리드리히 거리와 연결되어 있었다. 이 중국인 지역은 다른 중국인 지역에 비해 지독한 악취도 없었고, 관습적으로 불결한 모습도 보이지 않았다. 오히려 이 지역은 놀라울 정도로 깨끗하게 정돈된 모습이었는데, 그것은 칭다오 자체의 청결이 모범이 된 것으로 생각한다. 물론 유럽인의 영향도 매우 컸을 것이다. 주택들은 유럽식으로 지어졌고, 도로엔 아스팔트가 넓게 깔려 있다. 거리의 이름과 지명은 대체로 중국 도시의 명칭을 그대로 사용했다. 이곳의 생활양식은 물론 전체라고는 할 수 없지만, 대부분은 중국식 관습을 따랐다. 무엇보다 번화가의 변두리에 위치해 중국인의 상점과 수공업 가게는 낮에는 영업장이 되기도 하고, 밥을 먹는 장소가 되기도 한다는 점이 특이했다. 이곳의 구두 수선공은 무릎 위에 신발을 올려놓고 신발을 고쳤고, 옷을 만드는 재봉사는 재봉틀 앞에 앉아서 행인으로부터 주문을 받아, 유럽식 옷가게에 진열되어있는 아주 매혹적이고 멋진 의상들과 똑같이 만든다. 중국인 수공업자들은 우리 유럽인들보다 훨씬 실력이 좋았고, 일하는 것도 끈기 있고, 매끄럽게 처리했다. 주인가족과 직원들이 일터에서 함께 식사했고, 요리 솜씨도 수준급이었다. 그들은 한 손에 두 개의 젓가락을 들고도 흘리지 않고 음식을 입으로 넣었는데, 그것은 결코 쉬운 일이 아니었다.

중국인들의 가게는 유럽처럼 세분되어있지는 않았다. 대부분의 가게는 생활필수품 외에도 깡통에 담은 음식물과 살림 도구는 물론 자질구레한 장식용 소품들까지 팔았다. 이런 가게에는 유럽공장에서 생산된 물건들과 중국산 물건들이 뒤섞여 있었고, 사기그릇이라든지, 동으로 만든 상품이라든지, 자수상품이라든지, 비단 등 필수품은 물론이고, 사치품도 진열되어 있었다. 괜찮은 물건을 싼 가격에 구매할 수 있는 우리 유럽의 '벼룩시장'에서처럼 이곳에서도 품질이 조금 떨어지는 일부 상품들을 비교적 저렴한 가격으로 구매할 수 있었다. 물론 그것은 얼마나 흥정을 잘하느냐에 달려 있었다. 중국에서는 그야말로 '흥정'이 절대 필요하다. 요리사들은 꽤 널찍한 시장터에서 그날에 필요한 음식거리를 구매했다. 이런 시장은 타파우타우에도 있었는데, 이곳에서는 고기며, 채소며, 과일이며, 달걀이며, 닭고기며, 산짐승고기며, 생선 등등 온갖 먹을거리들을 값싸게 팔았다.

참으로 흥미로운 광경은 중국인의 이발소이다. 안을 들여다볼 수 있는 이발소는 스페인이나 이탈리아에도 있다. 중국인 이발사들은 재치 있게 머리를 다듬었고, 유럽의 이발사들보다 청결했으며, 중국사회에서 전문인이 된다는 것은 힘든 일이었을 텐데, 그들의 실력은 대단했다. 부유층 사람들을 제외하고, 중국인들은 고작 일주일에 한 번 이발을 하고 면도를 했으며, 그 이상은 사치로 여겼다. 타파우타우의 거리는 각양각색 중국인 서민층으로 구성되어 있었다. 따라서 길거리에서도 여러 가지 장면이 연출되었다. 예를 들면 약장수 — 정확히 말하면 여자 약장수 —가 사람들이 통행하는 문 앞에 앉아서 알아듣기 힘든 말로 혼자서 중얼대면서 이 손 저 손을 바꿔가면서 지나가는 사람들의 손을 붙잡는 것을 볼 수 있다. 우리 집 요리사도 그녀를 믿었다. 그가 그녀에게서 바라는 건 무엇이었을까? 나는 곧 그의 비밀을 알게 되었다. 그는 자신의 위장병을 고치고 싶어 했고, 그의 이러한 믿음은 돈을 쓰게 만들었다. 며칠 후 요리사가 나를 찾아와서, 별로 치료 효과가 없었다고 말했다. 요리사의 위가 많이 악화되었는데도 그녀는 "다 낳았다"고 했다. 그러나 반대로 "그는 병이 매우 깊다! He belong very sick!" 요리사의 이마와 목 등에 붉은 반점을 보고, 어찌 된 일이냐고 물었더니, 그는 "부인, 괜찮아요, 아주 좋아요! Missis, belong very good, very good!"라고 했다. 그런데 그의 병엔 내가 준 피자마 오일 Rhizinusoel과 아편 몇 방울이 더 효과가 있었다.

사람들은 다른 민족의 관습과 전통에 대해 조롱하는 것을 즐기기도 한다. 중국 여인들의 발을 꼭 조여 매는 관습에 대한 글을 읽을 때 특히 그랬다. 우리 유럽 남성들이 뒷머리에 매단 딴 머리는 생각지도 않고 하는 말이다. 몇 년 전 중국 북경에서 중국 여성의 발을 꽉 조이는 것을 금지했을 당시 — 이런 관습이 하루 이틀 만에 사라지는 것은 아니지만 — 교양 있는 중국인들은 유럽 여성들이 가슴을 꽉 조이게 상의를 입는 것과 중국 여인이 발을 죄는 것이 별반 다르지 않다고 비웃음 섞인 미소를 지었다.

여하튼 고무적이게도 오늘날 중국의 관습들은 많이 바뀌고 있다.

(중국인의 관습에 이러쿵저러쿵하기보다는) 서양인들은 중국의 좋은 직위와 관청의 명칭을 본받고, 그것을 서양으로 수입하는데 더 많은 관심을 끄는 게 현명하다고 하겠다. (예를 들면) 중국에서는 직장과 직위에 대한 설명이 정확한 데 반해, 서양의 국가에서는 이러한 중국 관직의 명칭들을 웃기게 표현한다. 중국의 관직은 일반적으로 민주적인 특징을 지니고 있다. 중국인은 누구든지 적합한 교육을 받았으면 관직에 오를 수 있지만, 서양의 '관직'은 그것에 적합하지 않은 사람도, 그리고 간혹 전혀 그 관직에 수행할 수 있는 교육을 받지 않은 사람들까지도 고위직에 오를 수가 있기 때문이었다.

칭다오에는 독일인들이 만들어 놓은 또 다른 '사회'가 존재한다. 이곳에는 아주 작은 마을에서조차 계급사회가 형성되어 있다. 외국에 체류하는 독일인들 사이에서 계급을 중요시하는 별로 좋은 모습이 나타난다는 것은 결국 식민지 지배자로서 자기 스스로 독일인들의 명성을 손상시키는 결과를 초래하게 되고, 독일인들의 협동심에도 폐를 끼치게 된다. 그리고 그것은 더 나아가 독일사회의 조화와 평화에도 해를 입힐 수 있다. 독일인 두 명이 만나면, 가장 먼저 누가 지위가 더 높은지를 따지는 이런 현상은 우스운 일이 아닐 수 없다. 위에서 말한 '계급경쟁사회'란 독일의 식민지보호령인 칭다오에서는 기껏해야 각종 직업에 따른 공동체적 계급사회를 말한다. 이런 공동체의 어느 한 '사회'가 다른 '사회'와 마주치게 되면 좋지 않은 일들이 벌어지게 마련이었다. 간혹 호칭 예절 때문에 서로 미워하고 언짢은 행동까지 하는 황당한 사건이 벌어지기도 했는데, 이럴 때면 최고 총독은 해결책을 찾느라 골머리를 앓았다. 이런 '계급' 싸움에는 부인들의 역할도 크게 한 몫 거든다. '전하'의 부인 X가 다른 '전하'의 부인 Y보다 먼저 인사를 받아야 하는 지라든가, 세관장의 부인 M이 축제 때에 최고 판사 부인 P보다 앞서야 하는지 라든가, 재산가 부인 Z와 건축가 부인 O사이에서 누구를 먼저 초청해야 하는지 등등, 그것이 마치 세계정치사나 학문적인 연구 과제라도 되는 양 신중히 고려하지 않으면 예절에 맞지 않는다고 힐책한다. 누구든 예전에 평민이었다거나, '아브라함'이 조상이라고 말하는 것은 절대 삼가야 한다! 그런 경우에는 '사교 사회'에서 완전히 매장되기 때문이다. 그가 아무리 직업상 성공을 거두었고, 현재 고위직에 있다 해도 소용이 없다. '점잖은 사교 사회'에서 그것은 그저 흔한 '공기'에 지나지 않는다. 이렇듯 험난한 '사교 사회'의 '어려움'을 극복하게 되면, 그는 마침내 아주 특별한 사람으로 인정을 받아, 이 사회 안에서 '큰소리'를 칠 수 있게 된다. 흉한 소문은 무성하게 자라나기 마련이었기 때문에, 직업상 조정하는 일을 해야 하는 소수의 판사만 분주해질 것이 불 보듯 뻔했다.

중국의 설날

중국인의 행사 중에서 가장 큰 축제는 설날이다. 설날 축제는 유럽에서처럼 종교적인 성격이 강하다. 그러나 그 날은 우리 서양의 달력에 해당하지는 않는다. 중국에서는 음력을 사용하고, 서양에서는

태양력으로 계산하기 때문에 1년을 시작하는 첫날이 매년 다르다. 그렇더라도 언제가 되었든 설날이 축제인 것은 같다. 중국인들에게 이 날을 사람 모두가 즐기는 거대한 축제이다. 일반적으로 중국인들에게는 설날 외에는 특별히 다른 축일이 없다. 그들은 설날을 제외하고는 매일매일 일만 한다. 다만 학자라든지 관료라든지 승려들에게는 '환희의 날'이라는 다른 축일이 있는데, 종교적 성격을 띠고 있는 각각의 축일에는 각각의 신들에게 공양한다. 설날 축일은 단지 축제일로만 그치지 않는다. 설날은 중국인 모두에게 똑같이 생일이다. 설날에

는 중국인 모두, 특히 여성은 나이 한 살을 더 먹는다. 남성이든 여성이든 그 전날에 태어났더라도 설날에는 무조건 한 살을 더 먹게 된다. 중국인의 민간신앙에는 가정마다 '수호신'인 '조왕竈王'이 있는데, 이 신은 매년 새해 첫날에 '천상의 할아버지'로부터 새로운 집을 지정받는다. 그래서 새해 첫날이 오기 전, 중국인들은 연말의 며칠 동안 자신들의 마음을 다시 살핀다. 그들은 설날에 집안의 '수호신'이 하늘로 올라가, 자기 집안에 대해 좋게 보고해주고, 다음에도 좋은 수호신이 점지되길 소원하면서 수호신에게 '작별의 상'을 차려 놓고 기도를 올린다. 그것은 수호신에게 화려한 잔칫상을 차려줄 경우에는 천상의 할아버지가 크게 노하여 지금 있었던 수호신보다 안 좋은 수호신을 내려 보낸다고 믿기 때문이다. 그들은 수호신의 그림을 요리하는 부엌의 화덕 위 벽에 붙여 놓고, 그 수호신이 온갖 음식 냄새를 맡게 한다. 맛있는 음식의 냄새를 미리 맡는 것이야말로 수호신의 절대적인 권리이다. 그 대신 수호신은 먼지와 연기가 올라와서 자신의 그림 모습이 보이지 않게 되는 것을 감당해야 한다. 그러나 그건 문제가 아니다. 날이 갈수록 집안의 수호신은 중국인들에게서 잊혀가고 있다. 수호신에게 '제사'를 지내는 날에 집안의 가장은 온 가족과 하인들을 수호신의 그림 앞으로 모이게 한다. 그리고 다 함께 무릎을 꿇고 앉아 곳곳에 향을 피운 다음 바닥에 머리를 깊이 숙여 절을 한다. 그러고 나서 가장은 참회의 내용이 담긴 기도문을 올린다. 기도를 마친 후 가장은 수호신의 그림을 벽에서 떼어내 불에 태운다. 의식을 마치게 되면 수호신과 작별하게 된다. 천국으로 가는 길이 너무 멀다고 믿었던 중국인들은 수호신을 태우고 가게 될 말이나 당나귀가 쉴 수 있도록 마당에 큰 물동이와 마른 짚을 준비해둔다.

중국에서는 묵은해를 그냥 보내지 않는다. 사람들은 새해를 맞이하기 위해 정신적으로든 육체적으로든 '청소'를 한다. 즉, 집안의 온갖 것들을 깨끗이 씻어내는 대청소를 한다. 여자 주인은 일하는 하인들을 데리고 집 구석구석을 빗질하고 바닥을 닦는다. 이것은 집안의 질병과 안녕을 관장하는 '먼지신'에게 갖가지 전염병으로부터 온 가족을 지켜달라고 간청하는 의식이다. 우리 유럽인은 중국인들의 민간신앙을 잘 이해할 수 없다. 중국인들이 몸에 걸고 다니는 부적은 위험한 일이 생길 때 하늘의 신이 도와준다는 징표이다. 중국인들도 우리 유럽인들처럼 "복을 기원"하는 믿음이 아주 강하다. 그들의 신앙 역사는 몇 백 년, 아니 몇 천 년으로 소급될 수 있다. 역사학자들에 의하면, 서양의 '기복' 사상도 중국에서 유래되었다는 설이 있다. 중국에서는 온갖 물건에 '신년의 기원'을 의미하는 '복福'이라는 글자가 적힌 빨간색 종이를 붙인다. 문에도 창문에도 심지어 손수레와 우마차는 물론 각종 작업기구에도 똑같은 빨간색 종이 부적을 붙인다. 중국에서는 당나귀에게도 이런 부적을 붙이는데, 그것은 신앙적인 의미는 물론 시장에서 활발하게 거래되는 당나귀가 '복福'의 부적을 붙이고 있으면, 그것을 사려는 사람의 관심이 더 커질 것이라고 여기기 때문이다. 어찌 알겠는가, 여행을 좋아하는 누군가 이 '긴 귀'를 가진 당나귀 등에 올라타게 될지!

칭다오 총독 투루펠 전하가 조선황실 전례관 손탁 양 방문 기념 사진

유럽의 '섣달 그믐밤'³처럼 중국의 연말도 시끌벅적한 분위기이다. 그들도 문명국 유럽에서처럼 '붐붐' 소리로 밤을 시작한다. 미신을 숭배하는 중국인들은 행여나 마지막 날 밤이 지나기 전에 악귀들이 몰려와 해를 끼칠까 우려하여 온갖 괴성으로 그것들을 쫓아내는 의식을 벌인다. 의식은 이러한 '지옥의 연극제'로 시작해서 새해가 시작되는 다음 날 아침까지 계속된다. 그런 다음 중국인들은 점지된 '수호신'이 정해진 집안으로 편히 들어오도록 호롱불이나 등불을 밝힌다. 사람들은 집 마당에 밀집으로 엮은 천막을 치고 점지된 수호신들을 맞을 준비를 한다. 새벽 일찍, 가족과 그 하인들은 그들에게 점지된 수호신이 천막 안에 '좌정'했다고 믿으면서 천막 앞에서 무릎을 꿇고, 바닥에 이마가 닿도록 큰 절을 수도 없이 한다. 이때 집안의 가장이 '구운 고기가 든 만두'를 권한다. 만두는 중국인 모두가 새해 아침에 먹는 음식이다. 의식이 끝나면, 사람들은 조상의 위패가 준비되어 있는 집안의 가장 큰 방으로 들어간다. 위패는 나무로 만들어져 있으며, 조상들의 이름이 적혀있다. 중국인들은 이 '위패'에 죽은 조상이 모셔져 있다고 믿는다.

중국에는 미신을 숭배하는 '사원'들이 많다. 설날에는 '사원'마다 신년행사로 분주해진다. 스님들은 화려한 색의 장삼을 입고 나와, 향을 피우면서 의식의 절차를 마무리하게 된다. 의식을 하는 동안 스님들은 종을 치기도 하고 북을 두드리기도 한다. 염불 ― 우리가 듣

---

3 12월 31일 밤 행사

기에는 노래를 부르는 것 같은 ―을 하는 의식에서 사용하는 악기들로 보인다. 남녀노소를 막론하고 모든 사람이 '사원'에 모여 각자 가져온 향을 피우면서 죽은 조상들과 자기 자신들을 위해 기도를 한다. 진심 어린 존경심으로 간절히 기도하는 그들의 모습은 사람의 심금을 울린다. 그리고 설날에 멀리 떨어진 한적한 곳에 있는 조상의 묘를 찾는 것도 매우 특별하다. 그들은 조상의 묘소를 찾아가서 곡을 하면서 황금색의 부적을 태운다. 특별한 일로 묘소를 찾지 못하는 사람을 제외하고, '성묘'는 중국인 모두의 의무이다.

설날이 즐거움에서 슬픔의 정서로 바뀌는 것은 중국인들의 미신적인 '신전' 참배로 설명될 수 있을 것이다. 중국에서 특히 잘 알려진 '신전'은 두 곳인데, 그중 가장 이름난 신전은 산둥山東의 고지에 있는 순례지로 유명한 타이산泰山에 있으며, 그것의 아름다운 전경은 그 어떤 곳도 비교되지 않을 절경을 이루고 있다. 높은 산 아래 서쪽으로는 벌판이 드넓게 펼쳐있는데, 이 높은 고지에 바로 신전 건물들이 있다. 기원전 1,000여 년 전, 중국의 황제들은 이 신성한 산에서 제사를 지냈는데, 이곳은 특히 '천상의 할머니'에게 바쳐진 성지이다. 그리고 약 100km 남쪽으로 두 번째의 성지가 있는데, 역시 그 산꼭대기에 '천상의 할아버지'에게 제를 올리는 신전이 있다. 중국 전 지역의 수천 명이 넘는 순례자들이 이곳을 찾는데, 남성들은 걸어서, 그리고 여성들은 마차를 이용하거나 말을 타고 참배하러 온다. 참배 행렬의 모습은 유럽에서와 마찬가지로 순례자 무리가 노래를 부르기도 하고, 농담하기도 하면서 올라온다. 때로는 찢어질 듯 쾅쾅 울려대는 악기를 앞세운 행렬이 깃발을 높이 들고 마을들을 지나가기도 한다. 산 꼭대기에 올라가서 참배를 마친 순례자들은 용머리가 새겨진 지팡이를 손에 들고 내려오는데, 순례자의 상징으로서 사람들은 모두 그것을 집으로 가져간다. 참배를 다녀온 사람들은 대부분 귀갓길에 자기가 한 서약을 참회의 보행 행위로써 수행하는데, 이러한 순례에서 가장 큰 희생은 돈과 시간이다.

순례자들이 모여드는 때를 제외하고는 찾는 사람 없는 신전은 텅 비어 있어 한적하다. 그러나 참배가 시작되는 새해 무렵이 되면, 손님을 맞기 위해 신전 건물의 안팎이 깨끗하게 정돈되고, 화려하게 치장된다. "기적은 믿음의 가장 총애하는 아이Das Wunder ist des Glaubens liebstes Kind"[4]라는 한 시인의 말처럼, 이곳에도 기적에 대한 별별 소문들이 무성하다. 그것은 성인의 유해를 모시고 있는 유럽의 순례지에 무성한 기적에 대한 이야기와도 다르지 않다. 새해 아침을 기다리는 동안, 중국의 모든 가게 상품은 동나서 새해 준비를 위한 물건을 구하기가 거의 불가능할 정도이다. 물론 이런 상황은 중국에서만 벌어지는 것은 아니다. 우리 유럽에서도 청교도의 일요일이 되면, 상점의 모든 상품이 동이 나는 상황이 벌어진다.

그리고 연말의 관습에서 우리 유럽의 그것과 같은 것은 '계산처리'이다. 이때 모든 상인이나 사업가들은 '외상'을 거두어들이고, 또 본인이 빚진 것을 갚는다. 빚을 갚지 못할 경우, 적어도 채무관계를 다

---

4 독일의 속담임.

시 정리한다. 중국인의 새해 잔치에 초대받았던 적이 있었는데, 그때 나는 끝도 없이, 수도 없이 나오는 요리에 놀라지 않을 수 없었다. 설날 저녁 잔치는 맨 처음 상어지느러미 수프로 시작하여, 그다음에는 제비 둥지에 담은 요리와 완자, 그리고 '썩은 달걀' ─ 썩은 것처럼 보이는 검은색은 실제로는 물을 들인 것이지 상한 것은 아니다 ─ 등 수 없이 많은 최상품의 요리가 나온다. 중국 상류층 새해 저녁식사에는 ─ 맙소사 하느님! ─ 5, 60가지의 요리들이 식탁에 오르는데, 설탕을 많이 넣어 만든 호두과자와 설탕에 버무려 절여 나오는 과일들 외에도 우리 유럽인들이 상상조차 할 수 없이 맛있는 고급요리들이 나온다. 그렇다고 차려놓은 요리를 몽땅 먹어야 한다고 미리부터 걱정할 필요는 없다. 중국인들은 주인이 젓가락으로 떠주는 각각의 요리들을 한 점씩만 먹는다. 중국에서는 우리나라에서처럼 식탁을 담당하는 하인이나 종업원들이 요리를 접시에 담아주는 것이 아니고, 손님을 초대한 집안의 주인이나 부인이 직접 그들에게 요리를 권하는 것이 예의라고 생각한다. 주인 부부는 전혀 음식을 먹지 않는다.

중국에서도 샴페인의 가치는 잘 알려져 있다. 다만 중국에서는 요리를 다 먹고, 술도 너무 많이 마셔 그 이상 술 마시기가 거북해질 때, 바로 샴페인이 나온다. 중국에서 얼마나 엄격하게 설날 축제를 지키는지는 공공기관들 ─ 재판소만 제외하고 ─ 이 새해가 시작되는 1주일 전부터 공식적으로 문을 닫는 ─ 아예 문을 봉해버리는 ─ 것만 보아도 잘 알 수 있다. 중국인들은 정월 한 달이 지난 후에 다시 공무를 시작한다. 큰 범죄사건이나 살인 사건 혹은 정치적 문제가 발생했을 때를 제외하고, 새해 축제 동안 모든 정부기관은 휴무에 들어간다.

새해 축제 중 가장 볼거리는 동화 속 축제처럼 화려하게 펼쳐지는 등燈 축제이다. 찬란한 불꽃놀이며, 소년들이 얼굴에 가면을 쓰고 춤추는 놀이가 등 축제의 중심이다. 사람들은 축제를 보려고 아주 먼 지방에서도 찾아온다. 중국의 새해 축제행사는 다른 나라에서는 결코 경험할 수 없는 순수한 민중의 놀이이다. 독일의 그해의 마지막 날 섣달그믐 밤의 축제에서 독일 사람들은 친지들과 함께 자정 12시에 폭죽을 터뜨려 묵은해를 보내고, 동시에 샴페인을 마시며 새해를 맞이한다.

08

조선
고요한 아침의
나라

나는 어떻게 조선 황실에 오게 되었나

8
조선
고요한 아침의
나라

내가 조선 황실에서 일하게 된 것은 아주 우연한 기회였다고 말하
고 싶다. 어느 날 남편이 초청장을 내게 가져다주었고, 거기에는 나를
조선으로 초청한다는 내용이 들어 있었다. 나를 초청한 사람은 손탁
양Sontag[1]이었다. 그녀는 몇 년 전부터 조선 황실에서 황제의 신임을
받아 특별한 지위에 올랐고, 그녀의 권세 역시 대단했었다. 손탁에 대
해서는 차차 설명하기로 한다. 여하튼 그녀가 나를 조선으로 초대했
을 때, 나의 호기심을 끌었던 것은 다음 두 가지였다. 첫째, 극진한 손
님 접대로 명성이 자자했던 그녀의 집에 머물면서 그녀와 친분을 쌓
는다는 것은 반복적인 내 일상에 변화를 줄 수 있는 좋은 기회가 될 것
이라는 생각과 둘째, 당시 미지의 땅이었던 조선을 직접 보고 체험할
수 있는 다시없는 기회라는 생각이었다. 그렇게 나는 커다란 기대와

---

1 손탁이 한국에 처음 온 것은 1885년 10월 5일이다. 이후 1909년 9월까지 24년간 한국에 머물렀다.
　(김원모, 1996,「미스손탁과 손탁호텔」,『향토서울』제56호, 서울특별시 시사편찬회 참고)

희망을 안고 여행길에 올랐다.

1905년 8월, 증기선 페이호[2] — 이후 1908년 이른 봄에 서해안 탐사를 하기 위해 퓔레보른 교수Prof. Fuellebom를 조사단장으로 하고, 파젤 함장Kapitan R.Vahsel의 지휘로 남해 군도지역의 조사를 하게 된다 — 가 나를 조선으로 데려다주었다.

'고요한 아침의 나라, 조선!' 조선인이 스스로 자국을 불렀던 이 호칭. 운명의 장난이었을까? 백성들이 조용함과 평온함을 즐긴다는 뜻을 담고 있는 이 단어는 어쩌면 상징적인 의미에 불과한 듯하다. 지금 조선을 뒤덮고 있는 '평온'은 오히려 폭풍 전야의 긴장을 나타내는 '고요'라고 하는 편이 더 적절할 것이다.

조선은 지정학적으로 참으로 특이한 위치에 놓여있다. 영국의 국토 면적과 비슷한 한반도는 자국의 세력을 확장하려는 세 열강(일본, 중국, 러시아)의 최대관심 지역으로 떠오르고 있다. 세 나라는 한반도를 서로 자국의 세력권 안으로 넣으려고 안간힘을 쓰고 있다. 한마디로 이러한 국제 정세가 바로 현재 한반도의 운명이다.

조선의 특이한 지리적 여건과 관련하여, 사람들은 다음 사항을 반드시 알아야 된다. 북서쪽으로 압록강이 중국 바퉁Ba-Tung지역과 만주지역 간의 국경을 이룬다. 북동쪽으로 높은 백두산[3]과 두만강이 역시 만주와의 국경지대를 사이에 두고 흐르고 있다. 한반도는 북쪽을

---

2 저자는 'Peiho'라 적었으나 白虎의 음차인 듯하다.

3 원문에서는 '장백산'이라 하였으나, 조선에서의 명칭은 '백두산'이므로 수정하였다.

비스마르크 제후 함정 장교 일행이 주 조선 독일 공사관 정문 앞에서

향해 흐르는 두만강 24km의 물줄기를 통해 러시아와의 국경 지역이
이어진다. 동쪽으로는 동해, 서쪽으로는 서해, 남쪽으로는 조선해협
이 한반도를 휘둘러있다. 이러한 지리적인 여건이 자연스럽게 이웃
나라인 중국은 물론 일본과 러시아로 하여금 눈독을 들이게 하고 있
다. 실제로 조선은 이 세 나라의 침략을 자주 받았다. 바로 이러한 역
사가 '고요한 아침의 나라, 조선'을 끊임없이 음모와 책략으로 불안
하게 만들고 있다. 그래서 지금도 조선은 이 세 나라에 대해 공공연
한 적대감을 갖고 있다.

위에서 말한 세 강국은 한반도를 자국의 통치권 안으로 끌어들이기 위한 각축을 벌이고 있다. 조선을 사이에 두고 벌어지는 이러한 권력투쟁은 피를 흘리든 평화적으로든 끝장을 보지 않으면, 동북아시아의 평화는 결코 오지 않을 것이다. 동북아시아에서 체류하고 있는 유럽인들에게 과연 한반도가 어느 나라의 통치권으로 들어가게 될지에 대한 문제는 무심히 넘길 수 없었다. 이곳에 살고 있는 우리 유럽인들은 러시아가 조선통치권을 얻기를 간절히 바랬다. 그 이유는 러시아를 등에 업어야 유럽이 원하는 통상관계 ─ 철도 공사 허가와 광산채굴권 등 ─ 를 조선 황실로부터 얻어내기가 수월할 것이라는 기대감 때문이었다. 그러나 유럽인의 이러한 소원이 이루어질지는 누구도 예측할 수 없었다. 아직은 일본의 정치세력이 우월했고, 러일전쟁이 일어나기 전에도 조선 땅에 일본인들이 적지 않았는데, 지금은 조선에 거주하는 일본인들이 크게 늘어나 있기 때문이었다. 러일전쟁이 일어나기 전, 그러니까 러시아가 한반도를 집권하고 있을 때에도 일본인의 조선 통상무역 거래량은 모든 유럽 나라들의 거래액수를 다 합친 것보다 훨씬 컸다. 물론 여기에는 일본이 상업적으로 유리할 수밖에 없는 배경이 있었다. 유럽 강대국들이 조선의 해안지리에 밝지 못했던 것에 반해, 일본은 조선 해안까지 쉽게 함정을 끌고 올 수 있었을 뿐 아니라, 본국과 단절 없이 어느 때나 군대를 보낼 수 있다는 지리적 장점이 있었다.

조선은 실제로는 여러 측면에서 중국과 일본 간의 교량 역할을 해왔다. 그러면서도 조선은 자체의 고유성을 인접 강대국보다 훨씬 오랫동안 보존하는 방법을 잘 알고 있었고, 지금까지도 그 고유문화를 지켜오고 있다. 무엇이든 잘 찾아내고, 또 무역에 열성적이었던 백인들이 지구 한편에 있는 이 나라를 아직까지 모르고 있었다는 사실이 이상할 정도이다. 유럽의 문화 탐험자들에게 티베트 다음으로 잘 알려지지 않고, 또한 연구되지 않고 있는 나라가 바로 조선이다.

25년 전까지만 해도 이 나라는 거의 미개국이었다. 1882년 이전에 이 나라를 찾아온 외국인이 있었다면, 그는 외국인은 누구를 막론하고 사형에 처한다는 포고문이 적힌 비문을 볼 수 있었을 것이다. 외국인 입국자를 사형에 처했던 이 시절의 왕은 새로운 사상을 받아들이려다 기만당하는 위험에 처하기도 했다. 그러나 세상 물정을 전혀 알지 못하는 백성들의 완강한 반대에도 지금 조선의 조정은 외국과 협상 관계를 맺고 있다. 오랜 세월 동안 지속하여 왔던 조선의 미개한 관습이 종말을 거둘 수 있게 된 데는 미국의 공로가 컸다고 본다. 당시 슈펠트[4] 함장이 미국 정부를 대표하여 조선 황실과 우호협상 체결에 서명했다. 그 주된 내용은 모든 미국인을 비롯한 미국 상선들의 입국을 허락하고, 상업 거래를 인정해야 한다는 것이었다. 뒤이어 영국, 프랑스, 독일과 통상우호협상조약을 맺게 된 조선은 1883년 제물포, 부산, 원산항이라는 세 개의 항구를 개항해야 했다. 그리고 1887년과 1889년 미국과의 재협정을 통해 조선은 다섯 개의 항구를 추가하여 외국인 입항을 허락하게 되었다. 이로써 조선은 새로운 시대를 시작

---

4 원문에는 서필드Shefield로 되어 있으나, 슈펠트Shufeldt를 잘못 표기한 것이므로 수정하였다.

했고, 그때까지 외국인들이 가지고 있던 조선에 대한 부정적인 선입견을 한꺼번에 씻어내는 좋은 기회를 맞이하게 된 것 같다. 물론 조선의 개방적인 외교 관계가 순조롭게 받아들여진 것은 아니었다. 외국인에 대해 거의 병적인 적개심을 갖고 있었던 대원군을 중심으로 한 정치세력이 1882년 7월 23일 모반謀叛을 꾀하는 바람에 유혈사태가 빚어지기도 했다. 군사들을 앞세워 궁궐로 쳐들어간 그들은 대원군에게 왕위를 이양했고[5], 급기야 일본인을 비롯한 외국인들을 모두 내쫓았다. 그들은 심지어 우호적인 국모를 살해하려고까지 했다. 실제로 황후가 암살되었다는 소문이 돌기도 했다. 조정에서 즉시 황후의 국상을 발표하기도 했지만, 얼마 후에 황후가 안전하게 살아있다는 소식이 들려왔다. 다행히도 군사들이 우왕좌왕하는 북새통을 틈타 충성스런 신하 홍재희洪在羲가 황후를 등에 업고 궁을 빠져나갈 수 있었다. 군사들이 홍재희에게 누구를 등에 업었느냐고 묻자, 그는 누이동생이라고 대답했고, 그로써 황후는 위기를 모면할 수 있었다. 친척 집으로 피신한 황후는 사태가 수습되고, 정세가 안정되기만을 기다렸다. 때마침 톈진天津에 사신으로 파견되어 머물고 있었던 김윤식金允植과 어윤중魚允中이 청나라 이홍장李鴻章에게 구원병을 요청했고, 그는 즉시 군대 파병을 윤허했다. 그렇게 조선 땅으로 들어온 청나라 군사들은 함선과 함께 조선의 수도 한양에서 40km 떨어진 남양주에 진을 치고

---

5 대원군에게 왕위를 이양했다는 것은 저자가 잘못 이해한 듯하다. 당시 대원군에게 정권을 이양한 사실은 없다.

밤을 새웠다. 그리고 다음 날 아침, 청나라 장수가 대원군에게 문안을 드렸고, 그 다음 날 대원군이 답례하기 위해 청나라 진영으로 들어와 막 자리에 앉는 순간, 청나라 군사들이 대원군과 그의 일행들을 모두 체포했다. 그리고 그들은 삼엄한 군대 호위 하에 대원군은 그 즉시로 남양에서 배에 태워 중국으로 끌고 갔다. 다음날, 청나라 장군 오장경 吳長慶은 한양 곳곳에 방을 써 붙였다.

"대원군이 황후를 살해하려 했다는 죄목으로 청국 황제의 심문을 받기 위해 청나라로 호송되었다"는 사실을 백성들에게 알렸다. 청나라 황실은 대원군의 죄를 인정하고 대원군을 톈진 근처로 유배를 보냈고, 그 후 5년이 지나서 그는 유배에서 풀려나 귀국할 수 있었다. 대원군은 유배 생활을 통해 외부 세력을 혼자 힘으로 막을 수 없다는 사실을 깨달아, 체념하고 마음을 정리하기는 했지만, 명성왕후를 미워하는 마음은 점점 자라나고 있었다.

조선 땅에서

내가 조선으로 출발한 때는 8월이었다. 조선의 육지가 맨눈으로 보이기까지, 배는 몇 시간 동안 그림처럼 아름다운 크고 작은 섬들 사이를 지나갔다. 수많은 섬 사이를 안전하게 운행하기 위해 배는 위험을 감수해야 했지만, 아름다운 경관을 즐길 수 있는 우리 여행객들에게는 최고의 순간들이었다. 셀 수 없이 수많은 섬이 육지를 따라 서해

원각사지 십층 석탑

안과 남해안에 가득했다. 암초가 도사리고 있는 해안을 지나가는 얼마 동안 하늘이 새까맣게 뒤덮여서 우리는 주위의 경치를 전혀 볼 수 없었다. 새까만 구름으로 온통 뒤덮인 하늘을 뚫을 작은 구멍조차 찾을 재간이 없었던지 바람 한 점 없었고, 날씨는 후덥지근했다. 이따금 지나치는 푸른 들판 너머로 보이는 것은 고작 풀 뜯는 소 무리와 흰옷 입은 목동들뿐이었다. 그들을 보고서야, 우리는 외로운 산골에도 사람들이 살고 있다는 것을 알게 되었다. 증기선이 애를 쓰며 비켜 지나가야 하는 소군도小島群는 끝이 없어 보였다. 이제나 해안에 도착하려나 싶으면 아니고, 저제나 도착하려나 싶으면 또 아닌 수차례의 기대와 실망이 되풀이되면서, 우리는 정말 강한 인내심을 발휘해야 했다.

조선의 서해안지역을 잘 안다고 자신하는 사람조차 ― 대부분의 해상지도는 일본에서 제작한 것이지만 ― 이처럼 큰 배를 몰고 제물포 앞바다에까지 들어간다는 게 결코 쉽지 않았다. 중국 황해黃海의 북쪽 세 곳(발해, 요동, 조선)에서 바닷물이 합쳐져 한반도 서해안으로 몰아쳐 들어오기 때문에 썰물과 밀물의 간격 차이가 발생한다. 한강 입구에 있는 소군도小群島 지역은 물살이 어찌나 세었던지 파도가 육지로 밀려들어 오면, 모든 지역이 물에 잠길 정도였다. 바닷물이 다시 빠져나갈 때 아득한 수평선 멀리까지 뻗은 갯벌이 그 모습을 드러내는데, 바로 이때 제물포 앞바다에는 기이한 광경이 펼쳐진다. 끝도 없이 펼쳐진 갯벌 바닥은 지독한 냄새를 풍기는 해물로 뒤덮여 있고, 깎아지른 바위들 사이로 난파된 일본 어선과 조선 어선들이 돛을 진흙 속에 파묻은 채 여기저기 널브러져 있는 게 보인다. 이 어선들 가운데는 목숨을 맡기면서까지 탈 용의가 나지 않을 법한 기이한 모양의 배들도 있었는데, 마치 노아의 방주를 연상케 했다. 러시아 군함 두 척 ― 카레예즈Korjetz와 바랴크Warjak ―도 이 제물포 앞바다에서 침몰하였다. 알려진 바로는, 일본군이 이들 두 개 군함에 맹렬한 사격을 가했고, 더는 저항할 힘이 없었던 러시아 해군은 스스로 이 군함들을 폭파시킬 수밖에 없었다고 했다. 그리고 지금은 침몰된 군함들을 바다에서 건져내는 작업이 한창이라고 했다.

제물포 앞바다의 썰물 높이는 대개 8.4m이지만, 따뜻한 바람이 뭍으로 불어오는 날에는 10m 높이까지 상승한다고 한다. 우리가 탄 증기선은 제물포항에서 제법 멀리 떨어진 곳에 닻을 내렸다. 그러자 어디선가 갑자기 나타난 수많은 조선인의 작은 배가 우리 배를 에워쌌다. 그들은 고양이처럼 잽싸게 갑판 위로 올라와, 우리의 짐을 서로 가져가겠다고 아우성쳤다. 그들이 질러대는 고함이 우리의 귀에 따갑게 울렸다. 그들은 정말 '이상하게' 생겼는데, 이곳 조선에서는 흔히 볼 수 있는 남자들의 모습이었다.

제물포항의 첫인상은 유럽 어디서나 볼 수 있는 풍경이라는 사실이었다. 그 때문에 우리는 또 한 번 놀랐다. 멀리 보이는 높은 언덕의 나무들 사이사이로 유럽식 저택과 여러 건물이 줄지어 있는 게 눈에 띄었다. 그중에서도 일본산 넝쿨나무들과 정원수들로 잘 가꾸어진 정원에 있는 가장 크고 웅장한 저택이 유독 눈길을 끌었다. 널찍한 산책길은 이곳에 거주하는 이주민들이 신선하고 맑은 공기를 마시면서 산책을 즐기기에 좋아 보였다. 독일 국기를 휘날리며 우리를 반기는 저택의 소유자는 함부르크 태생의 대기업 수출업자였다. 이 저택은 주로 조선에 파견된 기업체의 사장과 직원들이 살림집으로 사용하고 있었다. 그리고 1899년 6월, 프러시아 제국의 하인리히Prinz Heinrich 태자가 동양 여행을 하면서 조선에 들렀을 때 융숭한 대접을 받으면서 머물렀던 곳이기도 했다. 이 저택 안에 있는 에드워드 마이어E. Meyer & Co. 주식회사는 조선과 왕성하게 상거래를 하고 있는 유일한 독일회사였다. 조선 황실로부터 260제곱마일 ― 영국식 척도로 계산해 ―에 달하는 광산지역을 채굴할 수 있는 허가를 따낸 이 회사는 적당한 지역을 물색하다가 강원도의 금성金城⁶지역을 선택했다. 거의 같은 시기에 러시아도 블라디보스토크에서 가장 가까운 두만강 지역에 비슷한 조건의 채굴권을 받아냈다. 바로 이 시기 조선의 조정이 외국인들에게 무역허가를 선심을 쓰던 때여서, 프랑스도 국경지대인 만주까지 이어지는 서울과 원산 간 철도준공 허가를 약속받을 수 있었다.

이런 국제 사업권을 얻어내는데 조금은 어려움을 겪었던 나라가 영국이었다. 그러나 영국 정부의 끈질긴 항의로 영국도 마침내 조선의 철도공사에 한 몫을 차지하게 된다. 조선의 국내 공사허가를 따내는데 가장 어려움을 겪어야 했던 나라는 당연히 일본이었다. 그러나 일본인의 특기라고 할 수 있는 질긴 성격으로 온갖 장애를 극복한 일본은 결국엔 부산에서 서울 간의 철도공사 권리를 조선 조정으로부터 따냈다. 일본인의 세력이 커지는 것을 우려했던 조선 황실은 제물포

---

6 지금의 강원도 김화군金化郡에 해당한다.

에서 서울로 이어지는 25마일 구간에 해당하는 철도공사를 미국회사에 맡겼다. 그러나 이 철도공사를 맡았던 미국회사가 자본 난을 겪게 되면서, 그 당시 일본 돈으로 백만 엔을 받고, 일본의 한 회사 —경제적으로나 정치적으로 막강한 세력을 지녔던— 에 공사허가권을 넘기게 되었고, 마침내 한반도의 철도공사를 모두 일본인 회사가 도맡게 되는 결과를 초래하게 된다.

조선의 전 지역을 연결하는 이 철도공사가 얼마나 중요한지를 꿰뚫고 있었던 일본인 사업가들은 제물포의 발전과 직접 연결시킬 수 있는 절호의 기회를 결코 놓치지 않았고, 후에 그것은 현실로 나타났다.

유럽에서 상하이와 톈진을 거쳐 조선으로 들어오는 유럽산 상품들은 모두 제물포항을 거쳐 들어오게 되었고, 곧바로 서울로 이송된 상품들이 서울을 비롯한 전국 각지로 팔려나가는 판로가 열리게 되었다. 서울은 500년 동안 정치적으로나 경제적으로 전국을 종횡으로 연결하는 그야말로 조선의 중심지였다. 조선의 수출입은 이 경로를 통해 이루어졌고, 그리고 몇 년 후 다른 나라의 식민국이 된 후에도, 그것은 이 무역 경로를 밟게 된다. 위에서 말한 사업 허가나 건설 청부 건 등은 이전에 조선이 독립국이었을 때는 필요가 없었다. 그러나 지금은 상황이 달라졌다. 막강한 힘을 가진 어떤 나라에 취득 허가를 내주게 되면 곧바로 다른 나라에서도 은근히 압력을 행사하여 비슷한 조건의 허가를 요구하고, 그러면 조선 조정은 강요에 못 이겨 공사 허가를 내주었다. 독일이 광산 채굴권을 따냈던 경위를 살펴보게 되면, 떼 부자가 되고자 큰 기대를 걸었던 금광 채굴 공사는 거창한 기계장

비 설치비용보다 수익이 별로 없었다는 것을 알 수 있다. 위에서 언급한 몇 가지 사례에서, 일본이 조선의 경제발전에 막대한 영향력을 미치고 있었다는 사실을 어렵지 않게 확인할 수 있다. 우선 제물포항을 예로 들어 보더라도, 일본인들이 얼마나 짧은 기간 내에 이 지저분하고 가난했던 옛 어촌漁村 제물포를 우리 유럽인들의 안목에도 손색없이 아름답고 부유한 항구로 발전시켰는지 확인할 수 있다. 그뿐만 아니라, 거주민과 현지 외국 상인들이 높은 이익을 얻고, 또한 그들의 신변 안전은 물론 관청이나 경찰의 질서가 잡히는 등 제물포가 오늘날의 중요한 국제적인 항구로 발돋움하게 된 배경에는 일본인들의 공로가 있었음을 어느 정도는 인정하지 않을 수 없다. 제물포 지역을 제외하고 별로 구경할 것이 없어서 나는 이곳에 오래 머물지 않고 곧장 서울로 떠났다. 제물포에서 서울로 가는 여정이 나의 긴 여행의 종착지이기도 했기 때문이다.

서울, 조선의 수도. 임금님이 사는 곳

제물포에서 기차를 타고 두어 시간 걸려, 나는 경기도에 속해 있는 조선의 수도 '서울'에 도착했다. 조선의 수도 이름의 어원이라든지, 서울을 어떻게 명기하고 발음할지에 대해서는 학자들이나 일부 사람들 사이에서도 의견이 분분하므로, 이에 관련해서는 차라리 그들에게 맡기려 한다.

여하튼 서울은 사방이 높은 산들로 둘러싸인 계곡 안에 자리하고 있고, 아름다우면서도 특별히 아늑한 도시이다. 이 나라에는 유독 산이 많다. "산 넘어 산"이라는 조선의 속담이 말해주듯, 실제로 산 뒤에 산이 있고, 산을 넘고 또 넘으면 궁궐로 가는 길이 나타난다. 워낙 산이 많은 나라에서 살아서인지 조선 사람들은 이방인을 만나면, 항상 "당신 고향에도 산이 많습니까?"라고 묻는다. 산으로 둘러싸인 이 도시에서는 밖으로 나가는 길이 전혀 없을 것 같다는 느낌이 든다. 서울을 남과 북으로 경계 짓는 가장 높은 산이 바로 남산과 북한산이다. 남산은 서울 시내에서 1,000척 정도 높이 솟아 있고, 남산 꼭대기에서 내려다보는 시내 전경은 황홀하리만치 아름답다.

끝없이 뻗어 있는 산을 뒤 배경으로 하고 있는 서울은 삼면이 탁 트여 있고, 한강[7] 줄기가 경계를 이루고 있는 서울의 단 한쪽만 막혀 있는 게 보이고, 산 아래로 다닥다닥 붙어 있는 집들도 내려다보인다. 외부의 침략을 막기 위해 축성된 높이 6m의 견고한 성벽이 20km 길이로 산줄기를 따라 구불구불 뻗어있는 모습이 저 멀리 보인다. 성안으로 통하는 성문이 여덟 개나 된다. 누구든 성안으로 들어가려면, 석교를 지나서야 비로소 성안으로 들어가게 되어 있다.

성문 위로는 중국식 건축양식의 성루가 있고, 성벽을 따라가면 또 다른 성루가 있는 성문으로 계속 이어지게 되어있다. 서울을 둘러싸고 있는 성벽의 축성 연대는 수백 년을 거슬러 올라간 1392년 때이

---

7 원문에는 'chan'이라고 적었는데, 내용상 한강을 가리키는 것으로 보인다.

일본군대의 조선 야전 전보 / 전신

다. 일설에 의하면, 그것은 조선의 첫 임금인 태조 때 지어졌다고 했다. 세월이 가면서 허물어져 버린 성벽은 지금까지 한 번도 보수를 생각해 본 적이 없었다고 해도 과언이 아닐 만큼 폐허 상태에 놓여 있었다. 그러니까 지금으로부터 약 반세기 전인 1866년, 프랑스군의 침략이 있기 직전까지 성벽은 그야말로 폭삭 내려앉기 직전의 상태였다. 그리고 이때 서울의 성벽은 완전히 새롭게 보수되었는데, 거의 신축공사라고 할 만한 복구공사였다고 한다.

남산 위에서 시가지를 내려다보면, 마치 집으로 지어진 바다처럼 산발치 아래의 깊은 골짜기에 끝도 없이 이어져 있는 지붕들이 보인다. 이러한 집들은 산의 사이사이를 빼곡하게 메우고 있다. 초가들은 사실상 집이라기보다는 볏짚과 나무로 엮어 만든 움막이다. 게다가 색깔도 너무나 단조로운 집들이어서 멀리서 보면 눈에 띄지 않을 정도이다. 외국인들이 살고 있는 몇몇 저택들과 공공기관들, 그리고 궁궐을 제외하면, 서울에는 대형 건축물이라고 소개할 만한 게 없다. 그래서 외교사절단의 저택들은 어디서든 그 웅장한 모습을 한껏 뽐내고 있는 것처럼 보인다. 궁궐의 담 근처에는 서구식 건물들이 있었는데, 그것들 가운데에는 당시 조선 황실에서 막강한 세력을 휘두르고 있었던 나이 일흔 살[8]에 가까운 알자스 태생인 손탁 양의 저택도 포함되어 있다.

조선식 건물 중에서 특이한 건축물로 꼽을 수 있는 것은 조선의 지체 높은 대신들, 말하자면 황제를 모시고 있는 관리들의 저택들이다.

---

8 손탁 양의 나이는 1905년에 67세였다.

저택들의 건축양식은 중국의 것과 비슷하며, 지붕은 높지 않지만 뜰이 무척 넓은 게 특징이었다. 그런데 참으로 특이한 사실은 십오만 명이나 사는 서울 안에 절이나 교회 등과 같은 종교건축물이 전혀 눈에 띄지 않는다는 것이었다. 동양의 다른 나라에서는 수많은 사찰이 외국 여행자들의 특별한 관심을 끌고 있는 데에 비하면, 우리는 의아해하지 않을 수 없었다. 옹기종기 모여 있는 집들 사이로 서울에서는 유일하게 절의 지붕이 우뚝 솟아 있는 게 보인다.[9] 이 절은 궁궐 내에 깊이 들어있었고, 황실의 여인들을 제외한 백성들 누구에게도 출입이 허락되지 않았다. 그러나 절 건물은 중국의 베이징에 있는 천단天壇을 축소 모방한 것이어서 조선 자체의 순수한 건축양식이라고는 볼 수 없었다.

서울은 세계에서 특이한 도시이다. 고대와 현대, 그리고 구문화와 신문화가 서로 분리되어 있음에도 불구하고, 둘의 상호관계가 잘 유지되고 있는 독특한 특성을 지니고 있다. 다시 말하자면, 서양 어디서나 흔히 볼 수 있는 현대와 과거의 필수적인 생활시설들이 고도古都인 서울 안에 서로 뒤엉켜 있음에도 불구하고 서로 조화를 이루고 있었다.

한 예로, 잿빛의 펑퍼짐한 초가의 지붕 위에 현대식 생활 시설인 전기선이 휘감겨있는 것을 보았을 때, 나는 너무 놀라 내 눈을 의심하지 않을 수 없었다. 서양문화와 교류한 기간이 아주 짧았음에도 불구하고, 조선인들은 전기의 필요성을 재빨리 인식했고, 실제로도 동양

---

9 이 설명은 이어지는 내용에서 중국의 천단天壇을 축소 모방하였다고 한 점에서 볼 때, 고종이 1897년에 대한제국의 수립을 선포한 원구단을 묘사한 것으로 보인다.

의 어느 대도시 사람들보다 훨씬 먼저 전력개발에 앞장섰다. 동양의 다른 대도시들 ― 상하이, 도쿄, 베이징 ― 도 서울만큼 전보니, 전화니, 전기 가로등이니, 전차 등과 같은 전기 시설을 갖추고 있지는 않았다. 나는 한낮에는 전차를 타고, 길고 좁은 지저분한 거리를 이리저리 돌아다니며 구경을 하고, 어둠이 짙어지면 좁은 거리와 골목마다 둥그런 가로등이 하나하나 켜지면서 몇 백 년의 역사를 가진 건물들이 불빛 속에 그 모습을 드러내는 것을 바라보았다.

서울 시민들이 전기의 편리성을 얼마나 빨리 터득했는지는 빈자리가 없을 정도로 항상 만원인 전차가 증명해준다. 서양 여행자들은 매번 손님이 꽉 찬 전차를 피해, 조선인들이 끌고 다니는 인력거를 즐겨 사용했는데, 흔들거리며 거리를 누비는 인력거를 타는 것은 고문을 받는 것과 다르지 않았다.

서울에는 본래 대로大路가 두 개뿐이었다. 그 하나는 북쪽에서 서쪽으로 이어지고, 다른 하나는 동쪽과 서쪽을 연결하고 있는데, 두 개의 거리가 갈라지는 지점에는 큰 광장이 있었고, 이곳 높은 건물에는 종각이 있었다. 그리고 이 종각 안에는 너비 2m, 높이 3m의 놋쇠로 만든 거대한 종이 매달려 있는데, 서양에서는 이만큼 큰 종을 보기 어렵다. 이 종은 서울의 성안에 사는 백성들에게 시간을 알려주기도 하고, 중요한 사건들 ― 풍문까지도 ― 이 발생할 때마다 종을 울려 백성들에게 알려주는 역할도 한다. 커다란 나무토막으로 두들겨 울리는 종소리는 우리 서양의 종소리와는 완전히 다르다.

종각이 있는 광장 앞에서 사람들이 북적대는 시끌벅적한 모습은 다른 동북아시아를 비롯한 인구 밀도가 높은 동양의 대도시에서 흔히 볼 수 있는 번잡한 장거리에 온 것 같은 인상을 준다. 사실상 이곳은 서울의 중심적인 장소이면서, 조선의 상업 중심지이다. 따라서 크고 작은 상점들에 갖가지 천과 상품, 그리고 식료품이 가득히 쌓여 있는 이 거리는 서울의 ― 아니 조선의 ― 상업 중심지라고 부르는 게 마땅하고 하겠다.

그뿐이 아니라, 서울시민들은 모두 이곳에 모여 정치를 토론하기도 하고, 국가에 경사스런 일이 있을 때는 이곳에서 축하행사를 벌이기도 한다. 그날그날의 새로운 소식은 모두 이곳에서 시작해 전국으로 재빠르게 퍼지기도 하고, 또한 온갖 스캔들도 바로 이곳에서 발생한다. '스캔들'은 세계 어느 곳에서나 마찬가지로 사실처럼 널리 퍼지고, 이러한 '스캔들'은 토론을 거치거나 해석이 덧붙여지거나 부풀려져 삽시간에 전국으로 퍼져 나가기 마련이었다. 정치적 내용을 담고 있는 중요한 사실들이나 그날의 소식들이 서울에서 지방으로 퍼져 나가고, 세상 어디서나 마찬가지로 사람들의 호기심을 불러일으키는 보잘것없는 내용의 풍문이나 뒷소문 ― 특히 황실에서 일어나는 일들이라든지, 누군가 죽었다든지, 결혼한다든지 등등 ― 들이 바로 이곳 종각이 있는 광장에서부터 시작하여 전국으로 퍼져 나간다.

그리고 이 종각에서 멀지 않은 곳에 궁궐이 있고, 또 궁궐 인근에는 세계 어디에서처럼 아름답고 멋진 고관들의 저택과 공관이 있다. 조선에서 두 개의 궁은 웅장한 건축양식을 갖추고 있는데, 최근 건립된 행궁과 그 북동쪽에 있는 고궁(창덕궁)이 그것들이다. 높고 견고한 담장으로 둘러싸여 있는 이 궁은 조선의 유구한 역사와 수많은 애화를 간직하고 있다.

신궁新宮인 경복궁景福宮은 '여름궁/피서궁'으로 현 왕조의 건국 초인 15세기에 건축되었다. 그러나 이 궁궐은 수차례 파손되었고, 그때마다 보수공사가 이루어졌으며, 현재의 건물이 완전히 소실되었던 것을 200년 넘게 방치해 두었다가 재건되었다. 경복궁 내부는 매우 넓다. 궁 전체가 1.5㎢이고, 긴 담장으로 둘러싸여 있다. 담장 안쪽으로는 깊고 넓은 수로水路가 나 있어서 궁 자체가 일반 세계로부터 완전히 고립된 시市 안의 독립된 시市이다. 그렇지만 왕궁 안에는 생활에 필요한 온갖 것들이 갖추어져 있다. 생활필수품을 저장하는 창고, 정원과 연못, 정사를 보는 편전, 왕족과 궁에서 일하는 궁인들의 처소 등도 있다.

서울에는 네 개의 문이 있고, 현재는 성안으로 들어가는 데 대문 두 개만 사용하고 있다. 그 두 대문 중에 사람들이 자주 드나드는 숭례문은 입구가 세 개인데, 들어가는 사람의 직위와 신분에 따라서 성안으로 들어가는 입구가 다르다. 세련된 건축양식의 숭례문은 그 모습이 웅장하다. 특이한 문양과 뛰어난 솜씨로 잘 다듬어진 작은 화강암 초석 위에 청색과 홍색의 목조기둥으로 장식된 화려한 건물이 중심을 이루고 있다. 안개에 휩싸인 성벽과 수로로 연결된 수많은 작은 석교를 지나, 성안으로 들어서면 우리 서양 사람으로서는 형용하기 힘든 기이한 동물상들이 문의 지붕 위에서 아래를 내려다보고 있다. 그리고 대문 양편으로 사자(화강암 瑞獸) 두 마리가 높은 석단石段 위에서 보초를 서고 있다.

왕위를 물러나야 했던 황제가 거처하는 궁인 '소궁'의 중명전重明殿은 황실 도서관과 연결되어 있다.[10] 도서관 안에는 유교의 창시자인 공자와 관련된 서적들이 보관되어 있을 뿐, 실제로 우리가 기대했던 서책들은 전혀 없다. '도서관'이라는 명칭은 뭐든지 나쁘게 꼬집기를 좋아하는 어느 외교관이 지은 이름이 아닌가 싶다. 여하튼 궁궐 내부는 서양식으로 멋지게 꾸며져 있고, 공식적인 외교사절단의 알현실과 국빈을 대접하는 영접실로도 사용된다. 이 궁 안에서는 독특한 개성으로 꾸며진 것이라곤 찾아볼 수 없다.

'소궁' 중명전은 이미 언급했듯이 — 장서각을 제외하고 — 외부나 내부 장식 모두 완전하게 조선식으로 지은 건물로서, 궁궐 안에는 황제를 비롯하여 셀 수 없이 많은 귀빈, 궁녀, 내시와 나인, 그리고 황제의 먼 인척들 합쳐 모두 50여 명이 살고 있다. 내시들의 모습은 크게 세 유형으로 분류되는데, 첫 번째 유형은 포동포동하게 살이 찌고 아랫배가 볼록 나온 유형으로 궁궐 내의 모든 도덕적 질서를 유지시키는, 그야말로 '체격에 아주 적격인' 임무를 맡고 있다. 두 번째 유형은 키가 크고 마른 편의 가냘픈 체격에 눈에서는 불꽃이 튀는 듯, 누르스름하고 주름진 얼굴을 하고 있다. 세 번째 유형은 또 다른 활기차고 박력이 있어서, 어딘지 내시로는 적합해 보이지 않는 유형이다. 이들 내시의 공통점은 모두 하는 일이 없다는 것이다. 할 일이 없이 자기들

---

10 중명전重明殿의 원래 이름은 주로 황실도서관으로 사용된 수옥헌漱玉軒이었다. 1904년 원인모를 화재로 수옥헌이 전소되면서 이곳에 새로 서양식 건물을 지으면서 중명전이라 하였다.

끼리 시간을 보내는 게 내시들의 소일이고, 퇴임한 황제의 주위에서 빙빙 돌아다니는 게 업무의 전부인, 그야말로 게으름뱅이들이다.

조선의 과거 역사와 밀접한 관계가 있을 뿐 아니라, 건축 양식이 비할 데 없이 아름다운 궁은 숭례문 근처에 있는 남별궁南別宮이다. 남별궁은 첫눈에 반하는 건물양식은 아니었지만, 동양의 어느 왕궁에서 본 적이 있는 성벽만큼이나 높은 담장으로 뒷면이 막혀있는 이 궁은 또한 동양의 어느 왕궁에서도 보았음 직하였다. 이 궁은 조선 황실이 중국의 사신을 접견한 장소이기도 하다. 조선의 왕들은 중국 황제의 권위를 인정한다는 표식으로 이곳에까지 나와서 중국 사신들을 영접했는데, 이는 조선이 중국의 속국이라는 것을 공공연하게 널리 알리는 표시이기도 했다.

남별궁과 깊은 관련이 있는 문이 서울 서쪽 북경으로 가는 길목에 있는 영은문迎恩門이다. 조선 왕은 신하들을 거느리고 이 문 앞까지 친히 나와서 중국 사신을 영접하거나 환송하는 의식을 거행했다. 지금의 조선 황제가 자주독립국임을 선언하면서, 이 화려한 건물은 돌 한 개도 남김없이 파괴되었고, 1896년 이 영은문 자리에 대신하여 개선문 형식의 독립문이 세워졌다.

또 하나의 궁은 고종황제가 거처하는 '소궁' 바로 곁에 세워져 있는 것으로, 이 건물에 대한 나의 첫인상은, 건축양식이 마치 서구세력에 융합하려는 느낌이 든다는 것이었다. 이 궁, 즉 석조전石造殿 건물은 고종황제의 곁에서 자문諮問 역할을 하고, 당시의 세력가이기도 했던 손탁 양의 권유로 건축된 것으로서 서구식의 건축양식으로 지어져 있다. 내부시설 또한 파리의 최신 유행을 옮겨다 놓은 듯 사람들은 그 우아하고 아름다움에 놀라움을 금치 못한다. 황제의 거처이자 접견실이기도 한 이 궁의 내부는 황금색 비단 휘장에서부터 바닥에 깔린 황금빛 양탄자, 잘 조화된 황금색 가구, 황금색 예술품 등등 황제를 상징하는 황금색으로 온통 치장되어 있고, 모든 실내 비품에는 황제의 문양인 "오얏"[11] 꽃이 새겨져 있다. 이 궁전과 견주어도 전혀 손색이 없는 두 번째 궁궐은 현 황제(순종: 역자)의 궁으로서, 현 황제와 황태자의 색상인 붉은색으로 치장되어 있다. 우아하고 품격 있게 지어진 이 궁궐은 애당초 전 황제의 거처로 지은 건물이었기 때문에 건축비용을 아주 많이 들였다. 그렇지만 황제는 1년에 겨우 두어 번 공식적으로 성대한 귀빈 접객행사가 있을 때나 이곳에 머물 뿐이었다. 그 외에도 이 궁은 외국 국빈을 특별히 접대하는 영빈관으로 사용하면서 특별한 연회를 여는데, 즉 외국인에게 감사장 수여식이라든지 특별한 예우를 하기 위한 연회장으로 사용했다. 그런데 이처럼 우아하고 아름다운 궁궐에는 웃지 못 할 일이 한 가지 있다. 그것은 바로 옆 건물의 앞쪽 정원의 한가운데에 물을 뿜어 내지 못 하는 쓸모없는 분수가 서 있다는 것이었다. 이 분수는 일본사람들이 새로운 발명품이라면 뭐든지 사들이기를 좋아하는 황제를 꼬드겨, 동경 박람회에 전시되었던 것을 예술품이라 속이고 비싼 가격으로 받고 팔아먹은 것이었다. 그것을 이 궁의 정원으로 옮겨오는 데도 상당한 비용이 들었다고 한다. 분수

---

11 저자는 '장미'로 표현하였으나, 이는 잘못으로 대한제국 황실의 꽃문양은 '오얏'이므로 정정하였다.

가 작동되지 않은 게 천만다행이라는 생각이 든다. 만약 분수에서 물이 뿜어 나왔다면, 궁의 건물들과 주위가 온통 물속에 잠겨 버렸을 것이기 때문이다. 이 웃지 못 할 사건은 누구 말이고 믿기 잘하는 조선황제의 성격과 모방 잘하기로 유명하고 장삿속이 밝은 일본인들의 성격을 잘 보여주는 한 예라고 할 수 있을 것이다.

조선에 머무르고 있을 당시, 아직 건축 중이었던 가장 크고 화려한 궁궐[12]에 대해 몇 마디 하려고 한다. 궁궐의 건축공사는 당시 조선에서 총세무사總稅務士로 활동하고 있던 영국인 맥레비 브라운Mac Levy Brown(한국명: 卓安)이 10여 년간 단계적으로 공사를 주관했다. 그는 건축 공사 도중에 경비가 바닥나면, 부족한 경비를 마련하기 위해 온갖 수단과 방법을 가리지 않았다. 사치와 호사스런 생활을 즐겼던 영국인 맥레비 브라운은 조선 정부에서 거둬들인 세금으로 공사 건축 비용을 지출할 때도 역시 그 씀씀이가 헤펐을 게 뻔했다. 그래서 국고가 텅 비면 공사도 일단 중단되고, 그러면 또 맥레비 브라운은 또 다시 수단과 방법을 가리지 않고 다시 세금을 거둬들이게 했다. 이런 상항이 수차례 반복될 때마다 맥레비 브라운의 주머니는 어떤 식으로든 더욱 더 불룩해졌으리라는 것을 누구든 상상하고도 남았다.

영특한 세관장인 맥레비 브라운은 국고를 탕진하기도 잘했지만, 또 다른 한편으로는 '빈 독을 다시 채우기'를 아주 잘하는 재주꾼으

---

12 덕수궁 석조전은 고종 4년(1900년) 맥레비 브라운의 발의로 영국인 하딩 건축가가 설계했고 내부 장식 역시 영국인이 맡았다. 석조전의 조성 경위에 대해서는 김은주, 2014, 『석조전』, 민속원 참고할 것.

로 조선과 조선인들에게 그럼에도 불구하고 크게 공헌했던 사람이라고도 할 수 있다. 맥레비 브라운의 가장 큰 공로라면 서울의 시민공원이라고 생각한다. 공원 내부에는 서양의 어느 대도시에 내놓아도 손색이 없을 만한 아름답고 웅장한 탑이 세워져 있다. 이 탑은 예전에 일본의 천황이 조선 황제에게 선물로 보낸 탑이었다. 이 탑과 관련하여서도 웃지 못 할 사건이 있다. 우리 문명국인 서양에서는 왕족이든 일반인이든 받은 선물을 되돌려 달라고 하는 예는 없다. 아마도 동양 예법도 다르지 않았을 텐데, 일본 천황은 조선의 정부를 장악한 후 이 탑을 도로 찾아갔다는 사실이다.[13]

나는 어떻게 조선 황실에 오게 되었는가.

내가 조선 황실에서 중요한 직책을 맡게 된 것은 정말 '우연'이었다고 말할 수밖에 없다. 조선의 황제는 자신의 측근이었던 손탁 양에게 장기간의 휴가를 주지 않으면 안 되는 상황에 처하게 되었다. 그래서 한편으로는 어쩔 수 없이 그녀의 유럽여행을 윤허하면서도, 또 다른 한편으로는 그녀의 업무를 대신할 적임자를 골라놓고 떠나주기를 바랬다. 물론 손탁 양만한 인물을 찾기도 불가능했고, 대리수행을 할

---

13 크뢰벨이 전하고 있는 공원과 탑은 '탑골공원'과 '원각사지십층석탑'을 가리킨다. 그러나 본문에서 원각사지십층석탑이 일본에서 선물한 것이라든가 조선을 식민지화 후 이 탑을 일본으로 가져갔다는 내용은 전혀 사실과 다르다.

원각사지 대원각사비

수 있는 서양 여성을 찾는 것도 쉽지 않았기 때문에 고민이 아닐 수 없었다. 그러나 공식적인 휴가 이유는 집안의 유산을 정리해야 하는 긴급한 일을 본인이 직접 해결하지 않으면 안 되는 불가피한 사정이 아니었더라면, 황제가 결코 손탁양의 여행을 허락하지 않았을 것이다. 손탁 양의 유럽 휴가여행은 사적인 명목을 내세웠지만, 실제로는 황제의 간절한 뜻이 그 이면에 숨어 있었다. 그렇지 않았더라면 황제는 절대 그녀의 여행을 윤허하지 않았을 만큼, 궁정에서의 그녀의 역할은 매우 중요했다. '새싹이 땅을 뚫고 나오는 소리도 들린다.[14]'는 속담이 있듯이, 일설一說에 의하면 적어도 일 여년 정도로 예정된 손탁 양의 유럽행은 실제로는 정치적 성격을 띤 일종의 '외교사절' 역할이었다고들 한다. 물론 이러한 풍문은 그때 막 러일전쟁이 끝난 후였기 때문에 여기저기서 생긴 추측에서 나온 낭설일 가능성이 더 높다. 손탁 양의 갑작스러운 유럽여행이 사적인 이유라는데 더 큰 비중을 신더라도, 그중 일부는 외교 밀사의 사명을 띠고 있었던 것은 분명하다. 이를 뒷받침할 만한 사건으로 당시까지 황제의 극진한 총애로 조선에서 세력을 장악하고 있던 이용익李容翊이 황제의 노여움을 사서 궁에서 갑자기 사라진 일을 들 수 있다. 이 사건은 황당하기 짝이 없었다. 국가의 재정을 총괄하던 이용익은 고종황제의 가장 많은 사랑을 받았을 뿐 아니라, 어떤 뇌물에도 꿈쩍하지 않는 곧은 성격을 지닌 충신이었다. 황제가 항상 옆에 두고 정사를 의논했던 이용익이 갑자기 궁에

---

14 독일의 한 속담, 어떤 소문이든 탄로가 난다는 뜻임

서 사라져 행방이 묘연해졌다는 사실은 이해하기 어려운 일이었다. 이용익의 벼슬은 한둘이 아니었다. 그는 대장원경大臟院卿, 탁지부대신, 군부대 황제군의 친위대장이었고, 지금까지 조선 조정을 조종하고 있는 친러파의 중심인물이었다. 그가 조선의 위급함을 전 세계에 호소하고 도움을 청하기 위해 황제의 정치외교임무를 맡은 특사로 이미 유럽에 가 있을 것이라는 추측이 난무한 것도, 사실상 이용익이 아니고는 황제의 중대한 일을 성사시킬만한 외교적 능력을 갖춘 사람이 없었기 때문이다. 이용익은 수완이 있는 정치가였고, 특히 돈을 아껴 쓸 줄 아는 검소한 성격을 가지고 있었다. 그는 '인력거'를 끌어 생활해야 하는 천민계층의 집안 출신으로 배운 것 없이 자랐다. 그러나 그는 강한 명예욕을 지니고 있었고, 고위직에 오르기까지 온갖 수난을 마다치 않았던 강인한 집념으로 지금의 이 막강한 자리에 올라올 수 있었던 것 같다. 사람들을 무섭게 다루었기 때문에 그는 '호랑이'라는 별명까지 얻었다. 그래서 이용익이 사라진 데 대한 또 다른 추측도 있다. 조선 황실의 대신들과 세력이 막강한 궁궐 내의 비빈들이 꾸민 계책과 모략으로 이용익이 희생을 당했을 수도 있다는 것이었다. 그 한 예로, 이용익을 제거하려던 무리가 이용익이 황제의 '애첩'인 엄비를 모욕했다고 모함한 것을 들 수 있다. 반대파 세력들이 이용익을 참수해야 된다고 상소를 올렸다. 그러나 황제든 반대파 세력들이든 그를 참형시키지는 못했다. 러시아 공사 베버Weber[15]가 황제를 설

---

15 독일명 베버, 러시아 명 웨베르, 베베르 등 명칭이 있다.

덕수궁 돈덕전

득시켜 이용익을 이미 러시아 함정으로 피신시켜 아서 항구Port Arthur
로 떠나보냈기 때문이었다. 황제는 베버 공사를 믿었고, 그 후 이용익
의 입궁을 다시 허락했다. 이 사건은 이용익에게는 전화위복의 기회
가 되었다. 때마침 국고가 텅 비어 있었고, 황제의 화려한 생활을 유
지할 수 있도록 빈 국고를 채우는 일이 시급했다. 이런 위기를 극복할
수 있는 적임자로 탁지부대신 이용익만한 사람이 없었다. 게다가 조
정이 위기에 처했을 때 사용할 수 있는 금고 열쇠를 보관하고 있는 사

람도 이용익 단 한 사람뿐이었다. 이용익의 거처가 황제에게 알려지면서 '아끼는' 이용익을 다시 불러오라고 명이 내려졌다.

이용익은 그렇게 다시 한 번 입궁했다. 그러나 그것은 아주 잠시였다. 그는 갑자기 다시 입궁했던 것처럼 ― 빈 국고를 채우지도 않고 ― 또 다시 갑작스레 사라져 버렸다. 황제와 궁궐 내부행사 주관자인 손탁 양의 총애를 받던 이용익이 궁내의 모함에 희생당했을 수도 있다는 추측이 어쩌면 맞을지도 모른다.

모든 사람이 그 이유를 알고 있음에도 발설하지 못하는 사정이 있는 듯하다. 그렇다고 이런 이유가 손탁 양의 유럽여행을 포기시킬 상황도 아니었던 것 같다. 손탁 양은 여행일정을 한동안 뒤로 미루었고, 최종적인 결정까지는 꽤 오랜 시간이 걸렸다. 여러 문제 중에서 가장 긴급한 일은 그녀의 임무를 대신할 수 있는 능력은 물론 믿을 만한 여성 후임자를 찾는 것이었다. 이런 과제를 수행할 수 있는 적절한 여성을 찾는 것은 실제로도 쉬운 일이 아니었다. 해당 여성은 우선 성격이 온화해야 하고, 서양의 예법과 전통문화는 물론 서양의 고급 식생활 문화에도 정통해야 한다는 까다로운 조건이 충족되어야 했기 때문이다. 이런 까다로운 조건에도 불구하고, 내가 손탁 양의 대리자로 선정된 것은 그야말로 우연이 가져다준 '행운'이라고 생각한다. 과연 이처럼 중요하고도 어려운 과제를 1년 동안 무사히 수행할 자신이 있을지를 나는 충분히 숙고해 보아야 했다. 나는 손탁 양에게 얼마간의 말미를 청했고, 그녀는 나의 청을 흔쾌히 받아들였다.

과연 내가 이 막중한 과제를 손색없이 수행할 수 있는 적격자일지,

나는 오랜 시간 생각했다. 그러나 한편으로는 이 중요하고도 힘든 임무에 도전해보고 싶다는 충동이 일었고, 또 다른 한편으로는 서양인들의 호기심을 불러일으키는 미지의 나라 조선에서의 사회생활을 직접 체험하고 싶은 욕망이 꿈틀댔다. 낭만과 상상 사이에서 이리저리 심사숙고하다가, 나는 두려운 마음을 버리기로 했다. 세계에서 가장 잘 알려지지 않은 나라, 지구에서 가장 비밀스러운 조선에 대한 호기심이 나를 압도했기 때문이다.

내게 그리 크게 작용하지 않았지만, 보수에 관한 문제도 만족스럽게 풀렸다. 나는 칭다오青島에서 중대한 임무를 수행 중인 남편과 긍정적으로 상의를 나눈 후, 마침내 이 임무를 맡기로 했다. 남편은 이전부터 손탁 양과 우호적인 관계를 갖고 있기도 했다. 이제 남은 과제는 조선 황제에게 나를 선보이는 것이었다. 물론 이 일도 손탁 양이 주선하여 알현 일자를 잡아 주었다. 내가 황제에게 알현했을 때 일을 여기에 소개한다.

나를 '선보이기 위해' 우리는 중명전으로 갔다. 중명전의 내부, 그중 가장 큰 방이 — 이미 전에 소개했지만 — 접견실인데, 이 방은 황제의 알현실로만 사용했다. 접견실로 가기 전에 우리는 먼저 큰 대문을 통과해야 했다. 웅장하고 화려한 대문 지붕 위에는 '대안문大安門[16]', '큰 안식처로 들어가는 입구', 즉 큰 안식을 갖는 문이라는 것을 뜻하는 현판이 걸려 있었다. 그러나 현재의 불안정한 정세는 그 뜻

---

16 현재 덕수궁의 정문 대한문

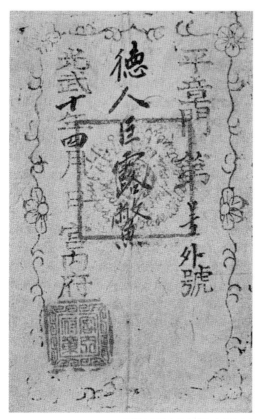

조선 황궁에 들어가기 위한 입궐증명서

과는 정반대였으니 이 얼마나 모순이던가. 바로 이 자리에서 불안정한 사태가 발생했고, 그래서 불안한 기운이 도사리고 있는 곳이기도 했다. 궁전으로 올라가는 넓은 테라스 형식으로 된 계단 위에는 ― 알현식이 있는 날에는 특히 ― 검은색 천으로 얼굴을 가린 사람들이 많이 있었다. 그들은 알현하러 온 손님이나 궁궐에 어떤 볼일이 있어 찾아온 사람들의 가마꾼이거나 따라온 심복들이었다. 그중 심복들은 폭이 넓은 검은색 웃옷을 입고 있었고, 머리에는 한쪽에 붉은색 천이 늘어뜨려져 있었고, 넓은 챙이 달린 검은색 펠트 모자를 쓰고 있었다. 그들은 무리를 지어 서 있었는데, 그들 중에는 폭이 넓은 긴 칼 ― 우리에게 너무 낯선 ― 을 차고 있는 게 보였다. 그들의 칼은 마치 우리 중세 서양의 농부 출신의 군사들이 들고 다녔던 각양각색의 긴 창과 비슷했다.

계단 바로 아래에는 작은 사각형 목조 가마가 몇 채 놓여 있었는데, 이 가마들은 조선의 고관들이 외출할 때 사용하는 것으로, 딱 한 사람만 탈 수 있는 크기였다. 그것은 지위에 따라 대체로 여섯 명이나 여덟 명이 메게 되어 있었다. 그 외에 볼거리는 말뚝에 묶여 있는 아주 작은 말이었다. 말 등에는 온갖 장식들이 반짝거리는 안장이 놓여 있었는데, 궁에서 일하는 장교들은 이 '조랑말'을 타고 입궁한다고 했다. 궁궐 안의 이러한 정경은 외국인들에게 마치 궁궐 안에서 중요한 일이 일어나고 있다는 느낌이 들게 하기도 하고, 마치 깊은 잠에 빠져 적막하기만 하던 궁궐 분위기가 전쟁이 일어나 출동할 때처럼 갑자기 소란스러워지고, 활기차게 변하는 느낌이 들게 했다.

도서관과 접견실 사이를 연결하고 있는 넓은 방에서 우리는 황제가 납시기를 기다렸다. 다른 ― 훨씬 더 크고, 손님들의 식사를 대접하는 ― 방에는 고관들과 황제를 알현하려는 사람들이 점점 늘어나고 있었다. 황제를 기다리는 동안은 서로가 서로를 관찰하는데 적격인 기회였다.

조선의 궁궐에서 누가 어떤 중책을 맡고 있는지는 그 사람의 머리에 쓴 모자의 양쪽 날개로써 알아볼 수 있다고 한다. 특별한 인상을 주는 사람은 별로 눈에 띄지 않았다. 다만 기다리는 사람 중에 단 한 사람, 군복을 입고 있는 한 장군이 눈길을 끌었다. 누군가 그의 이름은 민영환閔泳煥이고 황제의 친척이며 시해된 명성황후의 조카라고 내게 소개해 주었다. 우리 두 사람은 금방 영어로 대화를 나누었다. 궁궐 안에서 영어를 잘하는 사람이 이 장군만은 아니었다. 황제의 측근 중에는 영어 외에도 프랑스어에 능통한 사람들이 제법 많다. 그중에는 거의 완벽한 발음으로 독일어를 구사하는 사람들도 더러 있었다.

갑자기 접견실 문이 열리더니 아주 인상이 좋고, 영특해 보이는 반짝이는 눈빛을 가진 생기발랄한 한 젊은 관료 고씨高氏[17]가 들어 왔다. 그는 빠른 걸음으로 우리에게 먼저 다가와서 손탁 양에게 먼저, 그리고는 나에게 정중하게 인사를 했다. 손탁 양이 이 자에게 나를 소개했고, 그는 나에게 친절하게 몇 마디 말을 건넨 뒤 황제께서 나를 만나려고 기다리신다고 말했다. 그리고 황제께서 공식적인 알현이 끝나면, 나를 정중하게 따로 만나게 될 거라고도 했다. 그는 허리를 굽혀 인사하고는 방을 나갔다.

나는 접견실 문 쪽을 응시한 채 황제가 우리를 부르길 기다렸다. 그 사이 손탁 양은 앞으로 일 년 동안 내가 이 궁궐 안에서 수행해야 할 여러 과제를 자세히 설명해주었다. 나의 가장 중요한 업무는 궁 안의 예전, 말하자면 손님 접대하는 것을 지도하는 일과 내 밑에서 일하는 사

---

17 여기의 고씨는 1904~1905년에 궁내부 예식원 외무과장으로 근무했던 고희경高羲敬을 가리키는 듯하다.

람들을 ─ 이미 손탁 양이 잘 지도해서 흠잡을 데가 없는 ─ 감시하고 단속하는 일이었다. 손탁 양이 내게 수행할 과제에 대해 설명하고 있는 동안, 나는 궁녀들이 접견실에서 기다리고 있는 손님들에게 다과와 차를 대접하는 것이며, 담배나 권련을 권하는 태도를 살폈다. 그것은 내가 장차 수행하게 될 임무를 실제로 경험하는 첫 기회이기도 했다. 내시들도 몇 명 나타났는데, 그들은 우리 서양의 카니발 때나 사용하는 장식 모자처럼 생긴 흰색 모자를 쓰고 있었다. 어디서든 먹을 게 있는 잔치가 있을 때는 군것질을 좋아하는 내시들이 재빨리 몰려든다고 했다. 궁에서 일하는 하위직 사람들은 손님 접대하는 방의 바로 옆방에 별도로 다과를 준비하는데, 그럴 때면 궁중 예법이 엄격한데도 내시들을 포함해 보초 서는 궁인들까지 음식을 먹어치우는 바람에 황실의 경비 부담이 이루 말로 표현할 수 없을 정도라고 했다.

내실로 통하는 방문이 다시 열리더니, 열 살쯤 되어 보이는 '아기씨'가 활기찬 모습으로 주위를 떠들썩하게 하며 방으로 들어왔다. 그는 황제의 총애를 받고 있는 레이디 '엄비'의 아들이었다. 엄비는 우리가 상식적으로 생각하는 영국식의 '레이디'는 아니었다. 그녀가 레이디라고 해서 영국 출생이 아니며, 그녀는 조선에서 태어난 순수한 조선 여성이었다. 그녀에 대한 흥미진진한 이야기는 다음 장에서 소개하기로 한다.

왕자는 아주 귀엽고, 생기가 넘쳐 보였다. 상상해보라! 이건 정말 과장된 말이 아니다. 유모 세 명이 이 어린 왕자를 모시고 들어왔는데, 그중 한 여성을 제외하고 모두 유모 직책을 수행할 수 있는 나이라고는 볼 수 없을 만큼 늙은 여성들이었다. 알현을 기다리고 있던 고관들이 순식간에 자리에서 일어나 왕자에게 허리를 굽혀 인사했다. 왕자는 우선 전부터 친근한 사이였는지 손탁 양에게 맨 먼저 프랑스어로 몇 마디 인사를 했다. 그러고 난 다음, 안면 있는 고관들에게 예의 바르게 머리를 숙이며 인사를 했다. 우리도 왕자에게 허리를 굽혀 인사를 했다. 왕자가 차를 한 잔 마시고 싶다고 하자, 궁녀들이 즉각 차를 대령했다. 왕자의 행동은 처음부터 끝까지 당당했고, 예의범절은 한 치도 어긋남이 없었다. 황제를 에워싼 비빈들의 정치 바람이 거센 조선 황실에서 왕자가 이처럼 최고의 예절교육을 받았다는 사실이 믿기지 않았다. 왕자가 이처럼 영민하고 자신감 넘치는 활기찬 행동을 할 수 있도록 교육한 공로자는 다름 아닌 왕자의 개인 교사인 영국인 여성 졸리 부인Mrs. Joly이었다.

또 다시 접견실의 문이 활짝 열리더니, 예조관이 나타나 황제께서 납신다고 알렸다. 우리는 재빨리 예법대로 우리에게 배정된 자리에서 일어나 예를 갖추고 서 있었다. 황제가 황태자와 고관들을 거느리고 우리에게로 다가왔다. 우리는 조선의 예법에 따라 천천히 세 번 허리를 깊숙이 굽혀 경의를 표했다. 황제가 우리 앞으로 다가와 손을 내밀며, 공손하고도 부드러운 태도로 악수를 청했다. 그러자 황태자도 우리에게로 와서 거리낌 없이 말을 건넸다. 물론 대화를 위해 통역자의 중개가 필요했다. 황제와 황태자는 화려하게 수놓은 비단 의상을 입고 있었는데, 황제는 황색의 곤룡포를, 태자는 붉은색의 곤룡포를 입고 있었다. 황제와 황태자는 모두 날개 달린 모자를 쓰고 있었는데,

그것은 조선에서 권력과 명예의 상징이라고 한다.

황제의 이름은 재황[18]載晃이다. 황제는 혈색이 창백했지만, 영특하고 인자한 인상을 지니고 있었다. 그러면서도 어딘지 수심이 담긴 눈빛에 호감이 갔다. 그의 팔자 형 수염은 우리 유럽인에게는 민주주의 사상을 지닌 사람 같은 인상을 주었다. 전체적으로 그는 조선의 귀인상이었다. 황제의 품격 있는 모습에 비교하면, 황태자(현재의 황제)의 인상은 그의 격에 미치지 못했다. 무엇보다 삐쩍 마른 체구에서부터 좋은 인상은 아니었다. 당시 서른 살 정도였던 황태자의 허약한 모습에서 우리는 그의 건강상태가 좋지 않다는 것을 짐작할 수 있었다. 그는 우리와 대화를 나누는 동안에도 계속하여 몸을 떨었다. 황태자를 자세히 관찰하게 되면, 누구라도 혼란스런 정세에 지칠 대로 지쳐있는 황태자의 운명에 연민을 느끼지 않을 수 없을 것이다. 조선을 식민지로 끌어들이기 위해 현 정치세력들이 앞세워 놓은 연약한 황태자는 일본의 손아귀에서 희롱당하고 있는 장난감과도 같은 존재였다.

황제가 내게 업무수행을 충성스럽게 할 수 있겠느냐고 질문했는데, 그것은 질문이라기보다는 오히려 내게 진심으로 도움을 청하는 것이라는 느낌을 주었다. 그의 간절한 눈빛을 보는 순간, 그가 손탁양을 떠나보낸 후 마음을 의지할 데 없어 무척 허전해 하리라는 것을 직감할 수 있었다. 나는 힘닿는 데까지 충성을 다할 것을 맹세했고, 황제가 만족할 수 있도록 온갖 노력을 다할 것이라고 약속했다. 그러

---

18 유럽의 각종 기사에는 대체로 고종의 이름을 지황Ji-hwang이라 알렸다.

자 순간 황제의 안색이 밝아지더니, 그는 다시 고마움의 표시로 손을 내밀어 내게 악수를 청했다. 몇 분도 채 안 되는 짧은 시간의 접견이 끝났고, 그렇게 나는 대한제국 황실의 충실한 여성 의전관이 되었다.

고종 황제와 그의 궁궐

19세기 중엽 경, 고종은 스스로 대한제국의 황제 직위에 올랐다. 대부분 사람들이 추측하듯이, 황제의 즉위 배경에는 어떤 다른 야망이 있었던 것은 아니다. 덕으로써 백성을 어여삐 여기고 있는 황제의 마음을 잘 아는 백성은 그를 사랑하고 존경했다. 그러나 황제와 백성 사이에서 소통의 중간 역할을 해야 할 관료들이 문제였다. 그들로 인해 황제의 권한은 제한되어 있었다. 자기들의 이익만 챙기는 탐관오리들은 국왕과 백성 사이의 신의를 방해했고, 백성에게서 혈세를 거두어들이는 게 자기들의 권한이라 여기고 있었다. 물론 이러한 현상은 관료제도의 절대군주국에서 흔히 나타나는 일이기도 했지만, 조선의 백성을 갉아먹는 탐관오리들의 횡령과 부패는 황제로서도 막기 어려워 보였다. 아니 어쩌면 황제 자신이 그들 욕망의 희생양으로 보였다. 황제의 목숨이 지금까지 무사한 것만도 다행이라고 할 정도였다.

조선의 수도 서울에서는 약 십 년 전부터 수익성이 뛰어난 전차사업이 운영되고 있었다. 이 사업체는 일본의 한 주식회사에서 운영하면서 실제로는 일본인들의 손안에 들어있었다. 조선의 황제는 이 주식회사의 최고 운영자였지만, 그 많은 수익금을 챙기기보다는 오히려 손해액을 메우는 역할을 할 뿐이었다. 이 일본사업체가 많은 수익을 거두어들이고 있는 게 분명히 드러났는데도 그들은 서양식 주식회사의 운영 방식을 전혀 알지 못하는 황제에게 계속 손해액을 지원해달라고 요구했다. 물론 황제의 지원금은 바로 그 자리에서 일본인들의 호주머니 속으로 들어갔다. 그리고 그중 일부는 부정을 일삼는 부패한 조선 관리들의 배를 불렸다.

서양 각국의 외교대표들이 서울에 들어온 후부터 조선은 비교적 긍정적인 변화를 이루고 있었다. 그런데도 부패관리들의 악행이 사라지지 않아서, 조선의 국가재정엔 큰 변화가 없었다. 하급관리들이 지방을 순찰하면서 그 지방의 호족들에게 자신들이 원하는 것을 무조건 강탈하는 현상은 아직도 계속되고 있다. 더욱이 그들의 비리는 물질적인 것에만 국한된 것이 아니었다. 그들은 '젊고 아름다운 여성과의 하룻밤', 말하자면 '여정의 위로'를 덤으로 추가했다. 어떤 한 악독한 관리가 지방 순찰 나온다는 것이 알려지자, 그 마을 사람들이 모두 도망치는 바람에, 그 관리는 빈 '둥우리'만 멀뚱멀뚱 보게 되었다는 이야기가 있을 정도였다.

지금 조정을 책임지고 있는 황제는 나이가 어리다는 이유로 왕권에 제약을 받았었다. 그리고 그를 대신하여 그의 어머니인 조대비趙大妃가 권세를 누렸다. 고종황제가 조 대비에게 입양되어, 그녀의 아들로서 왕위에 오른 것 — 그러니까 양어머니인 조대비와 다른 두 후궁 사이에서 벌어졌던 왕권 다툼에 끼어 종국에는 조대비의 승리로 왕위

에 오르게 된 것 ─ 은 그의 나이 고작 열두 살 때의 일이었다. 어린 왕
은 열다섯 살 때 ─ 그 당시에는 황국皇國이 아니었다. ─ 한 빈곤한 양
반 가문 민 씨 댁 규수와 가례를 올렸다. 명성황후는 후에 처절한 생
을 마치게 되는데, 당시 어린 왕비는 성격이 강인하고, 당당했다고 한
다. 그리고 훗날 그녀는 황제를 압박하는 주위의 권력자들을 일시에
근절해냈고, 그녀 자신도 국정에 참여할 수 있는 세력을 키워내기도
했다고 한다.

서울에 있는 황제가족의 능 (서울은 수도이자 궁궐이 있는 곳)

이 부부 사이에서 태어난 두 아들 중 첫째 아들이 지금의 황제(순종)이다. 그들의 두 번째 아들은 어릴 적 미국으로 건너가서 자신의 장래 행복을 추구했다. 부인을 홀로 조선의 궁에 남겨 둔 채 떠나버린 이 왕자는 돌아오지 않고 있는데, 주위 사람들은 이런 왕자의 행동을 이해하지 못했다. 어쩌면 그도 궁궐 내의 정치적 음모와 모략에 희생된 것인지도 모른다.

절대군주국 황제의 권력은 법적으로는 무한하다. 그러나 황제의 모후와 왕비가 휘두르는 권력을 제외하고, 실제로 그에게 남아있는 권한은 고작 해군 함대와 군사권이 전부이다. 그런 조선 황제의 해상 함대와 군사권은 군사조직권이라 보기는 어려웠다. 그렇더라도 조선 황제의 권한은 무엇이든 결정할 수 있는 절대 권한이다. 그는 군사지휘권자로서 어떠한 권력도 행사할 수 있다. 관리를 임명하고 상을 주기도 하고, 관직을 박탈하기도 하고, 급료를 결정하기도 하는 등등, 사람들은 최소한 모든 국가적 정사들이 황제의 결정권 안에 있다고 생각한다.

동양의 다른 지배자에 비해 조선의 황제는 자기 임무에 매우 충실했다고 말하는 게 옳을 것이다. 고종황제는 알현이라든지 고위관리들과의 국책논의라든지 다른 나라의 외교관과 만나 협상하는 시간을 제외하고도, 매일의 업무를 수행하기 위해 밤을 쪼개서 급히 처리해야 할 국가 정사를 처리한다. 그렇다고 그가 국사에만 빠져 있었던 것은 아니다. 그는 왕자들이나 궁중에서 종사하는 사람들이나 고위관료들이 함께 하는 연회를 즐기기도 했다. 연회의 중심이 되는 것은 무엇보다 현악기와 관악기를 연주하는 궁중 악사들의 음악에 맞추어 추는 궁중 무희들의 춤이었다. 우리 서양인에겐 어딘지 낯설기는 했지만, 춤 공연의 수준은 상당했다. 춤은 대체로 한 동작에서 다음 동작으로 이어지면서 어떤 한 주제를 펼쳐 보였다.

먼저 무희들이 황제와 손님들 앞에서 큰절을 한 후, 팔을 양쪽으로 벌려 손과 발을 움직여 나는 듯이, 그네를 타는 듯이, 그리고 뛰는 듯이 행동한다. 그때마다 그녀들의 윗몸이 움직임을 따르면서 춤동작의 '밸런스'를 맞춘다. 춤 중에서 특히 우리 서양인의 흥미를 끌었던 것은 부채춤이었다. 부채를 움직이며 춤을 추는 것은 동양 여인들의 특기인 듯싶다. 무희들은 춤을 출 때 아주 많은 옷을 입었는데, 그 때문인지 그녀들의 율동적인 춤동작은 느릿느릿해 보였다. 그러나 무희들의 화려한 색상으로 된 비단 의상은 우리를 매혹시켜 황홀경에 빠지게 했다. 그녀들의 춤은 서양의 춤과는 전혀 달랐다. 서양에서는 발레 무희의 복색이 매우 단순하고, 아주 적게 입는 데 비해 조선 무희들의 복색은 정 반대로 매우 복잡하고, 아주 많이 입었다. 조선의 무희들은 전체적으로 복장에서부터 화장까지 지나치다 싶을 정도로 과했다. 윗옷은 엷은 비단 저고리에 가슴 중간쯤에 긴 옷고름이 묶여 있다. 어쩌다 살짝 뛰어오를 때, 잠깐 드러나는 발을 제외하고, 그녀들의 하체는 주름 잡힌 치마로 완전히 감추어져 있다. 상상외로 부드럽고 우아한 무희의 몸매가 드러날 수 있는 모든 부분은 치마로 감싸졌다. 그보다 더 심한 것은 머리치장이었다. 그녀들은 모두 머리 위에 거대한 가발을 얹고 있었는데, 그것은 아직 천진난만한 눈동자를 지닌 앳된 소녀의 모습과 전혀 어울리지 않았다. 거창한 의상과 머리치장 때문에 나이가 더 들어 보이기는 해도, 실제로 무희들은 ─ 기생이라고 부르기도 한다. ─ 모두 나이가 어렸다. 그녀들은 어린 나이에 궁궐로 들어와 궁녀가 되었고, 그리고 무희가 되었다. 예쁜 딸을 가진 부모들은 딸이 궁녀로 선택되길 원한다. 유럽의 처녀들 역시 대한제국 서울의 궁으로 들어와 왕의 '하렘'으로 사는 것을 자청하는 경우도 적지 않다. 서울에 있는 서양의 공관은 이런 문의를 자주 받는다. 그러나 조선의 황제는 자국의 처자들만 선호했는지, 좋은 가정에서 자란 서양 여성들을 받아드린 적은 실제로는 없다. 그렇지만 젊은 여성들을 '하렘'으로 불러들인 것을 보면, 조선의 황제가 아름다운 처녀들을 좋아했던 것은 분명하다. 그렇더라도 황제가 사랑하는 여인[19]은 단 한 명 있었다. 그녀는 아주 평범한 서민 태생이었지만, 미모가 빼어났다. 황제는 그런 그녀를 정실 후궁으로 삼고 싶어 했다. 그리고 비운의 황후[20]가 세상을 떠난 후, 그는 그녀를 정식으로 후궁으로 책봉한다. 황제와 이 후궁 사이의 사랑에 대한 풍문은 이렇다.

명성황후가 아직 살아있을 때였다. 어느 날 궁인 최 씨는 아름다운 '궁녀' 감을 물색해오라는 왕명을 받았다. 일만 잘 성사시키면, 임금의 총애도 받고 상도 받을 게 분명하다는 것을 알고 있는 그가 이 기회를 놓칠 리 없었다. 황제가 이번에는 전보다 더 아름다운 여성을 바란다는 것을 모르지 않았기 때문에, 그는 시간을 들여 곳곳을 돌아다녔다. 마침내 절색의 여인을 찾아냈지만, 그 여인은 아주 가난한 하급 관리의 딸이었다. 최 씨는 그녀를 황제에게 데려갔고, 황제는 매우 흡족해했다. 황제는 최 씨에게 큰 상은 물론 막강한 군사력을 행사할 수 황제의 친위대장이라는 직책까지 하사했다. 미색을 좋아하는 황제의 처사로 새로이 간택되어 궁으로 들어온 궁녀 '종수규Gen Sho-Kiu'[21]에

---

19 후의 엄비를 가리킨다.

20 명성황후를 말함

21 원문의 종수규가 구체적으로 의미하는 바는 불분명하지만, 내용상 엄비를 가리킨다.

관한 소식은 곧바로 황후에게 들어갔다. 질투심에 불탄 황후는 즉시 본인의 권력을 발휘해, 왕이 간택한 궁녀를 죽일 계획을 세웠다. 황제는 정실 황후의 권세에 대항할 힘이 없었다. 그래서 그는 '임기응변'으로 새로 임명한 친위대장 '최' 씨에게 죄를 물어 크게 문책한 다음 궁밖으로 쫓아냈다. 그러는 동안, 궁녀가 된 '왕의 새로운 여인'은 내시인 고 씨의 도움으로 간신히 궁을 빠져나가 목숨을 건질 수 있었다.

이러한 사건이 일어나고 있을 즈음, 조선과 일본의 정치적 외교관계는 최악의 상태로 치닫고 있었다. 일본은 조선의 황후를 제거할 준비를 했다. 그리고 마침내 조선의 황후는 비참하게 시해되었다. 반면 황제는 러시아공관으로 피신해 목숨을 건졌다. 황후가 세상을 떠난 후, 황제는 슬그머니 그의 '연인'을 생각하기 시작했다. 그 사이 그의 '연인'은 아기를 낳았다. 황제는 그녀의 거처를 수소문하게 했고, 다시 궁으로 불러들여 자신의 곁에 두었다. 이로써 여인의 위상은 다시 회복되었고, 그뿐만 아니라 궁 안에서 최고의 지위를 얻게 된다. 처음 입궐할 당시 시위상궁[22]이었던 그녀는 이후 곧바로 '귀인'[23]이라는 칭호를 받게 된다.[24] 그녀가 바로 우리가 잘 알고 있는 막강한 세력가 '엄

---

22 저자는 Prinzessin Sünbi로 적음

23 저자는 Kiwi라고 적음

24 참고로 조선왕조에서 궁녀는 종9품에서 정5품까지의 품계를 제수받았다. 궁녀로서의 최고 지위가 정5품 '상궁'이다. 한때 엄비는 상궁의 위치에서 민비를 모셨으나, 고종과 가까워짐에 따라 민비에게 출궁 당하였다. 민비 시해사건 후 고종의 부름을 받아 곁에서 고종을 모시면서 영친왕을 잉태하게 된다. 이로 인해 엄상궁은 후궁의 품계인 종1품 '귀인'의 칭호를 받게 된다. 크뢰벨은 아마 엄비가 '상궁'에서 '귀인'에 이르게 된 과정을 전해 듣고, 이런 내용을 간략히 기술한 것으로 보인다. 엄비의 생애와 활동에 대해서는 한희숙, 2006.11,「구한말 순헌황귀비 엄비의 생애와 활동」, 『아시아여성연구』 제45집 2호, 숙명여자대학교 아시아여성연구소 참조.

레이디Lady Om'이다. 그리고 피신처에서 낳은 '아기씨'가 지금의 황태자이다. 황제(순종)의 총애를 한 몸에 받고 있는 이 '아기씨'는 현재 일본에서 교육을 받고 있으며, 여러 개의 호칭으로 불리었다. 그는 성장하면서 더욱 영특해졌고, 일본 측은 장차 조선의 국왕이 될 이 황태자를 두려워하여, 일본으로 데려가 일본인의 정신교육을 하고 있다. 여하튼 황태자는 장차 조선의 역사에 중요한 한 몫을 할 것임은 틀림없다.

조선에서 '무관無冠의 황후'

프랑스 공사관 옆에 멋진 고층건물이 있다. 이 건물은 바로 조선 황제의 총애를 받고 있는 손탁 양의 저택이다. 저택에는 확 트인 넓은 베란다가 있고, 야자수와 온갖 꽃나무들로 둘러싸여 있다. 실내의 벽은 요즘 보기 힘든 고급 비단으로 치장되어 있고, 예술미를 잘 살린 가구들과 온갖 장식품들로 꾸며놓은 집안은 그 우아함이 거의 완벽했다. 손탁은 특별히 선택한 손님들만 아름답게 장식된 이 집안으로 불러들였다.

바로 이 저택에서 나는 손탁 양과 첫 대면을 했다. 그녀는 아주 인상적이었다. 흰 머리카락에, 지적이고 날카로운 눈매, 엄하게 보이는 얼굴 모양, 육체적으로나 정신적으로 자유자재한 모습이 즉시 그녀가 '거물'임을 알게 해줬다. 전체적으로 후덕해 보이는 인상은 그녀를 특별하면서도 실제보다 더 젊어 보이게 했다. 손탁 양은 조선 황실

조선의 고관

에서 중요한 업무를 수행하고 있었다. 그녀가 조선 황실의 정신적인 '총지배인'으로서 — 즉 정신적인 모든 과제를 해결해야 하는 주 책임자로서 — 마음과 의지가 나약한 황제에게 큰 영향을 주고 있다는 세상 사람들의 말은 결코 틀리지 않다. 실제로 그녀는 황실의 정치적인 업무에 깊이 관여하고 있었다. 조선에서 근무하는 서구 열강의 공사관이나 외교관의 직원들이 하루하루 편안하게 소일하는 데 반해, 손탁 양은 직책상 많은 일을 해야 했고, 그로써 사적으로든 공적으로든 크게 인정을 받았다. 그런데도 그녀는 사람들의 존경이나 사랑을 받기보다는 오히려 모두가 두려워하는 존재가 되었다.

그녀는 자신의 뜻을 관철하기 위해 한 치의 망설임도 없었고, 또한 목적을 달성하기 위해서는 수단과 방법을 가리지 않았다. 그러나 그녀 또한 혼자 힘으로는 자신이 원하는 조선의 문화적 경제적 발전을 도모하기 어렵다는 것을 알고 있었다. 그녀는 협력자가 필요했다. 그녀의 협력자는 바로 영국인 맥레비 브라운이었다. 그는 천부적인 재능 — 특히 세금을 거두어들여 국고를 채우는 —으로 말로는 표현할 수 없을 만큼 큰 공적을 세웠다. 맥레비 브라운 씨는 당시 강인한 인내력과 우월한 정신력으로 수십 년 동안 명성이 자자했던 로버트 하트 공Sir Robert Hart과 견줄 만하다. 하트 공은 이미 잘 알려졌듯이, 중국 청 황실의 이홍장 휘하에서 근무했고, 동북아시아에서 그의 명성과 권세는 참으로 드높았다. 맥레비 브라운과 하트 공 두 사람이 서로를 적대시할 때도 적지 않았다. 그렇지만 다른 면으로는 그들이 조선황실에 남긴 공적은 상상을 초월할 정도이다. 두 사람은 대업을 이루기 위해서는 때로는 타협하기도 하고, 때로는 충고하기도 하면서 의견 충돌 없이 의기투합했다.

손탁 양의 급여는 그녀가 이 나라를 위해 애쓰는 것에 비하면 턱없이 적은 액수였다. 그녀의 곁에 머물면서 알게 된 사실이지만, 그녀의 연봉은 내가 알기로 15,000 독일 마르크가 조금 넘는 액수였다. 그러나 그녀가 중계한 여러 상거래에서 나오는 부수입은 급여의 몇 배를 넘었다. '무관無冠의[25]' 황후는 정치적 통치력도 뛰어났지만, '돈을 버는 수완'도 탁월했다는 것을 서울 시내에 있는 그녀 소유의 여러 채나 되는 고급주택만 보아도 잘 알 수 있다. 프랑스 남부지역에 있는 도시 '칸'은 돈 많은 고위층이 모여드는 해변 지역으로, 그녀는 이곳에 화려한 저택을 사들이기도 했다.

'지배력이 뛰어난' 그녀의 노련한 수완 뒤에는 종종 억측이 뒤섞인 투기적인 면도 포함되어 있었다.

이미 알려졌듯이, 조선 황실에 미친 그녀의 공헌은 적지 않다. 그러나 그 이면에는 그녀 자신을 위한 '치적' 역시 적지 않게 있었다. 그녀가 외국인의 세력이나 조선 문화에 걸맞지 않은 외래 풍속이 들어오는 것을 반대하지 않고, 오히려 장려했다는 조선인들의 비난이 꼭 틀린 주장만은 아니다.

예를 들면, 조선에서 상권을 획득하기 위해 입국한 외국인들이나 왕실에서 열리는 연회행사에 참석하고 싶어 하는 국제적 손님들의 눈

---

25 저자의 표현인 "die ungekrönte Königin"는 권세, 권력이 막강함을 뜻한다.

에 조선 궁궐 안의 연회 모습은, 조선식의 풍속은 아예 흔적조차 없고 서구식 '파티'가 지배를 한다는 데 얼른 눈에 띌 수밖에 없다. 그렇지 않아도 오랜 역사를 외톨이로 살아온 조선인들이 외부인과 그들의 풍속에 대한 적대감을 떨치지 못하고 있는데, 이런 연회 양식에까지 '외래풍속'이 지배한다는 것은 좀 의아했다. 민속학자들의 견해에서 보면 참으로 유감스러운 일이다. 문화인류학적의 차이를 없애려는 문화 개방이 시작되기도 전에, 알자스 태생의 '통치자' 손탁 양의 의지로 이처럼 단시간에 미지의 나라에 외래문화가 '세력'을 잡게 된 것이다.

무엇보다 궁중에서 차려지는 음식문화를 살펴보면, 온통 서양식, 특히 프랑스식 요리가 연회식탁을 차지하고 있다. 궁중의 공식 연회에는 프랑스식으로 꾸민 '테이블' 장식은 물론 입맛을 돋우는 각종 요리 역시 특별히 선정한 최상급 프랑스식 요리들이 점령하고 있다.

트뤼플[26] 파스타에, 생굴이며, 캐비어가 일상적인 음식으로 식탁에 빠지지 않았고, 프랑스산의 풍미 있는 샴페인은 그 원산지의 어느 연회에서보다 훨씬 더 풍성했다. 조선 황실의 연회에 참석하면, 마치 서양의 어느 제후가 베푸는 연회에 와 있는 것 같은 기분이 들기도 했다. 그래도 조선 황국에 조선의 풍속을 고집하는 단 한 사람이 있었다. 그는 바로 황제였다. 그는 이런 사치스러운 연회의 주최자임에도, 결코 참석하지 않았다. 황제는 몇 명의 신분 높은 대신들을 보내서,

---

26 서양의 버섯 종류로 최고급 버섯이다. 예전에는 멧돼지가 땅에서 찾아냈는데 현재는 개를 훈련시켜 이 트뤼펠 버섯을 찾게 한다. 이 버섯은 질에 따라 가격차이가 있는데 상품은 100g에 약 1,000유로, 한화 십만 원 정도로 계산하면 상상이 갈 것이다.

연희 주최자의 임무를 수행하게 하는 방식으로 초빙된 손님들에게 격식에 맞는 예를 차릴 뿐이었다.

이러한 호사스러운 파티를 준비하는 전 과정을 감독 지시하는 자가 손탁 양이였다. 그녀는 손님들의 눈에 띄지 않는 조선의 전통적인 발簾이나 비싼 천으로 만든 휘장 뒤에 서서 모든 과정을 지켜보고 지시했다. 그 어떤 실수도 그녀의 눈을 피해 갈 수 없었다. 그녀가 눈을 한 번만 깜빡해도 '황제의 시종'들은 그녀의 지시에 따라, 무엇을 해야 하는지 금방 알아차렸다. 연희를 준비하는 사람들은 서른 명이 넘었으며, 모두 조선인이었고, 단 한 명의 주방장만 중국인이었다. 주방장은 중국인이어도, 차려 나오는 전체 요리는 서양식, 그것도 기가 막히게 맛있는 일품요리들이었다. 중국인 요리장은 물론 그가 필요로 하는 만큼의 많은 요리사를 곁에 두었다. 여러 나라에서 온 요리사들은 언어도 제각각이었는데, 그중에서 중요 언어는 영어와 프랑스어였다.

외국에서 들어오는 문화 세력들을 광적이리만치 끈질기게 배척하는 백성들이 살고 있는 조선이라는 나라에, 어떻게 한 외국인 여성이, 그것도 서민층 태생의 여인이 조선 황실에 들어와서, 그토록 막강한 세력으로 공식적인 과제를 수행하게 되었는지가 궁금하지 않을 수 없었다. 물론 그녀의 뛰어난 외교적 수완은 이미 들어 알고 있었다. 1907년 일본에 의해 강제 폐위된 조선의 황제는 결단력이 부족하고, 나약한 편이었다. 그러다 보니 궁중의 일상생활에서 '외톨이'가 될 때가 종종 있었고, 그때마다 손탁 양이 황제의 곁에서 자문역을 충실히 수행하면서, 그를 보필했다. 물론 손탁 양이 이렇게 되기까지는 결정적인 계기가 있다. 청일전쟁이 끝난 1895년 10월, 조선주재 일본 공사관이 주도하여 일본 '낭인浪人'들이 조선의 황실을 습격한 사건이 일어났다. 일본 낭인들은 일본인 공사 미우라 고로三浦梧樓의 지휘 하에 조선의 궁궐(後에 황궁)에 침입해서, 황후를 찾아내어 칼로 난자해 살해하고, 그녀의 시신마저 기름을 부어 그 자리에서 불태웠다. 이후 겁에 질린 황제는 궁녀의 가마를 타고 몰래 궁궐에서 빠져나왔고, 당시 조선 주재 러시아공사 베버(독일명)의 도움으로 피신할 수 있었다. 러시아공관의 보호를 받게 됨으로써, 황제는 생명을 위협하는 일본인들의 간계에서 잠시 벗어날 수 있었다. 러시아공관의 보호를 받았던 황제의 '피신' 생활은 일 년 넘게 계속되었다. 그리고 바로 이 시기에 황제는 당시 이미 나이가 지긋했던 러시아공사의 친척인 손탁 양을 처음 만났다. 그녀는 황제에게 헌신했고, 그녀의 부지런하고 믿음직한 태도는 그 자체가 황제에게 잊지 못할 고마움을 깊이 각인시켰다. 손탁 양의 자상한 태도는 피신 생활을 하고 있었던 황제에게 서양식 사고방식의 예법들을 긍정적으로 받아들이게 했고, 그녀를 궁궐로 데려가겠다는 생각을 굳히게 하였다. 그렇게 손탁은 조선의 궁궐로 들어오게 되었고, 여성 특유의 외교술로 황제의 신뢰를 독차지했다. 그리고 더 나아가 어떤 면에서는 거의 무제한의 권력을 휘두를 수 있게 된다. 그녀의 권세가 얼마나 대단했는지 '무관의 황후[27]'라는 별명을 얻을 정도였다. 막강한 세력 — 물론 황제의 신임을 등에 업은—

---

[27] 조선에서 체류하던 유럽인들이 손탁 양에게 지어준 별명임

을 지켜내기 위해 그녀는 수단과 방법을 가리지 않았다. 그녀는 점점 더 많은 부를 축적할 수 있게 되었고, 황제에게서 하사받은 세 채나 되는 그녀의 화려한 저택을 국제 외교관들에게 고급 숙소로 제공하기도 했다. 물론 비싼 숙박비도 받으면서. '무관의 황후' ─ 어쩌면 아직도 주인일지도 모를 ─가 경영하는 이 숙소에서 먹고 자는 손님들은 주로 미혼의 외교관들이었다.

여러 외국 공관들은 각자의 사업을 성사시키기 위해서는 손탁 양과의 '교섭'을 결코 무시할 수 없었다. 노년에 접어들기는 했지만, 정신적으로 영민한 그녀의 세력은 여전히 견고했다. 사업 허가나 윤허를 받아내야 할 때, 누구든 손탁 양에게 요청하면, 빠른 시일 내에 확실하게 원하는 것을 얻어낼 수 있다는 것을 알고 있었다. 반대로 누구든 그녀의 권세를 무시한다면, 당연히 손해를 본다는 것도! 황제 ─ 궁중과 정부 ─와의 중계 역할을 할 수 있는 사람은 그녀가 유일했다. 그녀는 역시 황제의 신임을 받고 있는 영국인 맥레비 브라운 씨만을 인정했다. 손탁 양은 맥레비 브라운과 함께 조선 황국을 거의 '쥐락펴락' 했다.

노년의 그녀는 사사로운 이익을 위해 그녀 특유의 친절한 태도로 사교계를 자기편으로 끌어들였다. 이미 도움을 받았거나 도움받기를 원하는 사교계의 사람 누구든 그녀에게 호감을 가졌다. 고위직의 남성들과 풍성한 식탁에 초대받기를 즐기는 젊은 외교관들은 손탁 양의 초청에 기꺼이 응했다. 잘 차려진 온갖 요리들, 술잔에 가득 넘치는 값비싼 포도주, 값비싼 하바나산 담배, 프랑스산 샴페인 등을 마다할 이유가 없었기 때문이었다. 수많은 유명 인사들처럼 여성으로서는 최고

의 유명 인사였던 손탁 양도 다양한 취미생활을 즐겼다. 그녀는 집에
서 여러 동물을 길렀다. 염소와 돼지는 물론 특히 조랑말에게 쏟는 그
녀의 애정은 각별했다. 동물을 사랑하는 그녀의 배려는 황제에게 쏟는
온갖 정성과 별로 다르지 않았다. 그리고 그녀는 유독 조선인 청년[28]을

---

28 손탁의 한국인 양자, 이름은 이태운이라고 역자는 해독한다. 손탁이 1909년 프랑스 칸으로 이사를
  할 때 동행하고 손탁과 결혼 때까지 같은 집에서 살았다. 이태운에 대해서 부록의 손탁과 크뢰벨을
  다룬 글에서 좀 더 자세히 소개한다.

아졌다. 그는 손탁 양의 집에서 허드렛일을 했고, 그녀의 특별한 사랑을 독차지했다. 언제가 그녀는 자신의 상속자로 그를 결정했다고 소개하기도 했다. 그리고 유럽여행을 할 때, 그녀는 이 청년과 동행했는데, 그 후 그는 다시 고국으로 돌아오지 않았다. 일설에 의하면, 손탁 양이 변심하여 그를 파리에서 '내동댕이' 쳤다고[29]도 한다.

서울의 사회단체모임과 사교계친목모임

유럽인의 시각으로 보면, 조선인들은 어떠한 사회적 모임이나 사교모임을 잘 모른다는 생각이 든다. 그 이유는 조선은 남성들끼리만 친교를 하는 사회이기 때문이다. 여성들, 특히 성장한 소녀들은 집안에서만 지내야 했고, 따라서 남성사회와의 접촉은 완전히 차단되어 있다. 친분은 남성과 남성 사이에, 그리고 여성과 여성 사이에서만 가능하다. 이처럼 남성과 여성사회가 엄격하게 구분되어 있어서, 얼마 전까지만 해도 남성들은 낮에 거리나 사람들이 모인 광장을 돌아다닐 수 있었고, 여성들은 밤에만 나들이할 수 있도록 정해져 있었다. 곧 갇혀 사는 여성들에게는 남성들을 만나게 될 위험성이 없는 밤에만 자유롭게 외출하는 것이 허용되었다. 지금은 이런 규제에서 많이 풀려났다고는 하지만, 상류사회의 여성들은 부득이 낮에 외출할 때에는

---

29 저자가 들은 소문은 낭설이다.

반드시 덮개로 가린 가마를 탄다.

조선인 여성들의 사교행사는 집안 잔치에 국한되어 있고, 그것마저도 친인척과 그들의 여자 식구들만 참석할 수 있다. 조선에는 상류층의 여성들이 참석할 수 있는 공식적인 사교행사가 없다. 궁중연회에도 여성들은 참여할 수 없고, 고관들은 여성의 동반 없이 혼자 연회 석상에 온다. 연회에 참석할 수 있는 여성들은 의무적으로 참석해야 하는 무희들뿐이다. 그러니 개인적으로 생활을 즐기는 '조선사교사회'에 대해서는 별로 할 말이 별로 없고, 다만 서울에 체류하는 유럽인들의 사교접촉에 대해서만 이야기해 보기로 한다.

서울에 존재하는 '사교모임'들은 주로 유럽인들이 만들어 놓은 것이다. 국제 외교관들 — 공사나 영사들 — 과 유럽계 사업가들을 비롯한 비 유럽계 산업체의 운영자들, 그리고 다양한 직종에 종사하는 사람들을 포함한 수백 명의 사람으로 구성된 사교모임들은 매우 활발하게 운영되고 있다. 그중에서 비교적 활발한 사교모임 단체에서 남성들은 위스키를 마시거나 카드놀이를 즐겼고, 여성들은 당구를 치면서 남성들과 친밀한 교제를 나누는 것을 중요시한다. 그들은 사교장에서 춤을 추기도 하고, 독일산이나 프랑스산 샴페인을 마시면서, 기분 좋은 만남의 시간을 갖기도 한다. 때때로 축하할 일이 생기게 되면, 사람들은 자기 집으로 손님을 초대해 파티를 열기도 하는데, 음악이 연주되는 파티 장소에서는 그들은 '연애'를 하기도 했고, 그로 인해 종종 뜬소문이 나돌기도 한다. 들리는 풍문으로는, 어느 미국인 백만장자 여성 X — 연간 몇 억씩 자기 재산이 불어나고 있다고 자랑하는 —

여든 살에도 뭇 남성들과 연애를 했던 프랑스 여성 니농 데 렝클로스 Ninon de l'Enclos처럼 젊은 남성들과 바람피우기에 여념이 없다고 한다. 호사스러운 그녀의 파티에 초청을 받으면 누구도 그녀의 초대를 거절할 수 없다고 한다. 최고의 고급 요리와 황홀할 정도로 향기로운 포도주가 넘쳐나는 그녀의 파티는 왕의 연회처럼 온갖 쾌락적인 것들을 갖추고 있다. 파티의 여주인은 쉰 살 정도였지만, 젊은 여성들조차 질투할 만큼 아름답다고 했다. 그리고 모든 남성이 반하는 그녀의 우아하면서도 요염한 모습은 그 어떤 여성도 따라갈 수 없을 정도라고 한다.

황제의 총애를 한 몸에 받고 있던 엄비Lady Om의 조찬 초청도 빼놓을 수 없다. 물론 이 조찬 연회는 내가 손탁 양의 대리 역을 맡고 있을 때의 일이다. 조찬 연회는 공식적인 성격을 띠고 있었는데, 여기서도 미국 여성의 모습은 단연 돋보였다. 엄비는 아름답고, 총명하고, 명석했으며, 재치 있게 대화를 이끌어 가는 그녀의 예의 바른 사교술은 순식간에 연회에 참석한 모든 여인의 호감을 샀다. 이런 모든 장점을 알고 있으면서도, 그녀는 늘 겸손한 태도를 보였다. 그녀를 흉보는 여자가 있다면, 그것은 단지 흠을 잡는 여자 그 자신의 자격지심 때문이지, 정말 그녀에게 흠이 있어 그런 것은 아니었다.

각국의 공사와 영사들의 부인들과 서울에 근무하는 기업운영자들의 부인들, 그리고 사적으로 참석하는 여자선교사 등등이 참여하는 조찬 연회의 주인공은 단연 엄비였다. 열 살짜리 왕자 '아기씨'를 제외하고, 이 연회에서 남자들은 찾아볼 수 없다. 또 한 명의 남성이 있긴 했는데, 그는 다름 아닌 예문관 고 씨였다. 그는 궁문 앞에서 인사

예절을 하고 손님들을 맞이한 후, 그들을 엄비가 기다리는 영빈관으로 모셔가는 역할을 했다. 왕자 아기씨는 엄비가 정식으로 맞이하는 손님들의 조찬 연회 장소에 들어갈 수 있었지만, '고 예문관'은 문 앞까지만 손님을 안내할 수 있었다. 지금은 미국으로 떠나고 없는 황태자의 부인이 엄비를 곁에서 시중들고 있었는데, 지체 높은 가문의 태생으로 우아한 태도와 자색이 왕비 감으로 손색이 없었다. 두 여인의 좌우로는 궁궐 안에서 거처하는 여성들, 즉 궁녀들이 에워싸고 있었다. 엄비와 '황태자비', 그리고 궁녀들은 모두 한복을 입고 있었는데, 외출할 때 머리 위에 올려 쓰는 녹색 '쓰개'를 쓰지는 않았다. 풍문으로 자자했던 아름다운 '사랑이야기' 속 엄비의 미모는 손님들에게 다소 실망감을 안겨주었다. 그녀 주위에는 내가 보기에도 월등히 아름다운 미모의 여인들이 많았다. 다만 여인들의 가발 '혹 같은 큰머리'를 머리에 얹지 않는다면 그녀들의 미모는 훨씬 더 돋보였을 것이다.

조찬 모임은 '좀 우스운 소리 같지만' 남성 한 명이 지키고 있는 야릇한 여인들의 모임이다. 소위 문 앞을 '지키고 있는' 남성은 실제로는 남성을 상실한 내시였는데, 마치 천주교의 대천사가 활활 불타오르는 칼을 들고 천국의 문을 지키는 듯이 그는 어떤 남성의 접근도 허락하지 않았다. 이젠 식탁으로 가보자. 서양의 파티에서와 마찬가지로, 연회의 주최자인 엄비가 손님 중에서 직위가 가장 높은 여인, 즉 프랑스 총영사의 부인에게 함께 식탁 자리로 갈 것을 정중하게 청한다. 그리고 이 두 여인의 뒤를 그다음으로 지체 높은 여성들이 두 명씩이 열 지어 뒤따라가 정해진 자리에 앉는다. 손님을 접대하는 사람들은 모두 궁녀이다. 물론 이때도 남성들은 들어오지 못한다. 다만 남자 궁인들이 요리를 방의 문턱까지 들고 들어와 궁녀들에게 넘겨준다. 그녀들은 각자 맡은 손님에게 음식을 권하고, 또한 시중을 든다.

식탁에 나오는 음식들은 모두 서양식 요리들이며, 요리들은 서양식 요리법을 전문적으로 배운 한국인 요리사이거나 중국인 요리사들에 의해 만들어진다. 요리 재료들은 서양의 연회석상에 흔히 등장하는 최상의 맛있는 재료들 ― 새우, 캐비아, 연어 등등 ― 이 수없이 많다. 여기서만 그치는 게 아니라, 동양의 바다에서만 나오는 특별한 대하 요리도 상에 올려졌다.

조선 여인들이 식탁에서 결코 말수가 적지 않은 것을 확인할 수 있는 기회도 되었다. 왕비와 '공주'는 조찬 모임에 참석한 손님들과 이런저런 활발한 대화를 이끌어 갔으며, 언어 표현이 조금 서툴기는 해도 통역자로 나선 여선교사 손님들의 도움을 받기도 하면서 서로 진지한 대화를 나누었다. 이때는 나도 '서양 전례관'의 자격으로 엄비와 오랫동안 대화를 나눌 수 있었다. 엄비는 내게도 많은 질문을 했는데, 그녀는 특히 유럽의 문화와 관습에 대해 큰 관심을 두고 있었다. '외톨이'로 다른 세상과 담을 쌓고 사는 동북아시아의 다른 나라 왕비들에 비하면 엄비는 일반적인 상식이 풍부했다. 우리는 모두 그녀의 관찰력과 판단력에 무척 놀랐다. 그 후에도 나는 엄비와 마주할 기회가 종종 있었다. 예를 들어, 외국인 여성을 위한 각종 영접모임이라든지, 오후의 다과 모임 등에서 우리는 여러 분야에 대해 이야기를 나누곤 했는데, 그때마다 낯선 외국 문화와 상식에 대한 그녀의 비판력이나

핵심을 꿰뚫는 사고력에 감탄했다. 엄비는 지적인 면에서 조선의 황제보다 훨씬 앞서 있었다. 따라서 당시 여러 분야에서 발전을 보이고 있던 조선 조정에 미친 엄비의 영향은 결코 적지 않았을 것으로 본다.

＜ᄀ＞

서울에서 활동한 독일인 문화 선구자들

조선에는 보편적으로 유럽의 문화와 중국 및 일본의 문화 외에도, 독일의 문화가 들어와 자리를 잡기 시작했다. 특히, 서울에는 독일학교와 독일음악이 중요한 자리매김을 했다. 1898년 조선주재 독일공사관의 크린 공사Krien의 공헌으로 첫 번째 독일 학교가 설립되었고, 폼머른[30] 태생의 요한 볼얀Johann Bolljahn[31]이 학교를 맡아 운영했다. 그리고 독일인 에카르트는 황제 군악대Kaiserliche Hofkapelle에서 군악대장을 맡고 있다. 그는 이전에 일본 황실의 군악대를 키운 사람이었다.

우선 독일학교를 소개해 보기도 한다. 학교 설립은 당시 조선의 문화개혁을 이루게 하는 초석이 되었다. 독일학교가 설립되기 훨씬 이전에 조선 정부는 이미 프랑스와 영국학교를 설립했었고, 이 학교들은 아주 좋은 성과를 내고 있었다. 크린[32] 공사의 노력으로 힘들게

---

30 폼베른Pommern은 옛 동독의 지역 명이다.

31 덕어학교와 독일인 교사 볼얀의 한국에서의 활동에 대해서는 이광린, 2013, 「한국 최초의 독일어학교와 독일인 교사 요한 볼얀(1862~1928)」, 『독어교육』 제56집, 한국독어독문학교육학회 참조할 것

32 당시 독일총영사관 공사이다.

독일학교의 설립 허가를 받았을 때, 그는 일본에서 10여 년 동안 군대와 상급학교에서 독일어를 가르치고 있었던 볼얀 씨를 학교를 맡길 적임자로 생각했다. 볼얀이 조선의 독일학교를 맡긴 했지만, 해결해 나가야 할 과제가 너무도 많이 산적해 있었다. 그는 우선 조선에 설립된 독일학교에서 단지 독일어만 가르치는 것이 아니라, 조선의 학생들에게 실제적인 교육 방향을 제시할 수 있는 독일식 교육제도 자체를 조선으로 들여오는 방식을 고안해냈다. 그러나 무엇보다 한국어를 할 줄 몰랐던 볼얀이 반드시 극복해야 할 과제는 통역관에 의지하고 않고 직접 조선어를 구사하는 것이었다.

그리고 그가 해결해야 할 또 하나의 어려운 과제는 바로 정치적인 문제였다. 독일문화의 영향력이 커질 것을 염려한 일본과 미국의 방해로 독일학교는 당분간 문을 닫아야 했기 때문이다. 또 다른 교육적인 어려움은 학생들의 나이였다. 나이가 제한이 없었기 때문에, 학생들은 열 살부터 서른 살까지 모두 학교에 입학할 수 있었다. 그래서 연령이 각기 다른 학생들의 지능이나 이해력 등의 차이를 충분히 심사숙고하여 교육방법을 세워야 했다.

볼얀이 이런 모든 어려운 문제를 훌륭하게 해결해나갈 수 있었던 것은 그의 뛰어난 교육적 재질이 그 빛을 발휘한 결과였다.

그의 탁월한 교육방식으로 미개발국 조선에서 큰 명성을 얻고 있었던 그가 나와 남편을 초대하여 학교시설을 둘러보게 했다. 잘 정돈된 학교시설을 둘러보면서, 우리는 마치 독일의 어느 학교에 와있는 것 같은 느낌을 받았다. 그가 성공을 거둘 수 있었던 것은 우수한 학생들만 골라 뽑았던 것이 중요한 한몫을 했다. 그로 인해 졸업생들의 장래는 이미 보장되었고, 그것은 곧 독일학교의 자랑거리가 되었다. 그들이 조선의 외교관으로 베를린에서 오랫동안 활동하고 있는 것도 당연히 독일문화의 교육 결과라고 확신한다. 현재 독일학교는 조선에서 우수한 독일문화 생산지로 자리를 잡았다.

그리고 이에 못지않게 독일의 중요한 역할로서 조선 황실악대의 창립을 들 수 있다. 중국인과 일본인, 그리고 한국인들이 음악이라고 칭하는 이른바 동북아시아의 '비 하모니'의 음악을 들어야 했던 우리는 '비개화 문명국' 조선에 독일음악이 들어 온 것에 감사했다. 프러시아 왕립악대에서 근무했던 에카르트가 ― 조선 황제의 요청으로 ― 조선에 '황실악단'을 설립하고 또한 책임을 맡게 된 것은 이곳에 사는 우리 유럽인들이 갈망했던 유럽 문화의 일부를 채워줄 뿐 아니라, 외국에서 유학한 후 고국에 돌아온 조선인들이 간절히 소망하는 외교관과 같은 직종에서 일할 기회를 제공해준다는 점에서 의미가 있었다. 악단의 설립 당시에 채용된 대원들은 20여 명 정도였고, 그들은 모두 조선인들이었다. 그리고 악단 대원들의 급여는 황실에서 지급해 주었다. 문명에 젖지 않은 자국인에게 외국어를 교육한다는 것만 해도 힘든데, 음악에 대한 자질이 전혀 없는 사람들에게 '음악' 자체의 기술과 기교를 가르치는 일은 얼마나 어려운 일이겠는가? 더 어려운 것은 악보를 가르치는 것이었다. 음악에 취향이 없으면 서양인들조차도 악보를 읽게 하는 것이 힘든데, 하물며 '음악 문맹자'들에게 악보는 "일곱 개의 도장이 찍힌 책 속의 그림"이나 다름없었다. 또한, 악기를 연주하기 위해 감당해낼 수 있는 체력과 음악을 알아들을 수 있는 이해력, 그리고 악기를 다루는 능숙한 손놀림 등등 극복해야 할 것들이 아주 많았다. 그런데도 그들이 이 모든 어려움을 극복했다는 사실에 우리는 놀라지 않을 수 없었다.

우여곡절 끝에 서양음악에 대한 소양이 전혀 없는 학생들을 가르쳐 내어, 마침내 유럽인들이 듣기에도 훌륭한 오늘의 황실악대를 성공적으로 이끌어 낸 에카르트 악장에게 우리는 격찬을 보내야 한다. 축제 때나 여름 때, 시민공원과 공공시설에서 연주되는 황실악대의 음악을 듣게 되면, 누구라도 ─ 심지어 서양음악을 잘 아는 사람들까지도 ─ 단원들의 높은 연주 실력에 감동하지 않을 수 없었다. 이 악대는 가끔 바그너의 곡을 연주하는 프로그램이 있는데, 이것은 이 악대의 훌륭한 실력을 짐작하게 해 주고도 남는다.

한국인의 자존과 기질, 그리고 복색

조선인들은 보편적으로 온화하고 신뢰할 만한 성품을 지니고 있다. 그들의 성품은 일본인보다는 오히려 이웃 나라인 중국인들과 비슷하다. 조선 사람은 낯선 것에 대해서는 처음에는 무조건 불신한다. 그러다가 누군가가 그렇지 않다고 설득하면, 종국에는 불신하던 마음을 돌린다.

조선사회에서 결혼하지 않은 사람은 '성인'으로 인정받지 못한다. 가족의 모임이나 사회에서도 결혼하지 않은 사람에게 발언권을 주지 않는다. 사람들은 머리에 쓴 모자를 보고서야 그가 성인이 된 것을 알 수 있다. 그런데 모자를 쓰는 것은 혼례를 치른 후에야 가능하다. 모자를 쓰면서부터는 머리 모양이 변하게 되는데, 즉 머리꼭지에 가르마를 타고, 머리카락을 위로 틀어 올려 상투를 트게 된다. 그리고 상투가 제 모습을 유지하도록 그 위에 그물 모양 같은 것을 쓰고, 이마에 손바닥 넓이만한 띠를 두르는데, 사람들은 이것을 '망건'이라고 했다. 예전에 망건은 일종의 사치스러운 관습이었으며, 독일산 호박이라든지 산호를 달아 화려하게 장식하기도 했다. 고관이나 '양반'들이 주로 검은 말총이나 비단으로 된 탕건이나 망건을 사용하고, 가난한 평민들은 대나무나 나뭇가지를 잘라서 만든 것을 사용한다.

관료들의 망건에는 작은 보석 장식들이 달린 게 특징이다. 망건은 머리카락이 빠져나오지 않게 하는 기능을 했다. 따라서 그것을 쓸 때는 이마에 꼭 졸라매야 했고, 나중에 그것을 풀게 되면 이마에 심한 자국이 남아 자연스러운 얼굴 모습은 사라지고 어딘지 비틀어진 인상을 주게 된다. 머리에 쓰는 것 중에서 가장 사치스러운 것은 '갓'이다. 그것은 '이상하게' 생긴 통 넓은 바지와 함께 조선인 남자들의 모습을 진기하게 보이게 한다. 갓은 높고 좁은 '굴뚝' 모양으로 되어 있으며, 재료는 검은 말총이나 사람의 머리카락, 혹은 가늘게 자른 대나무이다. 그리고 같은 재료로 테두리가 처져 있다.

상중에 쓰는 모자는 흰색이며, 특히 상주의 모자는 굉장히 챙이 넓어서 사람의 상체가 거의 보이지 않을 정도이다.

궁궐 안에서 상을 당했을 때는 흰색의 상복을 입지 않고, 소색素色의 겉옷을 입어야 한다.

그리고 갓을 머리에 붙들어 매기 위해서는 끈을 매달아 턱 아래에 묶어야 한다. 끈에는 특별히 장식을 매단 경우가 많았는데, 지체 높은 자들의 갓끈에 은구슬이나 호박 구슬을 달아 장식을 한다. 비가 올 때, 조선인들은 기름에 절인 종이로 만든 모자를 뒤집어 쓰기도 하고, 둘레가 1여 m나 되는 방갓을 쓰는데, 상주들이 쓰는 모자(상립)와 모양이 거의 비슷하다. 그리고 조선인들은 비옷으로 중국에서나 일본에서도 자주 볼 수 있는 마른 짚으로 엮어 만든 외투를 입는다.

머리에 쓰는 갓은 남성들만 사용하고, 여성이나 아이들은 머리에 아무것도 쓰지 않는다.

머리에 쓰는 갓은 본래는 관료들과 지체 높은 양반들의 상징이었기 때문에 일반 백성들에게는 사용이 금지되어 있다. 그들은 챙이 아주 넓은 방갓은 물론 보통 우리의 상식으로는 이해하기 어려운 통 넓은 바지를 입는다. 과장될 정도로 폭이 넓은 복색은 조선인의 패션 감각을 잘 드러내 주고, 예의범절에 따른 입는 이의 존경심이 표현되기도 한다. 이러한 의상에는 한 바늘 한 바늘 뜰 때마다 옷 짓는 이의 정성이 듬뿍 담긴다. 그래서 의상에 대한 조선인들의 자부심은 그들이 머리치장에 쏟는 관심과 맞먹는다. 일할 때 사람들 — 물론 서민들에 한해서 — 은 작업에 방해되지 않도록 이마에 띠를 동여맨다.

중국이나 일본에서처럼 조선에서도 서민과 양반의 의상 모양새는 별 차이가 없다. 다만 천의 재질과 색상을 통해 빈부의 차이를 확인할

신축중인 황제의 궁전 공사모습 (덕수궁 석조전)

수 있다. 통이 아주 넓은 바지는 조선인의 의상 중에서 가장 중요한 부분이다. 바지의 옷감은 가볍고 통풍이 잘되는 천으로 만들어져 걷는 데 불편함이 없고, 그 위로 버선을 신기 위해 바지 아래 발목을 끈으로 묶는다. 사람들은 여름에도 무명천으로 만든 버선을 신는다. 솜을 두툼하게 넣어서 발 모양이 제대로 보이지 않기도 하지만 마치 날씬한 사람의 모습처럼 굴곡져 보인다.

　조선인의 상의는 폭이 넓은 하의만큼 풍성하지는 않다. 평민층 사람들은 무명과 삼베로 만든 저고리를 입는 데 반해, 부유층 사람들은 비단으로 만든 저고리를 입고, 오른쪽 가슴 위에 큰 고름을 묶는다. 조선 사람들은 단추나 단추 고리에 대해서는 알지 못한다. 소매는 넓고 둥그런 모양으로 되어 있고, 목 부분에는 깃이 달려 있다. 저고리는 몸판 전체가 열려있다.

그들은 축하연 행사에 갈 때, 이러한 흰 바지저고리 위에 역시 발목까지 내려오는 흰색 두루마기를 입는다. 그래도 복식 중에서 가장 중요한 것은 갓이다. 그것은 조선인들이 인간의 신체 부위 중에서 머리를 가장 귀하게 여기고 있기 때문이다. 그래서 그들은 머리 장식에 큰 관심을 가지고 있으며, 그것을 장식하기 위해서라면 어떤 비용도 아끼지 않는다.

한국의 여인상 — '마나님'과 첩

조선에서 여성들의 지위는 그리 썩 좋은 편이라고 할 수 없다. 그리고 미혼일 경우에는 더욱 그렇다. 결혼과 동시에 여성으로서의 존재는 굳어진다. 만일 결혼하지 않은 처녀가 죽었을 때는 무덤에서도 고통을 받는다는 전설이 생겼을 정도이다. 이런 경우, 망자는 묘지에 묻히지 못하며, 안식을 찾지 못한 처녀의 혼이 생전의 부모를 해친다고 하여 멀리 떨어진 곳, 가능하다면 아예 사람들이 자주 다니는 길거리에 묻기도 했는데, 그것은 오가는 사람들이나 짐승들이 자주 밟아서 땅으로 깊이깊이 묻히게 하려는 의미를 담고 있다. 딸을 가진 부모들은 가능하면 어서 빨리 시집보내려고 한다. 전통적으로 아들은 여덟 살에서 열네 살에, 그리고 딸은 열 살에서 열세 살 사이에 혼인하게 된다. 서양과 비교하면 조선인 남편들의 나이 차이는 천차만별이다.

보편적으로 아내의 나이는 남자에 비해 많다. 남녀 간의 차별은 혼례식에서부터 시작한다. 신랑은 혼례복으로 생전에 단 한 번 단령團領 ― 보통 빌린 옷 ―으로 차려입지만, 신부의 절차는 아주 다르다. 혼례식이 있는 날, 하객들을 맞대면하고 즐겨야 할 신부는 흰 가루로 분칠한 얼굴에 곤지를 바르고, 두 눈에 종이를 발라서 아무것도 못 본 채로 혼례를 치르게 된다.

그리고 신부는 의식을 마친 후, 열흘 동안 신랑과 단 한마디 말도 나눌 수 없다. 이 규칙을 어기는 것을 사람들은 신부네 가정의 수치라고 여긴다. 그러나 반대로 이러한 관습을 잘 지키면 신부가 가정교육을 잘 받았다는 칭찬을 받게 된다. 결혼생활을 한 지 삼사 개월이 지나도록 남편과 아예 대화하지 않는 신부도 적지 않다.

그런데도 조선 사람들은 혼인 자체를 매우 중요하게 여긴다. 그러면서도 대부분의 남성은 여러 명의 처를 거느리기도 한다. '다처'는 본래 나라 법으로 금지되어 있었지만, 전통적으로 내려온 관습에 의해 보편적으로 허용되고 있다. 기혼 남성들 대부분은 첩을 가지고 있었으며, 재산이 많을수록 첩의 수도 많다. 이런 상황에서도 한 가지 확실한 제도가 있는데, 그것은 집안의 본처가 모든 첩을 자기 아래 두고 거느릴 수 있는 권리가 있다는 것이다.

시골에서보다 서울의 거리에서는 우리가 상상했던 것보다 훨씬 많은 여성이 활보하고 있다. 우리 외국인들에게 조선 여성들의 의상은 별스러워 보인다. 그녀들은 마치 아랍국가의 여성들처럼 얼굴을 뒤집어쓰고 다니는데, 이는 남성들이 불결한 생각으로 훔쳐보다가 혹시라도 여인들의 정절을 더럽히게 될 것을 막기 위해서이다. 그렇다고 턱에 묶은 연녹색의 쓰개 옷이 얼굴 전체를 가리는 것은 아니어서, 바람이 불 때면 덮인 얼굴이 살짝 드러나 때마침 지나가는 남성 행인에게 감추어진 여인의 얼굴이 노출되는 일도 적지 않았다.

조선 여인의 의상은 자그맣고 날씬한 여성의 몸매를 가능한 한 모두 감출 수 있게 되어 있다. 게다가 그녀들의 속바지는 남성의 그것과 마찬가지로 무척 넓은데, 이 속바지 위에 치마를 입어 하체를 가리게 된다. 그러나 그녀들은 상의인 저고리를 유방 위에 걸치기 때문에 허리에서부터 유방까지는 맨살이 드러나기도 한다. 서양 여인들은 유방 부분을 살짝 감추는 데 비해, 조선의 여인들은 유방을 자연스럽게 내놓는다.

한편 조선 여인들의 옷 색깔은 매우 단순하다. 치마와 저고리의 색상이 모두 흰색이다. 동양 어디에서도 이처럼 단순한 색상의 옷은 없을 것이다. 물론 남성들의 의상도 모두 흰색이다. 그러나 흰색 자체를 깨끗하게 유지하는 것은 현실적으로 어려웠으므로 마치 조선 사람들은 청결이라곤 모르는 사람들이라는 인상을 준다.

그들은 집 안으로 들어가기 전에 신발을 벗는데, 아마 거리에서 묻은 먼지를 집안에 들이지 않으려고 여인들은 마루에 올라가기 전에 신발 속의 버선을 벗기도 한다. 따라서 그들은 방안에서는 버선만 신든지 아니면 맨발이다.

조선 여인들은 하는 것 없이 놀기만 한다는 일설은 아주 틀린 말이다. 오히려 정반대이다. 그녀들은 바느질을 아주 잘한다. 남편의 옷, 그리고 가족들의 옷을 모두 손수 짓는다. 집에서 베를 짜는 여인들의 길쌈 솜씨나 바느질 솜씨는 기계로 짠 천만큼이나 훌륭하다. 그녀들의 바느질 도구는 우리 서양에서처럼 바늘과 둘째손가락에 끼는 골무가 전부이다. 그들의 골무는 가죽으로 만들어졌고, 한쪽으로 구멍 귀가 나 있는 바늘은 우리 서양의 그것보다 훨씬 실용적이다.

집에서 빨래하는 것도 물론 여인들의 몫이다. 서양에서처럼 빨래통과 비누 물을 사용하고, 때가 타지 않게 풀을 빳빳하게 먹인 빨래는 반질반질 윤기가 난다. 신분이 낮은 여인들은 강가나 시냇가에서 빨래한다. 거리로 나가면 여인들이 빨래하는 모습이 자주 눈에 띈다. 빨래하는 방식은 이렇다. 평평한 돌멩이 위에 빨랫감을 올려놓고, 비비고, 방망이로 두들겨 넌다. 다듬이질은 빨래를 다리는 역할을 한다. 여인들은 두 개의 방망이를 가지고 일정한 간격으로 빨래를 두들긴다. 빨래한 후 밤새 방망이를 두들기는 소리는 마치 서양 채석장에서 돌을 깨는 소리와 비슷한 데, 다만 차이가 있다면, 조선에서는 다듬이질할 때, '처녀와 젊은 아낙' 일이 지루하지 않도록 흥을 돋우는 노래를 부르면서 방망이 소리를 잊는다는 것이다.

사람들은 보름달이 나올 때 빨래하는 것이 좋다고들 하는데, 그것은 방망이질하는 빨래에 달빛, 특히 보름달빛이 비추게 되면 이 빨래의 주인이 병을 앓지 않는다는 미신 같은 이야기가 전해오고 있기 때문이다. 조선 사람들의 이러한 마법과도 같은 민간신앙 ─ 중국도 비슷한데 ─ 은 낭만적이고 시적인 정서가 풍부하다는 사실을 말해준다.

조선인의 생활 / 조선인은 어떻게 사는가

조선 사람들의 집은 인형 집만큼 작다. 그리고 우리 서양인의 주택 형식에서 보자면 이러한 작은 집은 마치 장난감 상자로부터 시작하는 듯하다. 구부리지 않으면 집 안으로 들어가기 힘들고, 방안에서도 바닥에 무릎을 꿇거나 앉지 않으면 머리가 천장에 부딪힌다. 조선 사람들의 주거지엔 서양식의 천장이 없다. '서까래'가 온전히 지붕 밑으로 나와 있다. 부유한 집의 '서까래'에는 그림이 그려져 있고, 겉에는 종이가 발라져 있다. 집을 빙 둘러 ─ 다른 동양 나라의 주거지와 마찬가지로 ─ 마루가 놓여 있고, 마루 위로 지붕이 나와 있다. 더운 여름에는 가족 모두가 그 아래에서 낮에는 물론이고 밤에도 더위를 식히곤 한다. 초가집도 있는데, 낮에는 종이로 바른 창살문으로 빛이 들어온다.

물론 저택도 없지 않다. 그것은 주로 부유층과 명성이 있는 사람들의 집이며, 그리 많지는 않다. 저택들은 중국식 건축양식으로 되어 있고, 높은 지붕 끝으로 잘 가꾸어진 아담한 정원이 있으며, 집으로 들어가려면 수많은 문을 통과해야 한다. 가운데에 있는 문은 '대문'으로 주인 남성이나 그의 친구만 들어갈 수 있다. 동쪽에 있는 문은 집안 친척들이나 친지들만 들어갈 수 있고, 서쪽문은 일하는 사람들만 사용한다.

한 집의 담 안에는 집 세 채가 들어 있는 저택도 있는데, 두 개의 건물 사이에는 마당이 있다. 안채에 들어가기 위해서는 세 개의 문을 통과해야 한다. 첫 번째 문을 들어가면 남자 주인이 '사랑채'에서 손님들 ─ 주인과 동등한 지위의 손님들 ─ 을 맞이한다. 두 번째 문으로는 남자 주인보다 아래인 사람들이 들어올 수 있고, 그 외의 손님들은 문 앞에서 기다려야 한다. 손님이 집을 나갈 때도 똑같은 예의를 차리는 것을 볼 수 있다. 신분이 높거나 부유한 사람들의 집은 바닥에 마루가 깔려 있다. 안방이나 사랑방은 온돌로 되어 있는데, 온돌은 벽돌이나 돌멩이를 깔아놓고 그 위에 구들장을 놓은 뒤 진흙을 바르게 되어 있다. 난방은 집 밖에 있는 부엌에서 불을 땐다. 구들장 사이사이를 통해 불기운이 방바닥을 덥히게 되고, 연기가 그 사이를 돌아 반대편에 있는 굴뚝을 통해 빠져나가게 된다.

온돌방에서 지내는 것이 반드시 아늑하다고는 할 수 없다. 온돌 어딘가에 구멍이 생기게 되면, 연기와 먼지가 방안으로 들어오는 불편함도 있기 때문이다. 여름철엔 온돌방에서 생활하기 어렵다. 그래서 조선 사람들은 여름철에는 온돌을 피하고 다른 방을 사용한다. 부유한 사람들은 방바닥에 전통문양의 고급 화문석 외에도 아주 값진 짐승 털을 깔아 장식하기도 한다. 벽은 기묘한 붉은색 벽돌로 되어 있고, 그 위에 비단 천이나 한지를 발랐다. 사랑채 객실에는 방 곳곳에 대나무 그림들로 장식되어 있다. 지위가 높은 중국인들의 방안 가구들과 비교하면, 조선인들의 방은 가구라곤 거의 없을 정도로 깨끗하다.

그들에겐 가구가 별로 필요하지 않다. 조선 사람들은 의복들과 일

고관의 묘지

상생활에 사용하는 물건들을 우리처럼 옷장에 보관하는 것이 아니라 궤짝에 넣어 보관하기 때문이다.

잠을 자는 안방에만 우리 서양에서처럼 옷을 거는 높은 옷걸이가 있다. 이 옷걸이에는 주로 남자 주인의 옷을 걸고, 여성들은 잠금쇠가 있는 옷궤를 사용한다.

신앙생활 ― 장례의식 ― 선교단체

외국인들은 흔히 조선에는 신앙이 없다고들 한다. 그렇게 보이는 것은 '조상숭배'를 신앙을 대신하여 믿기 때문인 듯하다. 신을 숭배하는 신앙심도 조선인에게는 조상숭배에서부터 시작된다. 그것은 중국인들도 비슷하다.

조선 사람들은 나이가 들어가면서 무속신앙을 믿기 시작한다. 그들의 무속신앙은 나무와 바위 등에 존재하는 신령을 믿었던 옛 조상들의 미신적인 민속신앙을 본받은 것이다. 여러 가지 복잡하고 힘든 의식을 통해 조상숭배 사상이 연관을 맺게 되는데, 가족 묘지가 없는 사람들은 살아있을 때 미리 적당한 묏자리를 골라 준비한다. 그리고 좋은 묏자리인 '명당'을 찾기 위해서는 또한 여러 여건을 고려해야 한다. 그들이 우선으로 선호하는 묏자리는 산속이나 산꼭대기이다.

묘지는 부유한 사람이나 가난한 사람 모두가 서양에서와 같이 주위에 나무를 많이 심고 가꾸어 잘 자란 나무들이 숲을 이루게 된다. 누군가 묘지를 훼손하게 되면 엄벌에 처해지게 된다. 남의 묘지를 몰래 사용하는 것도 금지되어 있다. 무슨 이유에서인지 우리가 잘 이해할 수는 없지만.

가족 중 한 사람이 죽게 되면, 조선 사람들은 참 많은 일을 해야 한다. 묘지를 다지는 일, 장례를 위한 법식 등 전통적으로 내려오는 절차가 매우 복잡하다. 제일 먼저 길일을 잡아야 한다. 장례식 날 이른 아침부터 사람들은 곡을 하고, 장례 절차에 따라 정해진 순서대로 ―
상주들과 친척들, 그리고 '지관' ― 행렬을 지어 장지로 향한다. 장
지 북쪽에는 신을 상징하는 높은 석물이 서 있고, 장지를 빙 둘러 나
무판을 세운다. 축문을 읽는 사람 네 명이 가운데에 세운 나무판 옆
에 서면, 한가운데 수많은 음식으로 상을 차려 놓은 장지에 모인 상주
들이 엎드려 절을 하고, 그러는 동안 하인이 엎드려 땅에다 술을 뿌린
다. 그리고 죽은 집주인의 하인 한 명이 넓은 그릇 안에 한지를 넣어
태우고, 향을 피워 주위에 연기를 내뿜게 한다. 하인이 다시 한 번 공
손하게 절을 하고 나면, 모든 상객이 일어나서 두 번째 절을 올리기 위
해 동쪽을 향해 무릎을 꿇고, 그동안 한 사람이 축문을 읽는다. 축문
을 다 읽은 후 상객들은 또 깊이 몸을 굽혀 절을 하고, 이어서 사람들
이 곡을 한다. 곡을 마치고 나면, 큰 절을 두 번 하고, 상객들은 시신이
들어갈 묘지로 간다. 조선에서는 시신을 매장하는데 그리 오랜 시간
이 걸리지 않는다. 그것은 관이 들어가는 자리를 깊이 파지 않고, 단
지 도로보다 조금 더 깊은 정도로 야트막하게 땅을 파기 때문이다. 시
신을 묻은 후에는 아마도 위생을 고려해서인지 바닥에 석회를 깔고
그 위에 모래를 뿌린다. 새로운 묘지 근처에 조상의 묘가 있을 경우,
상주들은 후손임을 고하기 위해 상을 차려놓고 제사를 지낸다. 장지
를 정하는 것이나 장례식 날을 정하는 것은 '지관'이나 '점쟁이'들이
며, 그들은 '복이 들어오는' 날을 장례일로 정하게 된다. 장례식 절차
는 다음과 같다.

우선 입관을 하기 전날 저녁, 조상을 기리는 사당에 시신을 모신

다. 사당은 집 밖에 있기도 하고, 집 안에 두기도 한다. 다음 날 아침 일찍 해가 뜨기 전에 입관 절차를 시작하게 되는데, 이때 상주들이 무릎을 꿇고 절을 하면서 큰소리로 곡을 하는 것이 입관 예절의 한 절차이다. 해가 완전히 뜬 후에 다시 한 번 이전에 행한 절차를 그대로 반복한다. 절차를 마치게 되면, 여인들은 자리를 떠나게 된다. 관이 상여로 옮겨지고, 상여는 곧바로 넓은 마차에 올린다. 검은색과 회색으로 된 비단 천으로 관 전체를 덮고, 망자의 이름과 지위가 적힌 깃발을 꽂는다. 죽은 이의 모자 — 우리 서양에서 군대식의 장례식이 있을 때의 투구처럼 — 가 관의 중심에 놓인다. 특이한 점은 죽은 이의 머리카락을 관 위에 함께 올려놓는 것이었다. 머리카락은 고인이 생전에 머리를 빗으면서 조심스럽게 모아둔 것이다.

이제는 장례식 행렬이 시작된다. 짐승 털을 뒤집어쓰고 무서운 얼굴의 가면을 쓴 사람들이 상여 맨 앞에 선다. 그들의 임무는 악귀들이 망자에게 접근하는 것을 막는 것이다. 상여 바로 뒤로 한 사람이 망자의 옷이 든 궤를 들고 따른다. 망자가 지체 높은 사람이었을 경우에는 상여 바로 뒤에 종이로 만든 실물 크기의 말이 따르는데, 이 종이 말은 장지에서 불에 태워져 조심스럽게 장지에 뿌려지게 된다. 이러한 예법의 근본적인 목적이 무엇인지는 알 수 없다.

그리고 장지에서 입관까지는 오랜 시간이 걸리지 않는다. 관은 얼굴을 북쪽으로 향하게 놓은 뒤, 상주들 — 죽은 이의 아들들과 남자 친척들 — 은 관이 바닥에 묻힐 때까지 수차례 곡을 하고 엎드려 절을 한다. 그런 다음 상주들은 신분에 따라 몇 사람씩 짝을 지어 장지를 빙 둘러서서 음식과 과일, 술이 놓인 '사방 신' 석판 쪽을 향해 선다. 축문을 외우는 사람이 향로를 피우고 무릎을 꿇고 절을 한 후, 망자의 혼령을 위해 경을 읊는다. 이 예식이 끝나고 나면, 장지에 흙을 언덕처럼 높이 덮고, 그러는 동안 조용히 북소리가 울리고 장례행사는 끝이 난다.

망자의 옷이 든 상자를 집의 사당으로 다시 모시고 와 탈상 예절을 마칠 때까지 모시고 그 앞에서 예를 올리게 된다.

장례식을 마치고 여러 주가 지난 뒤, 서양에서처럼 묘지에 꽃을 장식하고, 그 주위에 사람 형상의 석상과 동물 형상의 석상을 각각 세운다. 지체 높은 사람이나 부유한 사람들은 묘지에 '사당'을 세우기도 한다.

묘비에는 서양에서처럼 망자의 이름과 생몰 연대를 기록하지 않는다. 그리고 '위폐'라는 것이 있는데, 조선 사람들은 이 위패 안에 죽은 이의 혼령이 담겨 있다고 믿는다. 위패는 대개 밤나무로 만드는데, 무엇보다 위폐를 만들기 위한 밤나무는 개 짖는 소리나 닭 우는 소리가 들리지 않는 아주 깊은 숲 속에서 가져와야 한다. 이런 귀한 나무를 구할 수 없는 서민들은 두꺼운 종이로 만든 위패를 사용한다. 그것은 30cm 높이에 3cm 넓이, 그리고 1cm 두께의 크기에 검은색이나 흰색으로 칠을 하고, 그 위에 한자로 망자의 이름을 적는다. 위패의 바깥에는 망자의 혼령이 드나들 수 있는 덮개 문이 있다. 위패는 성물로서 종교적인 성격을 지녔고, 부유한 집안에서는 사당에 위패를 모시고, 탈상 전까지 그 앞에서 제사를 지낸다.

묘지를 관리하는 것은 조선 사람들의 의무 중에서도 가장 중요한 의무이다. 부유한 가정과 지체 높은 집안에서는 '조상'의 묘지에서 상스런 일이 없도록 묘지기를 두며, 돈이 없는 서민들도 마찬가지이다. 조선 사람들은 본인이 망해서 돈이 궁하게 되더라도 조상의 묘지를 팔지 않는다. 간혹 어쩔 수 없이 묘지를 팔게 되는 경우에는 망자의 유해를 미리 꺼내어 다른 곳으로 이장한다.

조상숭배 문화는 매년 정월 초에 최고조에 달한다. 아무리 가난한 사람일지라도 제사를 지내기 위한 경비를 미리미리 준비한다. 고기며, 생선이며, 각종 나물이며, 다섯 가지 탕이며, 닭고기며, 과일이며, 밥과 국, 그리고 술이 제상에 올라간다. 향과 초를 켜고, 향과 종이를 태운다. 조선 사람들은 향을 피우고 태울 때, '혼령'이 곁에 머문다고 믿는다.

제사를 지내기 전날 밤, 그들은 흰옷을 정결하게 입고, 밖에서 밤을 새운다. 새벽 첫닭이 울면, 사람들은 제상에 준비되어 있는 초에 불을 켠다. 이미 차려 놓은 제상 앞의 가운데에 차례를 지내기 위해 비워둔 자리에서 상주들은 몸을 굽혀 조상들을 위해 마련한 음식을 많이 드시라고 간절히 간청한 후, 경건하게 차례를 마치고 나서 방을 비운다. 방에서 나올 때는 방문이 닫혀 있도록 한다.

한참 후 혼령이 '음복飮福'했다고 여겨질 때 다시 문을 열고 들어간다. 그런 다음 모든 상주가 자리에 앉아 혼령들이 '음복'하고 남긴 음식을 나눠 먹는다. 그리고 조상의 도움으로 앞으로도 행운과 복이 함께 하게 되길 기도하지만, 실제로는 위만 상하고 돈주머니만 줄어들 뿐이다. 이러한 제상을 준비하기 위해 수많은 서민이 실제로 빈털터리가 되는 예도 적지 않다.

보통은 3년 상을 지내야 하는데, 첫 2년 동안은 아주 엄격하게 시

1906년에 이토 히로부미가 서울에 도착해서 주관한 환영축연 (X가 이토 히로부미)

행하고, 3년째 되는 해에는 '반 상주' 노릇을 한다. 상주는 3년 동안 망자인 조상에게 생시 때처럼 음식과 담배를 올리는데, 집 안에서도 드리고 묘지에서도 드린다. 이처럼 오랜 상복 기간은 궁이나 일반인 모두에게 해당되며, 그것은 산 사람들이 죽은 이에게 얼마나 효성을 다하는지를 증명하는 것이기도 하다. 이러한 '효' 예절은 황실의 궁중에서 먼저 백성들의 본을 보이는 역할을 한다. 조상을 받드는 그들의 '효자 모습'은 행복과 번영, 그리고 나라의 안녕이 곧 조상이 얼마나

도와주는가에 달려 있다고 믿는 데서 출발한다.

상을 치른 후부터 제사는 1년 이내에 여섯 차례로 정해져 있는데, 1년에 4번 있는 명절과 망자의 생일과 죽은 날이다. 조선 사람들은 제삿날을 엄격하게 지킨다. 아무리 먼 곳에 있어도 제삿날이 되면 특별한 변고가 없는 한 집으로 돌아와 제사 지내야 한다. 그들은 제삿날에 불참하는 것을 '불효'라고 여긴다.

종교를 모르는 조선 사람들은 조상에게 '제사'를 지내면 조상이 원한을 품지 않고 잘 보호를 해준다고 굳게 믿는다. 그들의 과도한 조상숭배 신앙은 망자를 위해 사당을 지어 조상에 대한 신의와 존경심을 표시한다. 그것은 피와 살 속에 파고든 조선인의 믿음이고 종교이다. 그것은 기독교신앙을 전파하려는 선교사들의 사업을 힘들게 만드는 걸림돌이 되고 있다.

천주교의 신부들은 천주교를 전파하면서, 조선 사람들의 조상숭배 사상에 따른 제사 지내는 것을 금지했는데, 오히려 역효과가 일어났다. 천주교의 입교를 거부하는 태도가 더욱 거세졌을 뿐이었다. 천주교 교인이라도 할지라도 마지막 죽음의 순간에는 여타의 관습적인 의식에 의지한다는 것은 잘 알려진 사실이다. 예를 들어, 유교를 숭상하는 사람들도 죽는 순간에는 불교신앙의 관습을 따르듯이 천주교에도 임종을 앞둔 사람을 위한 의식으로 기름을 바르는 의식과 영성체 의식이 있다. 가난한 사람들은 병든 환자가 있다거나, 죽음이 임박했다는 느낌이 들면, 임종 기도와 환자를 위한 헌금을 한다. 그리고 인근 절에서 '스님'을 불러와 죽어가는 자를 위해 기도를 하기도 한다.

이런 경우 선교사들에게는 더없이 좋은 기회이기도 하다. 그들은 물론 재빨리 '기적의 약'을 가져와서 사람을 다시 살리기도 하지만, 그보다 영혼을 구하는 것을 더 중요하게 여긴다. 특히, 세계 어느 대륙의 선교사들보다 실리적인 미국인 선교사들은 영혼을 구제하는 것을 가장 중요한 과제라고 여긴다. 들은 바에 의하면, 미국인 선교사들은 다른 영혼의 구제는 어느 한 면으로는 자신의 영혼을 구제하는 공적이 된다고 믿는다. 그러나 이러한 이야기가 항상 믿음으로 이어지는 것은 아니다. 설령 개종한 조선인이더라도 그의 믿음이 아주 깊은 신앙으로 이어지는 예는 극히 드물다. 얼마 전에 조선에서 민란이 일어났을 때, 수많은 조선인이 천주교로 개종했던 이유는 이전의 예로 형벌을 면할 수 있거나 최소한 감형을 받을 수 있다고 믿었기 때문이다.

여하튼 개종자들이 급격히 늘어나고 있다는 사실은 성황을 이루고 있는 교회 건축을 보면 잘 알 수 있다. 서울에는 수많은 교회 건물이 생겨났는데, 프랑스 선교회의 천주교와 미국에서 건너온 장로교는 그 교회 건물의 크기와 건축 양식이 웅장하기까지 하다.

지금 조선에서의 선교 사업은 한창 번창기이다. 그런데도 교인들의 수는 50년 전과 비교해 더 늘어나지는 않았다. 단지 일화에 지나지 않을 수도 있겠지만, 조선에 천주교가 들어온 경위에 대해 이야기해 본다. 중국의 국경에 있는 한 선교수도원의 병원에서 성장한 한 조선인이 성서를 배우고, 또 나라에서 금하는 교리와 성서를 조선말로 번역하면서, 조선에서의 천주교 선교가 시작되었다.

그로부터 50여 년이 지나, 성서 연구자와 선교사 수는 놀라우리만치 많이 늘어났다. 공식적인 통계에 따르면, 개신교 선교사들은 230명인데, 그중 15명은 영국 출신자이고 나머지는 모두 미국계 선교사이다. 이상하게도 나는 독일인 선교사를 한 명도 만나지 못했다. 그것은 독일인 선교사들이 선교 사업의 적절한 시기를 놓쳤기 때문인 것 같다.

오늘날 조선에서는 미국식 선교 사업이 선두를 차지하고 있을 뿐 아니라, 한반도 전체를 거의 모두 담당하고 있다고 해도 과언이 아니다. 종교가 뭔지 전혀 모르고 오로지 미신에 빠져 있는 조선인들의 '영혼'을 구하기 위해 죽을 각오로 헌신적인 열정을 받치고 있는 미국인 선교사들의 선교 사업에 대해 우리는 높게 평가해야 한다. 그러나 그들의 열정이 매번 성공을 거두는 것은 아니었다. 선과 악의 존재를 확신하는 미신숭배에 빠져 있는 조선인들, 마술적이고 초자연적인 힘을 믿는 그들을 바꾸기 위해서는 힘들고 오랜 시간의 노력이 필요하다.

엘리스 루즈벨트의 서울 방문과 조선 황실 능에서의 영접 행사

서울에서 체류하는 동안 잊을 수 없는 기억 중 하나는 미국 대통령의 딸 엘리스 루즈벨트와 그녀의 약혼자 롱워스Mr. Longworth의 조선 방문[33]이다. 특히 기억에 남는 것은 조선 황실에서 귀빈을 영접했던

---

33 미국 대통령의 딸 엘리스 일행의 조선 방문은 1905년 9월 19일부터 29일까지 11일간이었다. 이 기

장소와 미국에서 온 이 귀빈들을 초대했던 연회장이었는데, 각각 다른 인상을 받았다.

1905년부터 루즈벨트 엘리스와 그녀의 약혼자 롱워스가 함께 세계여행을 하고 있다는 것은 세인들에게 이미 알려진 사실이었다. 그들의 여행은 아시아에까지 이어졌고, 일본 왕의 영접을 받는 자리에서 그녀는 우연히 조선 황실의 초청을 받게 된다. 초대한 측과 기꺼이 그 초대를 수락하는 과정의 시간이 너무도 짧아서 영접을 준비할 시간이 턱없이 부족했다. 국빈을 맞이하려면, 준비할 일이 여간 많은 게 아니었기 때문이다. 우선 격식에 맞는 실내 장식과 가구가 준비된 연회 장소를 마련하는 것은 물론 연회 준비를 위한 재원을 마련하는 것도 여의치 않았다. 혹 경제적으로 가능하다고 해도 실내 장식에 필요한 적절한 가구들을 짧은 시간 내에 구하기는 더욱더 쉽지 않았다. 서울은 서양의 어느 대도시들과는 달라서 손바닥 뒤집을 만큼의 짧은 시간 내에 국제적인 손님들의 취향에 맞는 실내 장식과 격식 있는 가구들을 마련한다는 것은 사실상 거의 불가능했다. 그뿐만 아니었다. 초대자들 외에도 그들의 수행자들, 그리고 그 외의 수많은 손님을 모두 영접하려면 엄청난 양의 음식을 마련해야 하는데, 요리 재료를 비롯해 각종 음료수를 조달하는 것은 보통 문제가 아니었다. 그러니 궁중의 이러한 초청 연회를 책임져야 하는 나는 정신이 혼미해질 수밖

간 엘리스 양의 조선 체류에 대해서는 김원모, 1987, 「루스벨트양의 서울방문과 대한제국의 운명 (1905)」, 『향토서울』 제44호, 서울시사편찬위원회 참조할 것.

Seoul le 19 Septembre, 1905.

DINER :

—

Potage pointes d' asperges

Poisson roti aux Champignons

Pigeons aux Olives

Paté de foie gras en aspic

Filet braise aux Truffles

Asperges en branches—Sauce Hollandaise

Roti, Gigot de Mouton

Salade

Glace d' Ananas

Fromage

Desserts assortis

Café ——— Cognac

Liqueurs.

조선 황제가 이토 히로부미를 환영하는 축하연회의 식단

에 없었다. 이러한 혼란 속에서 국빈을 영접할 장소로는 덕수궁이 결정되었다. 그곳은 연회를 개최하기에 적절한 실내 장식이 이미 되어 있었기 때문이었다.

미국 대통령의 딸을 바로 앞에서 볼 수 있다는 호기심에 서울에 체류하고 있던 미국인들과 유럽인들을 비롯한 모든 외국인은 큰 관심을 보였다. 그녀와 그녀 약혼자의 조선 방문을 모르는 사람이 없을 정도로 화젯거리였다. 그녀의 무례한 행동에 대한 소문과 그녀의 괴팍한 성격과 태도는 물론 '엘리스 공주'라는 이름으로도 불리었던 그녀에 대한 풍문은 무성하기만 했다. 미국인들 자신도 그들의 루즈벨트 대통령의 딸에 대해 "그녀는 레이디로 부를 만한 여인이 아니다She is not what we call a Lady"라고 표현할 정도라고 했다. 여하튼 그녀는 수행 비서진들과 약혼자 롱워스와 조선 황제의 덕수궁에 도착했다.

조선의 황제는 미국 '대통령의 딸'의 방문에 최고의 경의를 표하는 의미를 이미 세상을 떠난 황후의 묘역[34]에 축하 연회를 준비하도록 명령했다. 아무리 국빈이라 해도 이렇듯 극진하게 환영하는 예는 극히 드물다고 했다. 조선 사람들의 전통적인 사상인 조상숭배에 대해 잘 알고 있는 사람이라면, 이번 환영행사가 얼마나 특별한 예우로써 베풀어지고 있는지를 잘 알 수 있었다. 그들에게 조상의 묘지는 가장 신성하고 축복받은 장소였기 때문이다.

황후의 능은 서울 황궁에서 1마일(영국 1마일은 1,609m, 독일 마일은 7,500m 거리) 정도 떨어져 있었고, 제법 높은 곳에 있어서 빙 둘러 내려다보이는 시내의 경관이 아주 아름다웠다. 고요한 평화가 깃들어 있는 능 주변은 꽃들로 가꾸어져 있었고, 기괴한 석물들이 능을 지키고 있었다.

황실의 의전 담당이었던 나는 미국 대통령의 따님을 직접 영접하는 임무를 받았다. - 물론 조선 황제의 명령으로. 그런데 대통령의 딸

---

34 당시에는 영휘원으로 불림. 지금의 홍릉

을 위한 축하연이 베풀어진 이 성스러운 황후의 능에서 어처구니없는 일이 벌어진 것이다.

각종 다과와 음료수들을 담을 그릇 등등을 — 모든 음식은 찬 것으로 준비했다 — 준비해 시종들 편에 앞서 고귀한 황비의 묘지로 보냈다. 그리고 공식적인 예법을 갖추고 국빈을 맞으러 가는 화려한 행렬이 천천히 능을 향해 이동했다. 고관대작 20여 명이 탄 가마들이 행렬을 뒤따랐는데, 나도 그 가마 중 하나에 타고 있었다. 그리고 내 가마의 바로 곁으로 통역관이 궁중의 예법대로 걸어서 따라왔다. 행사에 참석한 사람들은 한 사람도 빠짐없이 예복을 갖추어 입었다. 녹색 가마를 메고 가는 가마꾼 8명도 큰 행사에만 착용하는 노란색 옷에 검은색 모자를 쓰고 붉은색 두건을 이마에 두르고 있었다.

우리가 왕릉[35]에 도착하니 이미 많은 축하객이 먼저 와서 기다리고 있었다. 그들은 주로 외교관과 관료들이었다. 황실의 '의전 담당'인 고희경과 민영환 장군, 그리고 조선 황실의 높은 고관들이 귀빈의 도착을 기다리고 있었다. 그리고 지루할 것을 염려해서인지 막간에 황실악단이 연주하고 있었는데, 오히려 그들의 연주는 장소와 전혀 어울리지 않았다.

갑자기 뿌옇게 먼지가 일더니, 위세 당당하게 말을 탄 무리가 나타났다. 바로 미국 대통령의 딸 '엘리스 공주'와 그녀의 약혼자, 그리고 수행원들이었다. 그런데 이 순간을 기다려왔던 하객들은 놀라는 기색

---

35 永徽園(명성황후의 능)을 가리킴

이 역력했다. 붉은색의 긴 승마복에 짝 달라붙은 바지를 무릎까지 올라오는 반짝거리는 가죽 장화에 집어넣고, 오른손에는 말채찍을 들고 있고, 심지어 입에는 시가를 물고 있는 미국 대통령 딸의 모습을 고위층 하객들은 전혀 상상하지 못했기 때문이었다. 그들은 그녀의 전혀 다른 모습을 기대하고 있었다.

황후의 능 앞에서 행렬이 멈추자, 하객들이 모두 머리를 굽혀 예를 표했다. 이윽고 나는 의전관으로서 황실의 고관들과 함께 나서서 이 '기병대의 모습을 한 딸'에게 환영 인사를 했다. 그녀는 우리의 환영 인사에 겨우 고개만 까닥이며, 감사 인사를 표했다. 예절에 맞는 그런 태도는 아니었다. 그녀의 관심은 오히려 무덤가에 세워져 있는 각종 수호 석상들이었다. 갑자기 그녀가 한 석상의 등에 올라탔다. 그리고는 그녀의 약혼자에게 눈짓하자, 그는 재빨리 카메라를 꺼내 들고는 렌즈의 초점을 맞추었다.

황실 가족의 묘소에서 보여준 그녀의 '얼굴 찌그리게 한' 행동에 우리는 모두 경악했다. 미국인의 특징을 잘 드러내 주는 한 단면이었다.

우리를 당혹스럽게 만드는 그녀의 행동을 지켜보는 하객들 사이로 얼음처럼 차가운 냉기가 감돌았다. 특히 조선 고관대작들이 당혹스러워했다. 성스러운 장소에서 부적절한 행동을 한 미국 대통령의 딸에 대한 조선인들의 거부감과 모멸감을 우리는 결코 상상할 수 없을 것이다. 그래도 이 '험악'한 위기의 순간을 무사히 넘어가게 한 것은 다과 시간이었다. 궁궐에서 준비해온 온갖 맛있는 음식들과 차 대접은 하객들로부터 큰 환대를 받았다.

그러나 이런 상황에도 '엘리스 공주'는 아무것도 인식하지 못했다. 그녀는 멀리서 찾아온 황실의 하객들에게 예를 보이지도 않았고, 접대에 대한 감사의 인사도 없었다. 그녀는 샴페인을 마시고 다과를 즐기면서 ─ 그것도 적지 않게 많은 양을 먹으면서 ─ 미국공사인 모간 부인Mrs. Morgan하고만 몇 마디 대화를 나누었을 뿐이었다. 환영연회 또한 황당하게 끝이 났다. 갑자기 그녀가 모두 말에 올라타라고 명령하자, 약혼자와 함께 따라온 수행인들이 마치 '서부의 버펄로 빌Buffallo Bill'처럼 영접 행사장을 떠났다.

미국 대통령 딸의 첫 실수는 어디서도 호감을 사지 못했고, 이를 느낀 그녀 역시 조선 황실의 귀빈 '노릇'하는 것을 좋아하지 않았다. 다음 차례로 준비한 화려한 연회석상에 그녀는 나타나지 않았고, 그녀를 대신하여 그녀의 약혼자와 수행원들만 연회에 참석했다.

그녀는 아주 짧게 국빈으로 조선에 방문했지만, 그녀의 불손한 행동은 북아메리카 여성의 교육수준에 대한 조선 사람들의 경계심을 갖게 만드는 계기가 되었다.

험난한 조선의 정세

러일전쟁 후, 조선의 정국은 나날이 위험을 몰고 오는 검은 구름으로 뒤덮이기 시작했다. 그리고 불길한 정세를 알아차린 조선의 백성들은 술렁대기 시작했다. 이러한 사실을 전혀 눈치 채지 못하고 있는

조선의 고위관료와 외교관들

단 한 사람이 있었는데, 그는 바로 조선의 황제였다. 그는 여전히 일본을 신뢰하고 있었고, 그런 일본이 자국의 정세를 간섭하거나 왕위를 찬탈할 거라고는 전혀 생각하지 못했다. 그러던 일본에 대한 황제의 굳건한 믿음도 마침내 허물어지기 시작했다. 최근 들어 일본이 드러내놓고 조선의 국권을 넘보고 있기 때문이었다. 그 사이 일본의 전함들이 제물포 앞바다에 정박했고, 일본인 장군들과 고관들이 조선의 수도 서울에 입성하였다. 그들이 무엇을 원하는지는 분명했다. 여차하면 서울에서 자기네의 권력을 행사하려는 준비였다.

그런데도 조선의 황제는 ─ 뒤늦게 일본의 본심을 알게 되었지만 ─ 아직도 그들에게 친절했고, 손님으로 정중하게 대했다. 황제는 거의 매일 찾아오는 이 '손님'들을 친절하게 맞이했다. 일본의 하세가와長谷川好道 장군이 60여 명의 무리를 이끌고 와 알현을 청했고, 그와 동시에 궁궐 주변에 조선인 군대와 일본인 군대를 곳곳에 배치한 것은 우리 모두의 호기심을 불러일으켰다. 그가 수많은 고위직의 수행원들을 대동하고 왕의 알현을 요구한 데는 물론 조선의 황제에게 일본의 위세를 보이면서 그들의 요구 사항을 강압적으로 관철하기 위한 것이었다. 일본의 요구 사항 중에서 가장 중요한 내용은 조선 조정을 직접 간섭하겠다는 것이었다. 목적을 달성하기 위해 일본 측은 한편으로는 계속하여 황제에게 알현을 청했고, 또 다른 한편으로는 조선 조정을 간섭하기 위한 준비를 체계적으로 진행하고 있었다.

더불어 그들은 조선에서 신임을 받고 있는 사람들과 조정의 고관들을 개인적으로 접촉하여 자기네 편으로 끌어들이는 작업도 실행했다. 조선 황실에서 종사하는 실세 중의 실세는 세관장 맥레비 브라운 Mac Lavy Brown이었다. 어느 날 하세가와와 맥 레비 브라운이 함께 황제를 알현했다. 그때 브라운이 황제에게 그동안 일을 너무 많이 해서 휴가를 다녀오겠다는 뜻을 알렸다. 브라운 스스로 원했는지 아닌지는 알 수 없지만, 여하튼 그는 좋은 표정으로 조선을 떠나 고향으로 돌아가게 되었고, 일본인 소가Soga가 그의 자리를 차지했다.

일본은 이런 식으로 물밑작업을 마쳤고, 어느 날 이토 히로부미伊藤博文라는 자가 조선에 나타났다. 그는 당시 일본 정계에서 쟁쟁한 정치가로 활동하고 있었다. 이토의 조선 방문은 일주일 전에 통보되었고, 조선 황제 측 사람들은 이 노련한 일본인 정치 거물을 환대하기 위한 만반의 준비를 하느라 분주했다. 이토와 그를 따라오는 30여 명의 수행원을 영접할 장소와 숙소를 꾸미고, 이 손님들을 시중들 하인들을 임시로 채용하는데 신경을 써야 했다. 수많은 시종을 원만하게 관리하는 것은 적지 아니 힘든 일이었다. 국빈과 수행원들의 숙소는 결국엔 손탁 양의 저택을 사용하기로 했는데, 이미 외교관 영사들이 세 들어 살고 있어서 해결이 쉽지 않았다.

여하튼 손님 맞을 준비가 끝나고 이토가 서울에 도착했다. 그의 체류 기간은 3주였다. 황제의 각별한 지시로 접대 연회는 온갖 요리와 술이 차려졌고, 연회가 계속되면서 점점 더 성대해지는 방식으로 진행된 접대 행사는 아주 훌륭하게 치러졌다. 그런데 국빈 손님의 접대만 최상의 대우로 진행된 것은 아니었다. 그들이 요구하는 정치적인 협상도 만족스러운 수준으로 진행되었다. 이토의 방문에서는 조선 역사상 유례없이 많은 알현과 국제적 협상이 이루어졌다. 황제는 평소 건강이 좋지 않았는데도 태연하면서도 의젓한 자세로 힘겨운 내색을 전혀 보이지 않았다. 황제의 이런 태도에서 우리는 예절 바른 황제의 면모를 다시 확인할 수 있었다.

반면 일본인들은 지나치게 예의 바르고 정중하게 행동했지만, 조선 황제를 통치자로 인정하지 않고 있다는 것을 느낄 수 있었다. '고요한 아침의 나라' 조선을 방문하여 일본에 유리한 협상을 얻어낸 이토의 정치 능력은 외교가로서의 자질을 더욱 돋보이게 했다. 외모만 보아도 그는 평범하지 않았다. 그는 대부분의 동양인 얼굴에는 잘 어울리지 않는 날렵한 회색 수염과 남성다운 자태를 지니고 있었고, 거기에 활기 넘치는 교활함까지 겹쳐 있는 독특한 인상을 지니고 있었다. 이제는 완연한 노년에 이른 이토를 일본인들은 과장되게도 독일의 비스마르크 수상과 견준다. 그는 목적을 달성하기 위해서라면 옳고 그름을 따지지 않고 온갖 수단과 방법을 사용했다. 지휘관으로서 사태를 감지하는 그의 날카로운 눈초리는 어떤 적장이라도 굴복시킬 수 있을 만큼 위압적이었고, 기세가 등등했다. 이토의 수행원 중에서 두 인물 — 스즈키 남작Baron Susucki과 이노우에 제독Admiral Ynouye이 특별히 눈에 띠었다. 스즈키는 키가 크고 날씬했으며, 회색 머리카락으로 덮힌 그의 잘생긴 얼굴은 그의 검은색 수염과 독특한 대조를 이루었다. 반면에 이노우에 함장은 작은 체구와 전형적인 일본인의 얼굴 모습을 지니고 있었지만, 영리하고 기력이 넘치는 예리한 인상을 지니고 있었다. 지휘관으로서 러일전쟁 때 큰 공적을 쌓아 일본 정계의 실세로 등장하게 된 이노우에는 그 당시부터 쭉 이토를 수행했다. 언어 능력이 뛰어나고, 외교관으로서도 충분한 실력을 갖추고 있었던 이 두 사람은 국제적인 외교무대에서 큰 활약을 펼치는 공적을 쌓았다.

이토는 조선을 떠나기 전, 그 자신은 물론 자신의 수행자들에게 베풀어준 조선 황제의 환대에 감사하는 성대한 연회를 베풀었는데, 이 연회에 초청된 인사들은 조선 고관들을 합쳐 최소한 60명이 넘었다. 그리고 이 연회는 큰 성공을 거두었다. 일본은 연회의 주관자로서 조선의 최고 관료들을 초대했고, 음식은 물론 각종 음료수까지 모두 유

앨리스 루즈벨트와 부군 롱워즈가 주한 미국대사관 정원에서 (사진 X 앨리스 양과 부군)

럽식이었다. 심지어 독일산 요리 재료와 프랑스산 샴페인에 이르기까지 동양인들의 입맛을 돋우는 모든 음식을 차려냈다. 물론 연회에 참석한 손님들은 서양식 음식을 잘 아는 사람들이었다. 연회실과 정원은 연회 성격에 걸맞게 밤 풍경을 화려하게 장식했다. 실내와 실외는 모두 수많은 꽃으로 장식되었고, 조선의 국화와 일본의 벚꽃이 서로 조화를 이루었다. 식탁은 화환 장식, 식탁에는 노란색과 빨간색 비단보가 깔렸고, 식탁 사이사이에는 셀 수 없이 많은 전구로 화려하게 장식되었다.

연회는 남성들의 잔치였고 여성들의 참석은 허용되지 않았다. 군인 신분의 손님들은 군대 예복으로 정장을 했고, 조선의 고관들은 서양식 정장으로 검은색 연미복에 흰 나비넥타이를 맺다. 이러한 장면은 마치 서양의 어느 연회를 보는 듯했다. 연주단장인 에카르트의 지휘로 독일 음악이 흥겹게 흐르면서 사람들은 먹고 마시는 데만 그치지 않고 춤을 추기도 했으며, 그렇게 분위기가 무르익어가면서 마치 독일 연회장에 온 것 같은 환상이 들게 했다. 그리고 아름다운 조선 황실의 궁중 기생들이 조선 고관들과 일본인들의 흥을 돋웠다. 기녀들의 춤은 서양식의 사교춤이 아니었고, 서양식의 것과 전혀 다른 그녀들의 춤사위들은 우리 유럽인에게는 낯설었지만, 그녀들이 춤을 추는 모습은 매우 우아했다.

새벽 동이 트면서, 참석자들은 아직도 들뜬 기분에 젖은 채 연회장을 떠났다. 연회를 주최했던 이토도 연회를 성공적으로 마친 것에 스스로 만족스러워했다. 며칠 후, 그는 일본 왕에게 보고하기 위해 본국으로 돌아갔지만, 대부분의 수행원은 서울에 그대로 머물면서 모략을 꾸몄다.

믿을만한 소식통에 의하면, 그들은 조선 고관들에게 뇌물을 주면서 그들의 정치모략에 가담하게 하는 의무를 맡았다고 했다. 참정대신 한규설[36]韓圭卨과 외무대신 박제순朴齊純, 그리고 몇 해 전에 일본인들에 의해 살해되고, 사후 명성황후로 책봉된 왕비의 조카인 민영환閔泳煥 장군만은 조선 황실을 내정 간섭하고, 조선 황제의 실권을 박탈하자는 일본의 요구를 거절했다. 그래서 어쩔 수 없이 일본은 황제의 권한을 당분간은 그대로 인정하기로 했다.

---

36 저자는 Ham Kiu-sul이라 적었으나, 韓圭卨을 가리킨다.

그러나 조선의 실세였던 고관 세 명이 계속해서 일본의 회유를 거부하고, 서명하지 않자, 일본인들은 결국 무력으로 그들을 제거하고 만다. 그리고는 궁정의 고위직 관리들이 보관하고 있던 황제의 옥새를 빼앗으려는 '몸싸움이 벌어졌다. 뺏기지 않으려고 안간힘을 쓰는 조선 고관의 손에서 결국 황제의 옥새는 일본인의 손으로 넘어가면서, 그들의 암투는 일단락을 지었다. 일본 측의 강요로 작성된 조약문서는 그것을 반대하던 세 명 고관의 서명 없이도 효력을 발생하게 된다.[37] 문서의 내용은 대체로 다음과 같다.

1. 일본 정부가 조선의 행정부를 담당한다.
2. 일본은 조선에 대한 모든 결정권을 가진다.
3. 조선은 일본의 허락 없이 다른 어느 나라와도 협약을 맺을 수 없다.
4. 조선 내의 외교기관은 서울에서 도쿄로 그 공관을 옮긴다.

위의 문서에는 박제순과 민영환 장군의 서명은 빠져 있다. 민영환은 그날 밤 일본인들의 간교한 음모를 막아내지 못해 조선의 운명을 비탄에 빠지게 했다고 자책하며 스스로 목숨을 끊었다.

그리고 며칠 후 1905년 11월 16일, 다시 서울로 돌아온 이토는 황제에게 알현을 강요했고, 그 자리에서 보호조약문서를 내놓으며 서명

---

37 1905년 11월 17일에 맺어진 '을사늑약'을 말한다. 이 조약으로 조선의 외교권이 일본에 박탈되었으며, 통감부의 설치가 이뤄졌다.

을 하고, 스스로 보호국을 인정하라고 재촉했지만, 그는 황제로부터 "이 나라의 자주독립은 내 목숨 위에 있다"는 답변을 받게 된다.

황제의 서명을 받기 위한 이토의 노력은 일단 실패로 돌아갔다. 그러나 그는 조선 황제의 인가를 받아 내기 위해 온갖 모략을 꾸몄다. 현재는 로마에서 이탈리아 주재 일본 대사직을 맡고 있지만, 당시에는 조선에서 일본 대사로 활동하던 하야시林權助를 시켜 다음날 조선의 모든 고관을 조찬에 초대하게 했다. 물론 목적은 조선 고관들을 자기네 편으로 끌어들이기 위한 것이었다. 조찬 모임이 열린 소궁(경운궁)의 황실도서관에서 황제의 참석 하에 또 다시 보호조약을 강제로 체결시키려고 시도하였지만, 하야시가 참석한 조찬회의장은 또다시 아수라장이 되고 만다. 그는 황제를 굴복시키지 못했다. 일본 측에 유리한 협정을 절대 받아들이지 않겠다는 황제의 완강한 태도는 변함이 없었다. 동의하지 않겠다는 황제의 결심은 단 한마디 "절대 안돼"라는 말로 반대 의사를 분명히 드러냈다.

그러자 이토는 그 당시 합세했던 하세가와 휘하의 일본 군대가 궁궐을 에워싸고, 외부와의 접촉을 차단하라고 지시했다.

그러자 일본 측의 억압에 못 이긴 중신들이 보호문서에 서명하려는 조짐을 보였다. 그때 오직 참정대신 한규설만 황제의 반대 의견에 합세했고, 일본 측은 그런 그를 가만두지 않았다. 그는 현직에서 파면당하고 유배되었다가 이토가 실제로 조선의 정권을 잡은 후에야 유배에서 풀려난다. 이로써 조선은 '그림자 제국'으로 전락하고 만다.

일본이 획책한 보호국은 결국 그들 뜻대로 되었다. 이토는 조선의 황제와 충신들의 반대를 무시하면서 재빨리 조선의 국정을 바꾸기 시작했다. 그는 맨 먼저 일본 대사관의 실내 보수작업을 지시했다. 그리고 바로 이 건물은 조선의 국정을 주관하게 된 이토의 공관으로 사용하기로 결정되었다.

실무를 시작하기 위한 준비를 하는 동안 이토는 일본에 다녀왔다. 도쿄에 갔을 때, 그는 일왕으로부터 조선의 집권자로 공식 임명되었다. 그때가 1906년이었다.

이런 결과가 초래되리라는 것을 이미 짐작하고는 있었지만, 실제로 보호국이 사실로 알려지자, 조선인들의 격양된 반응은 최고조에 달했다. 이토는 조선인들이 격분하여 그 자신과 일본을 해칠 것을 염려하여 엄중한 무력 조치를 취했다. 만일 그렇게 하지 않았더라면 이토는 생명이 위험하게 되었을지도 모른다.

그는 한편으로는 무력을 행사하여 조선인들의 격분한 태도에 대응했고, 또 다른 한편으로는 천부적인 외교술로 조선인들의 격분한 감정을 달래기 위해 축제를 계획했다. 축제는 조선의 역사상 유래를 찾아볼 수 없을 만큼 거대한 행사였다.

이토가 계획한 축제는 행사 그 자체만으로도 굉장했지만, 당시의 상황에서는 매우 기발했다. 그는 축제 장소로 일본 통감부가 있는 남산 꼭대기와 그 주변을 선정했다. 나무가 없어 황량하기만 한 주변 경관은 그리 좋은 편이 아니었다. 그러나 화려하게 꾸며지면서 그곳은 축제 장소로 더 없이 돋보였다. 크고 넓은 천막들과 갖가지 색으로 장식한 깃발이 군데군데 꽂혀 있는 정자 안에 축제 분위기에 들뜬 수많은 관람객의 휴식처가 마련되었다. 때마침 등장한 악대가 축제의 분위기를 돋우는 음악을 연주했고, 분위기는 한층 고조되었다. 물론 조선인들에게 조선의 음식이 풍족하게 제공되었다. 그는 조선인의 음식에 특별히 신경을 썼다. 그것은 물론 조선인에게 인심공세를 하기 위한 것이었고, 그 효과는 아주 컸다.

저녁때가 되어 축제 분위기가 무르익어 갈 즈음 넓은 축제장에 매달려 있던 수많은 등에 불이 켜졌다. 그것은 마치 축제장을 동화 속의 세계로 옮겨 놓은 듯, 그 호화찬란한 아름다움은 이루 형용하기 어려웠다. 서양에서는 축제 때에 축제 기념엽서가 등장한다. 이번 서울의 축제에서도 기념엽서의 판매는 대성공을 거두었다. 일본 주최자는 행사장에 임시 우체국을 설치하여 특별엽서와 우표를 발행했는데, 이날 단 하루만 구매를 가능하게 했고, 특별우체국에서만 우편을 보낼 수 있게 했다. 물론 그들이 기념우표와 기념엽서를 발행한 것은 언제까지나 조선 사람들에게 이날을 기억하게 만들려는 의도가 숨어 있었다.

특별히 넓은 천막에는 약 500여 명이 자리에 앉을 수 있었다. 이토와 이 자리에 특별히 초대된 귀빈들, 특히 각국의 대표 외교관들을 위한 연회석이 차려졌다. 정해진 자리 역시 매우 독특했는데, 유럽인 곁에는 일본인, 일본인과 조선인 곁에 유럽 여성들이 앉았다. 일본의 친정에 어쩔 수 없이 끌려가는 몇 명의 대신들을 제외하고 조선 조정의 관료들은 거의 참석하지 않았다.

내게도 영예의 기회가 주어졌다. 이토의 측근들이 앉은 자리에 나도 끼어 앉아서 이토와 흥미로운 대화를 나눴다. 독일을 수차례 방문한 적이 있었던 이토는 독일에 대해 좋은 인상을 지니고 있었다. 그는 나와 대화를 나누는 동안, 나를 그저 독일인 여성 정도로만 대우하는 게 아니라는 느낌을 받았다. 그는 독일인들을 긍정적으로 생각했고, 독일에 대해서도 역시 좋은 기억을 간직하고 있었다. 이토는 독일 군대에 특별한 관심을 보였다. 그가 독일인들은 청결하고 규칙적인 생활을 한다고 칭찬했던 것이 기억난다. 그는 독일의 정치가 중에서 특별히 독일공화국을 세운 비스마르크를 존경했고, 비스마르크의 국제적인 외교술과 정치적인 재능을 끝없이 칭찬했다.

축제가 끝나고 며칠 후, 이토는 친절하고 예의 바르게 중국 토산물인 나전칠기를 내게 선물로 보내주었고, 그날 밤에 즐거운 대화를 나눌 수 있었던 것에 대해 고맙다는 인사말도 함께 보내왔다.

개혁 시대

일본 천황이 이토에게 백작이라는 칭호를 내린 지 얼마 되지 않아, 그는 조선국의 발전을 위한다는 명분을 내세워 개혁을 단행했다. 일본의 억압정책 하에 이루어지긴 하였지만, 새로운 문명의 발전을 이룩하게 될 새로운 개혁을 받아들이는 데 있어서 조선인들은 소극적이다 못해 오히려 주저했기 때문에 서서히 진행될 수밖에 없었다.

이토가 가장 먼저 개혁에 손을 댄 것은 조선 조정에서 황실의 재산을 축내는 할 일 없는 중들과 무당들, 그리고 내시들과 그와 비슷한 종류의 궁인들을 궁 밖으로 쫓아내는 것이었다. 조선 황실에서는 필요한 경비들을 지금까지 나라의 세금으로 지급하고 있었는데, 일본은 이러한 경비 중의 일부를 '적절한 선'에서 삭감했다.

황실의 토지는 지금까지는 나라 땅 전체의 4/1 정도였는데, 그 토지를 조선 통감부 산하에 넘기게 했다. 그리고 여기에서 들어오는 수억 원을 매년 정부에 주기로 했다. 나라의 산림들과 지금까지 사용하지 않고 있는 대지의 활용에 관한 법 규정도 부분적으로 제정했다.

농지법도 고치고 목화를 심을 수 있는 최적의 기후와 비옥한 땅을 선정해 생산력을 증대시키는 실험도 했다. 철도선이 부족하고, 도로 사정이 좋지 않았던 시골 마을의 도로를 확장공사 했다. 그로써 아주 비좁았던 시골 길에도 조랑말, 소, 당나귀 등등 짐을 운반하는 짐승들이 다닐 수 있게 되었다. 겨우 한 걸음 넓이의 좁은 길목에는 거인만

한 크기의 괴상한 형상인 '장승'들이 서 있었고, 장승의 모습은 지나가는 사람에게 겁을 주고 놀라게 했다. 울긋불긋한 색으로 칠을 한 거인 형상은 금방이라도 잡아먹을 것처럼 이를 드러내 보인다. 길을 안내하는 역할 외에도 악신을 쫓아낸다는 장승의 두 눈 부릅뜬 채 협박하는 눈초리며, 말총 수염이 달린 입술과 턱 등은 정말이지 조선 사람들의 미신신앙에 걸맞은 모습이다. 지금은 최소한 1만km가 넘는 도로 공사가 한창이다. 그리고 철도 공사로 말하자면, 이미 일본 측에서 시공했던 철도 공사도 조선 전역에 걸쳐 진행되고 있다.

해상무역에 대한 관심이 높아지면서, 오래된 항구 시설이 보수되기도 하고, 새로운 항구가 개항되기도 했다. 몇 년 전부터 적자로 들어간 해상무역은 조선에서만의 문제는 아니었다. 전 세계적으로 어려운 경제 사정이 동양에도 영향을 미친 탓이었기 때문이다. 조선의 경제가 되살아나려면, 조선 내의 정국이 안정되어야 한다.

일본인들이 조선인들에게 형법 규정을 강요하는 것은 어쩔 도리가 없는 일이었다. 그들은 조선 전역에 지방법원은 물론 고등법원과 국가의 최고법원까지 세울 계획이고, 현재로써는 판검사를 당연히 일본인들로만 구성하고 있었지만, 차후 조선인 법률전문가로 대치할 계획이다. 따라서 조선인들은 일본의 속국이 된 것에 감사해야 한다. 왜냐하면, 조선의 민법과 형법이 실효를 발휘하고, 차후 경찰의 개혁, 세금에 관한 법이 확정되고, 또한 현대적 교육제도에 이르기까지 그 기반을 닦게 되면, 조선 사람들은 일본이 조선을 혁신적인 법치국가로 만든 것에 고마워하게 될 것이다.

요즘 조선사회는 정치적, 사회적, 공적인 생활상이 완전히 다르게 변하고 있다. 이토 백작이 조선의 백성과 공무원들에게 지속적으로 엄격한 개혁정책을 펼치면서, 여러 방면으로 공직사회가 개선되었다. 조선 사람들은 이토가 일본인들에게만 최고의 급료와 공직을 나누어 주고, 조선 조정의 실세나 가난한 조선 사람들에게는 무력을 사용한다고 비판하지만, 결코 그렇지 않다. 이토가 조선의 정치개혁을 진행하면서 자기가 신임할 수 있는 최고의 능력자를 선정하는 것은 당연하며, 이토의 개혁안을 오히려 방해할지도 모르는 조선 사람들에게 공직을 줄 수는 없기 때문이다. 조선인의 반대를 무릅쓰고 개혁을 강행하는 정치적 수장이 '유리 장갑'을 끼고 중요한 일을 수행할 수는 없기 때문이다. 조선인들의 극심한 반대에도 불구하고 개혁을 강요할 때는 언젠가 개혁이 성공적으로 이루어지게 되면, 안정되고 정상적인 생활로 들어갈 수 있게 된다는 경험에 따른 것이다. 그렇더라도 반대 측의 무력행사는 언제든지 일어날 수 있었다.

일본인과 조선인은 성격상 다른 점이 많다. 과거 조선인들이 일본의 위협을 받지 않았을 때도, 그들은 완전히 다른 성격을 지닌 일본인들을 좋아하지 않았었다. 게다가 지금 조선인은 일본인들에게 자주독립성을 빼앗긴 정치적인 증오감까지 가지고 있는 터라 상호 불신의 상태는 계속될 수밖에 없다.

헤이그에서 열리는 세계평화회의에 대표단을 파견해, 본국의 자주독립을 탄원하기 위한 최종의 방법으로 청원서를 보냈으나 결국 실패로 돌아가게 되고, 고종황제는 일본의 강요로 결국 폐위되고 만다.

1907년 어느 여름날, 순종이 황제로 즉위하게 되지만, 새 황제는 일본의 손아래에서 움직이는 '그림자 황제'였고, 실제로 이토 통감의 손안에서 벗어나지 못했다.

황제로 즉위하기 전 황태자로 있을 때도 사람들은 태자를 '정신박약자'로 보았다. 황제로 즉위했다고 해서 그의 정신상태가 제대로 평가될 리는 없었다. 혹 황제의 정신상태가 호전되었다고 말하는 것조차도 황제에 대한 스캔들을 퍼뜨리는 사람으로서 황제를 모욕한 죄로 처벌받는 것을 피하려는 헛소리로 치부될 뿐이었다. 현재 집권자인 순종황제의 정신 상태에 대한 소문은 그래서 예나 지금이나 같다. 그러나 그는 보이는 것처럼 그렇게 바보는 아니다 "He is not such a fool as he looks". 황제는 자신의 정신적 역량을 밖으로 내보일 수 없었다. 그는 그저 '허수아비 황제'로 조용히 침묵해야 했고, 단지 '칙명에 서명'하는 의무만 수행할 수 있을 뿐이었다.

한편 폐위를 당한 고종황제는 복잡한 일을 벌이지 못하도록 황궁 밖으로 내쳐져, 홀로 외롭게 작은 궁궐에서 지내고 있다. 황제즉위 후 처음에는 부자간의 왕래가 잦았지만, 지금은 만나는 일이 있어도 서로 눈을 돌렸다. 아들과 아버지가 만나 행여 묘책을 꾸밀까 감시했던 일본의 우려도 더는 필요가 없어 보인다.

백성들 사이에서는 폐위된 황제가 현재의 집권하고 있는 황제보다 훨씬 더 존경과 사랑을 받았다. 예를 들어, 공식적인 명절날인 정월 초하룻날에도 고관들의 일부는 폐위된 황제에게 먼저 예를 올리고 나서야 현직의 황제에게 예를 드릴 정도였다.

조선의 노표 / 장승

그래서 일본 왕은 장차 조선 황실을 다시는 영위되지 못하게 하고, 또한 조선 섭정을 더 쉽게 확보하기 위해 고종황제가 가장 사랑하는 아들이자, 이제 태자가 된 '영친왕'을 강제로 도쿄로 데리고 갔다. 열두 살짜리 태자의 보호자이자, 교육을 책임지게 된 일본 측 사람은 다름 아닌 이토의 사위인 스에마츠末松謙澄이었다. 그는 태자를 일본 사람으로 만드는 교육을 전담했다. 태자는 일본인 귀족만 입학이 허락되는 도쿄의 학습원學習院 기숙학교에 들어갔다. 영특했던 태자는 별도의 개인교사도 없이 일 년도 채 되지 않아 거의 완벽하게 일본말을 구사했고, 통역관 없이 일본 왕과 대화하는 데도 어려움이 없었다. 나는 영특하고 예의 바른 태자를 개인적으로 수차례 만나 대화를 나누었던 적이 있어서 그의 재능을 이미 잘 알고 있었다. 그는 특히 음악과 수학에 탁월한 재능을 지니고 있어서 주위 사람들로부터 많은 칭찬을 받기도 했다. 그 외에도 그는 각종 스포츠에도 관심이 많다고 했다. 태자의 다재다능한 능력이 언젠가 본격적으로 황제 임무를 수행하게 되는 날, 충분히 발휘되기를 기대해 본다.

오늘날 조선의 황실은 완전히 다르게 변했다. 일본어와 일본의 관습이 들어왔고, 조선 황실의 온갖 예전은 일본식으로 바뀌었다. 그것이 가장 극명하게 드러난 것은 공식적인 의전에서였는데, 머리에 상투를 올렸던 이전의 조선식 머리 모양은 서양식으로 바뀌었고, 조선의 황제도 예외일 수는 없었다. 공무 행사에서 조선식의 상투는 완전히 사라졌다. 또한, 유럽식의 복색이 도입되면서 고관직들에게는 서양식 의복을 입는 게 의무화되었다. 그러나 반면에 백성들의 저항은 완강했고, 결국 일본은 이제까지 살았던 대로 내버려 두기로 했다. 그들은 검은색 의복을 입기를 반대하고 지금처럼 흰옷을 입었다. 이러한 조선인들의 저항은 문명국 사람들이라 자처하는 서양인들도 찬성하는 바였다. 다만 새로 제정된 법률 — 혼인법과 혼인 나이를 규정한 — 을 거부하는 것은 서양인들로서는 이해하기 어려웠다. 이러한 법들은 국가 발전을 위해 바람직한데도 그들은 강하게 반대하고 있다.

물론 이토는 조선 황국을 위한 것이라는 의도로써 개혁을 시도하고는 있지만, 무자비한 무력을 사용하고 있어서 조선인들의 반대는 극단으로 치닫고 있으며, 그들의 분노는 온 나라를 위기로 몰고 갈 만큼 들끓고 있다. 개혁이 시도될 때는 어디서든 찬성파와 반대파가 있기 마련이다. 시민들이 두 개의 파벌로 갈려 서로 칼을 맞대고 있을 정도로 문제가 심각했던 예도 있다. 사람들이 돌멩이를 던지면서 서로 싸웠던 마을 '서호西湖'[38]가 그 한 예이다. 결국, 경찰과 일본 군대까지 나서서 총 쏘면서 시민들을 진압시키고, 강제 해산시켰다.

황제의 첫 전국순행 중에도 개혁을 받아들이지 않으려는 백성들의 반대와 분노는 좀체 수그러지지를 않았다. 1908년 가을에 있었던 사건이다. 지금의 '허수아비' 황제가 황제 즉위식을 한 후 처음으로 백성들에게 모습을 드러냈다.[39] 기차에 대한 두려움과 불신감을 지니

---

38 원문에는 'Sho-ho'로 되어 있는데, 아마 西湖를 가리키는 듯하다. 『황성신문』(1899년 2월 4일)의 '倘云戰亡' 기사에 孔德里에서의 便戰에 東幕과 西湖 등지에서 인민들이 운집하였기에 경찰과 군대를 동원하여 해산시킨 내용이 보인다.

39 순종은 1909년 1월 7일에서 13일까지 대구·부산·마산 등의 남부지역과 1월 27일에서 2월 3일까지 평양·의주·신의주·개성 등의 서북부지역을 궁정열차를 이용하여 순행하였다. 순종의 순행

고 있었던 황제는 서울 근교 수원에 있는 황실의 능을 참배하러 가기 위해 난생 처음으로 기차를 타야 했다. 폐위된 황제도 서울 인근으로 거둥할 때 기차 타는 것을 거부했었는데, 그것은 혹 자신이 일본으로 납치될까 두려운 마음에서였다.

기차를 이용하는 것이 황실과 외부를 연결하는 현대적인 개혁이라고는 말할 수 없다. 그러나 중요한 것은 경제적인 면에서는 그것이 의미하는 바가 크다. 황제가 거둥을 하게 되면 동행하는 수많은 사람은 물론 엄청난 비용이 들었기 때문이다. 그러나 기차로 이동하게 되면, 지금까지 지출해야 했던 금액의 10분의 1의 비용이면 충분했다.

첫 번째의 기차여행 이후 그 '맛'을 경험하게 된 황제는 백성들과 가까워지려는 의도로 기차로 전국순행을 떠나기로 작정했다. 여행을 떠나기 전, 백성들에게 방문이 써 붙여졌는데, 거기에는 백성들이 잘 살고 있는지, 왜 '폭동'이 일어났는지, 개혁으로 인해 실제로 백성들이 억압을 받고 있는지 등을 황제가 직접 보살피고 관찰하려 한다는 내용이 실려 있었다.

황제의 첫 여행지는 남쪽 지방이었고, 여행 시작부터 현재의 집권자인 일본인과 원주민 조선인 사이에 결정적인 효과가 나타났다. 황제의 기차여행은 한편으로는 백성들에게 교통수단인 기차가 얼마나 편리한가를 보여주는 효과도 있었지만, 다른 한편으로는 과거의 교통

에 대해서는 이왕무의 「대한제국기 純宗의 南巡幸 연구」(2007, 『정신문화연구』 제30권 제2호)와 「대한제국기 순종의 西巡幸 연구」(2011, 『동북아역사논총』 31호)를 참조할 것

수단이던 '가마'와 '조랑말' 여행이 장차 완전히 단절되리라는 것을 의미하기도 했다. 기차여행은 그 비용이 굉장히 저렴할 뿐 아니라, 과거 시절의 여행과 비교해 많은 시간이 절약되는 효과도 빼놓을 수 없다. 또한, 이전에는 여행 중에 여러 곳에서 쉬어야 했지만, 기차여행은 서울에서 목적지까지 직행할 수 있는 편리함도 있다.

그러나 무엇보다 이 여행이 가장 중요했었던 것은 백성들이 난생처음으로 임금님을 직접 대면할 수 있었고 임금님도 역시 직접 백성들을 대면할 수 있었다는 것이다. 황제가 방문한 마을에서는 예나 지금이나 조선 사람의 복장인 흰옷 입은 백성들이 임금님을 뵙고 인사를 드리려고 떼 지어 몰려들었다. 서울에서는 황제가 들리게 될 지방으로 고관들을 보내 백성들이 황제를 알현하도록 종용하기까지 했다. 황제의 이번 여행은 남쪽 지방에만 국한되지 않고 북쪽으로도 확산되었다. 황제를 백성에게 '내보여' 앞으로 새로 제정된 법들과 개혁에 대해 백성들이 반대하는 것을 막으려고, 황제에게 전국을 순방하도록 지시한 이토 통감의 계략은 거의 성공을 거둔 것처럼 보인다. 그러나 그의 계략이 진정 성공을 거둘지는 더 두고 보아야 할 일이었다.

후기

　인쇄까지 마쳤음에도 불구하고 이 자리를 빌어 꼭 추가해야 할 사건이 일본의 거물 정치인인 이토 히로부미에게 일어났다.

　언제부터 내가 우려하고 있던 일로 이 저서에서도 '조용'하게 언급한 적이 더러 있지만, 한 한국인이 미움에 가득차서 조선을 점령하고 정치적으로 억압하는 일본인을 살해했다. 안중근 의사의 이토 히로부미 저격을 가리킨다.

　내 예감이 적중한 것이다. 단지 내가 바라는 것은 이번의 '혈투'가 다음 일본인 권력자에게 같은 '혈투'로 대하지 않고, 조선의 정치와 국민에게 냉정하게 행동을 취하기를 바란다. 그럴 경우에는 동북아시아의 평화에 크게 영향이 미칠 수도 있기 때문이다.

베를린에서 1909년 10월

저자가

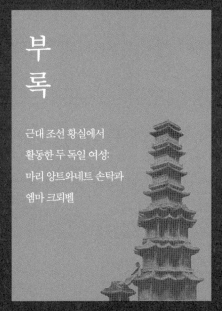

부
록

근대 조선 황실에서
활동한 두 독일 여성:
마리 앙트와네트 손탁과
엠마 크뢰벨

나 는 어 떻 게 조 선 황 실 에 오 게 되 었 나

부록 _

근대 조선 황실에서 활동한 두 독일 여성:
마리 앙트와네트 손탁[1]과 엠마 크뢰벨

조선 말 격동기 대한제국의 역사는 자의보다는 타의에 의해 결정되었다 해도 과언이 아니다. 일차적으로 조선의 대외정치사에서 중국의 청나라, 일본과의 직간접적인 관계 외에는 거의 없었다. 19세기 중엽까지 서구의 열강들이 서해안을 넘나들면서 수호통상을 원했으나 조선은 강경하게 '쇄국정책'을 고집했다.

대세에 어쩔 수 없이 순응하여 조선 정부에서도 19세기 말부터 서구 열강들과 수호통상조약을 맺기 시작했으나 당시 조선에서는 국제적으로 유익한 외교를 이끌어갈 만한 인물이 별로 없었다.

1882년 여름에 비로소 조미수호통상조약을 맺은 후, 1883년 가을에는 독일을 시작으로 영국, 러시아 등 서양의 여러 나라와 수호조약을 맺었다. 그러나 이 조약은 오히려 외세에 유익한 내용이 더 많았다. 러시아도 1882년부터 중국 톈진天津에서 근무 중인 외교관 칼 폰 베베르 Carl Theodor von Waeber((독) 칼 폰 베버)[2]를 조선으로 보내 수호통상조약의 사전작업을 하여, 1884년 7월 7일에 조-러 통상조약을 체결하였다.

수호통상조약이 성립되자 외국인의 입국이 가능해져 외교관, 개

---

1 독일어 이름, 프랑스어 이름은 마리 앙토아네트 손탁
2 조선국 러시아 공사 Carl Iwanowitsch 또는 Theodor Waeber (1841-1910)

신교 선교사, 신문기자, 여행가, 사업가, 탐험가 등이 이제까지 '은둔의 나라' 였던 조선 땅을 밟기 시작했다.

1885년 칼 테오도르 폰 베베르는 러시아 공사 겸 총영사로 임명받아 조선에 들어올 때 가족의 일원으로 마리 앙토아네트 손탁양[3]도 조선에 입국했다. 그렇지만 손탁 양에 관해 국내에 무성한 '소설같은 추측' 대로 공사부인의 언니, 그러니까 베베르 공사의 처형이라는 설은 잘못된 것으로 공사 가족과 직접적인 인척관계는 아니었다. 다만 베베르 공사의 여동생이 손탁 양의 여동생과 '시누올케' 관계였다.

손탁 양은 여러 외국어(프랑스어, 독일어, 러시아어)에 능통하고 가정 살림 및 유아 교육 방면에도 공사부인을 협조하기에 적합한 데다 개인적으로 공사부인과도 절친한 사이였다. 손탁 양의 여동생 마리 파울리네Marie Pauline가 베베르 공사의 남동생 알렉산더 이바노비치 마악Alexander Iwanowitsch von Maak과 결혼함에 따라 앙토아네트 손탁 양은 마악의 처형이 되어 베베르 공사 부인과는 사돈관계가 된다.

손탁 양에 관해서는 국내 여러 출처와 일본 학자들이 주장하는 설이 분분하다. 특히 여러 '낭설' 가운데에는 조선을 떠난 손탁 양이 여생을 빈곤하게 지내다 어느 러시아 땅에서 생을 마쳤거나, 그녀가 1854년에 태어나 1925년에 죽었다[4]고 적기도 한다.

아관파천 후 고종황제를 따라 황궁으로 들어온 손탁 양의 한국 직

---

3 19세기~20 세기 중반까지는 미혼의 여성은 존대어로 '양' Frl. 칭호를 경어로 사용했다.
4 Internet 러시아 공사관 문화콘텐즈 닷컴내용

명은 이순우의『손탁호텔』에는 "외인접대계, 왕궁의 요리번인(요리감독), 궁중의 장부옥(실내장식설비 책임자)"[5]라고 밝힌다. 독일어나 유럽어로 손탁 양을 소개하는 내용에서 그녀의 직함은 '왕궁의전전례관 Hofzeremoniemeisterin'이다.

국내에서의 그녀의 활동상에 대해 알려진 내용은 대부분 옳다. 다만 1909년 9월말 조선을 떠난 후 그녀의 여생에 대한 수많은 설들은 전혀 맞지 않을 뿐 아니라 손탁 양의 출생 연도도 잘못된 채 오늘까지 '수수께끼'로 남아 있었다.

드디어 필자에게 이처럼 수많은 '억측에 가까운 낭설'에 종지부를 찍을 기회가 주어졌다. 2014년 주독 한국대사관 소속 문화원의 계간지인『Kultur Korea』, 에 한 논문이 실렸는데, 에어푸르트 대학교 비교문학자 실비아 브레젤Silviä Brsel 박사가 쓴 마리 앙뜨와네트 손탁 양에 관한 내용이었다.[6] 이미 엠마 크뢰벨이『나는 어떻게 조선황실에 오게 되었는가?』에 손탁 양이 조선을 떠나면 프랑스 칸느에서 여생을 보내려 한다고 적었다. 이 독일인 학자의 최근 논고를 단서로 앙뜨와네트 손탁 양의 정확한 생년월일을 찾아낼 수 있었고, 그녀가 조선 입국 당시

5 이순우,『손탁호텔』, 183 쪽, 2012

6 한국문화 계간지 Kultur Korea, 2014, 20주년 기념판, Sylvia Graesel, Fraulein Marie Antoinette Son(n)tag, eine deutsch Pionierin mit interkulturellem Background am koreanischen Kaiserhof. 4~7쪽, 저자인 실비아 브레젤 박사는 동독 Erfurt대학 비교문학 전공 교수로 근대 조선에서 활동한 독일인에 대한 연구를 주로 하고 있다. 상기의 손탁 양에 대한 연구논문으로 향후 손탁 양에 관한 기록을 정립할 수 있을 것이다. 필자도 이 논문을 바탕으로 현지를 찾아 가서 손탁 양의 출생부터 사망까지를 확인할 수 있었다.

에 '젊고 날씬한 외모가 아니었음'[7]을 확인했다. 엠마 크뢰벨의 저서 에 실린 중국에서 조선을 방문한 투루펠Truppel 칭다오 독일 총독 일행 과 함께 찍은 사진[8]을 보아도 손탁 양이 '날씬하고 우아한 젊음'을 풍 기지 않음을 바로 알아차릴 수 있다. 중국 칭다오 독일 총독의 조선 방 문은 1904년으로 당시 손탁 양의 나이는 56세였다.

마리 앙뜨와네트 손탁은 라인강을 끼고 있는 프랑스 알자스[9] 지역 의 작은 산골에서 태어났다. 알자스는 그녀가 태어날 당시에는 독일 영토였으며, 태생지 '알트비르Altweier'(프랑스어:오뷔르Aubure)는 인구 330명의 작은 마을로 프랑스와 독일의 국경지였다. 손탁 양의 아버지 는 그 마을 학교의 교사이며 천주교 신자였다.

고향 오뷔르 성당의 기록부에 따르면, 마리 앙트와네트 손탁 은 1838년 10월 1일[10]에 만딸로 태어났다. 그 후 1842년과 1845년에 각각 두 동생이 태어났으나, 불행하게도 어머니는 1847년에, 아버지는 그 일년 후인 1848년에 세상을 떠났다. 그때 큰딸 손탁 양의 나이는 겨우 10살이었고 어린 동생들과 부모 없이 삶을 꾸려 나가야 했던 그녀의 유년생활은 그리 밝지 못했다.

여동생 파울리네가 발틱-독일계 러시아인 귀족출신 알렉산더 이

---

7 조선 근무지에서의 손탁 양의 사진은 이미 중년기에 들어선 모습이어서 저자는 항상 의아하게 여 겼다. 국내 뮤지컬 '명성황후'에 나오는 손탁 양의 모습 역시 날씬하고 키도 컸다.

8 Emma Kroebel, 저서, 97쪽 단체 사진. 사진은 1904년판, 손탁 양은 이미 노련한 여인으로 보인다.

9 독일어명 Elsass, 프랑스어 Alsac는 프랑스와 독일의 서쪽으로 라인 강을 사이에 둔 접경지역으로 자 주 프랑스나 독일로의 영토 변경이 있었다.

10 주석 4번의 기사도 같은 내용임

손탁 양의 고향 오뷔르, 프랑스 알자스

바노비치 폰 마악[11]과 결혼함으로써 어려서부터 이중어문화권二重語
文化圈에서 교육받은 손탁 자매는 자연스럽게 러시아 사교계에 등장
하게 되는 기회를 얻게 되었다. 그리고 마악 씨의 여동생이 귀족출신
발트-독일계 러시아 외교관 폰 베베르와 혼인했는데, 베베르 공사가
한국으로 올 때 마악의 처제의 언니인 손탁 양이 동행하면서 그녀가
조선을 통해 국제무대에 올라서는 계기가 되었다. 그때 손탁 양의 나
이는 만 47세로, 이제 젊음이 지나고 중년의 '노련함'과 '사교 능력'
이 무르익을 시기였다. 그리고 이 책의 저자 엠마 크뢰벨 여사가 조선
황실에서 손탁 양을 만났을 때는 '노련한 정치외교와 사교관'으로 활

---

11 윤치호의 일기에 Maack 씨의 초청을 받았으며 Maack 씨에게 손탁 양은 처형이 된다고 정확하게 적
었다. 이순우, 『손탁호텔』, 164쪽.

발하게 활동하고 있을 때인 67세였다.

엠마 크뢰벨 여사는 손탁 양과의 첫 대면을 이와 같이 소개한다. "하얀 머리카락, 지적이고 날카로운 눈매, 각진 얼굴모양, 큰 체구, 전체적으로 후덕해 보이는 그녀의 인상은 그녀를 특별하면서도 실제보다 더 젊어 보이게 했다. 그녀는 조선 황실에서 중요한 업무를 수행하고 있었다. 그녀가 조선 황실의 정신적인 총지배인으로서 — 즉 국제적으로 난관에 처한 조선의 여러 문제를 해결해야 하는 책임자로서 — 마음과 의지가 나약한 황제에게 큰 영향을 주고 있다는 세상 사람들의 말은 결코 틀리지 않다"[12]

한국 근대사에 등장하는 마리 앙뜨와네트 손탁 양과 조선주재 러시아 공사 베베르의 관계는 다음과 같다.

- Marie Antoinette Son(n)tag (1838년 10월 1일 출생. 1922년 7월 7일 프랑스 Canne에서 사망) 미혼

- Marie Pauline Son(n)tag (1842년 출생~1937년 프랑스 Canne에서 사망) 결혼

- Alexander (Theodor) Iwanowitsch von Maack (1923년 프랑스 Canne에서 사망, 자식 없음, 발트-독일계 러시아 귀족)

- Ella Alwina Alma Maack(1850년 생~ 1921년 사망) Jenny 또는 Eugenie 애칭, 폰 마악 씨의 여동생 결혼

- Carl Theodor Iwanowitsch von Waeber(1841년 생~1910년 사망, 1885~1897년 조선에서 러시아 공사 겸 총영사)

---

[12] Emma Kroebel, 132쪽

마리 앙트와네트 손탁이 베베르 공사 가족의 '종업원'으로 우리 역사에 등장하게 된다. 손탁 양이 러시아 공사의 가족과 조선 땅을 밟았을 때 그녀의 나이는 "가냘프고 젊은 30대"가 아니라 이미 중년인 47세(한국나이 48세)의 '아담(통통하고 작달막한 키)한 모습'의 여인이었다. 그녀의 삶에서 이미 '산전수전'을 겪은 손탁 양은 러시아 상류 사교계에서 노련한 외교술도 익힌 중년의 후덕하고 진중한 성격으로 주위의 신임을 얻을 수 있었다. 조선 체류 초기는 러시아 공관에서 국제적인 감각을 익히는 기회가 되었으나 아관파천을 성공시킬 때 이룬 여러 업적을 통해 손탁 양은 베베르 공사 부부가 조선을 떠난 후에도 조선에 남아 고종을 따라 황실로 들어와서 '서양전례관'으로 국제 외교를 도우면서 자신의 위치를 확고하게 굳혔다.

조선을 방문했던 유럽인들의 말대로 실제로 그녀는 황실의 정치적인 업무에 깊이 관여하고 있었고, 엠마 크뢰벨은 그녀의 활동과 업적에 대해 이렇게 소개한다. "조선에서 근무하는 서구 열강의 공사관이나 외교관의 직원들이 하루하루 할 일 없이 소일하는데 반해, 손탁 양은 직책상 많은 일을 해야 했고, 그로 인해 사적으로나 공적으로 크게 인정받았다. 그럼에도 그녀는 사람들의 존경이나 사랑을 받기보다는 오히려 모두가 두려워하는 존재가 되었다. 그녀는 자신의 뜻을 관철시키기 위해서는 한 치의 망설임도 없었고, 또한 그 목적을 달성하기 위해 수단과 방법을 가리지 않았다. 그러나 그녀 또한 혼자 힘으로는 자신이 원하는 조선의 문화적 경제적 발전을 도모하기 어렵다는

것을 알고 있었다. 그녀는 협력자가 필요했다." [13]

베베르 공사 부부는 조선 황실의 신임을 받았고 공사 측에서도 민
비(사후 명성황후)와 절친했으며 조-러 국제관계의 친선을 도모했다. 따
라서 손탁 양 역시 러시아 공사 부부의 추천을 받아 황실 출입이 자유
로웠으며 궁중에 유럽의 프랑스 문화를 적극적으로 전했을 뿐 아니
라, 민비의 유럽 문화 교량 역할과 왕세자의 개인교사 역할을 맡았다.
그녀는 처음부터 왕실의 문화교육과 항일활동을 활발하게 했다. 따라
서 친러 정치를 지향하는 고종과 민비의 신임 역시 두터웠다. 유럽인
들, 특히 독일인[14]들의 평에 의하면 손탁 양의 존재는 조선 왕실의 '무
관의 황후'라고 할 정도로 조선 황실에서의 그녀의 영향력과 실세는
막강했다. 조선에서 사업체 인가를 받고 싶거나 고종 알현을 원하는
유럽인들 모두가 손탁 양을 통해 교섭했을 정도이다.

그러나 그녀 또한 혼자 힘으로는 자신이 원하는 조선의 문화적, 경
제적 발전을 도모하기 어려웠기에 협력자가 필요했고 이들은 몇몇 미
국인과 러시아 제국이었다.

그녀는 섬세하고 자제력이 있었으며 요리 솜씨가 뛰어나 함께 일
하는 직원들을 잘 다루었다고 전해진다. 그녀가 끓이는 커피와 과자
는 고종이 자주 찾는 간식이었다. 고종의 주치의 분쉬 박사는 "내 요
리사를 내보내고, 퇴근길에 손탁 양 자택에 들러 저녁식사"를 한다고

---

13 Emma Kroebel, 132 쪽

14 독일인 신문기자 겐테S. Genthe, 고종황제의 시의 R. Wunsch, 독일인 학교장 J. Bolljahn, 그리고 E.
크뢰벨 여사를 우선 앞세운다.

독일에 있는 가족에게 전했다. 손탁 양의 후임으로 고종 황실에서 근무한 엠마 크뢰벨에 따르면, 1905년 여름부터 1906년 여름까지 손탁 양이 갑자기 두 번째 유럽 휴가를 떠난 것은 개인적인 목적보다는 고종황제의 밀사로 불가피하게 유럽을 방문하는 바람에 그녀의 역할이 본인에게 맡겼다는 것이 비공식적[15]이긴 하지만 확실한 이유라고 밝혔다. 손탁 양의 고종황제 '밀사' 역할이 어떤 결과를 가져왔는지에 대해 크뢰벨 여사가 언급하지 않은 것은 자신도 깊은 내용은 몰랐기 때문이 아닐까 싶다.

이렇듯 조선 정치에 깊이 관여했던 손탁 양의 정치적인 활동은 부정할 수 없다. 유럽인 특히 독일인의 각종 견문기에는 손탁 양에 관한 평가도 상당한데 대부분 긍정적이다. 손탁 양이 가진 여러 채의 건물 중 일부는 고종황제가 하사했다 하더라도 저택 내 고급 가구시설이나 손님접대 연회비용으로 그녀가 궁중에서 받는 보수보다 몇 배 더 많이 지출할 수 있었던 것은 사업수완이 탁월했기 때문이라고 꼬집는 경우도 없지 않다. 우선 이 책의 저자인 크뢰벨이 소개하는 손탁 양의 사저는 유럽 어느 고급주택과 비교해도 결코 뒤지지 않는다며 호화로운 모습을 자세히 설명했다.

조선 황실 연회에 참석할 수 있었던 몇 유럽인이 귀국 후에 전한 바에 따르면 서양의 어느 궁에서 열리는 제후 연회 못지않게 음식이 훌륭하다고 입을 모아 경탄과 칭찬을 아끼지 않았다.

---

15 E. Kroebel 저, 원문 118쪽

엠마 크뢰벨 여사는 이렇게 조선 궁중의 화려한 식탁을 소개한다: "무엇보다 궁중에서 차려지는 음식문화를 살펴보면, 온통 서양식, 특히 프랑스식 요리가 식탁을 차지하고 있다. 궁중의 공식 연회에는 프랑스식으로 꾸민 장식은 물론 입맛을 돋우는 각종 음식 역시 특별히 선정한 프랑스식 최고급 요리들이었다. 트뤼플[16] 파스타, 생굴, 캐비어가 일상적인 음식이 되어 있었고, 풍미 넘치는 프랑스산 샴페인은 원산지의 어느 연회에서보다 훨씬 더 풍성했다. 조선황실의 연회에 참석하면, 마치 서양의 어느 제후가 베푸는 연회에 와 있는 것 같은 기분이 들기도 했다."

엠마 크뢰벨은 손탁 양의 분에 넘치게 화려한 '큰 손'에 대체적으로 꼭 찬성하는 것은 아니었다. 그리고 다른 유럽인들 역시 '지나치다'는 표현을 많이 사용했다.

"조선 궁궐안의 연회는 조선식 풍속은 아예 흔적조차 없고 서구식 '파티'가 장악하고 있는 점이 얼른 눈에 띌 수밖에 없다. 그렇잖아도 오랜 역사를 외톨이로 살아온 조선인들로서는 서양인과 그들의 풍속에 대한 적대감을 떨치지 못하고 있는데, 이런 연회 양식까지 '외래 풍속'이 지배한다는 것은 좀 의아했다. 민속학자들의 입장에서 보면 참으로 유감스러운 일이다."[17]

조선의 문호개방이 시작되기도 전에, 알자스 태생의 '통치자' 손

---

16 트뤼플은 이태리나 프랑스 지역의 땅 속에서 자라는 가장 비싼 버섯이다.

17 크뢰벨, 133쪽

탁 양의 의지로 이처럼 단시간에 미지의 나라에 외래문화가 '세력'을 잡게 된 것이다.

엠마 크뢰벨은 다음과 같이 손탁 양의 지도력에 감탄한다. "외국에서 들어오는 문화세력들을 광적일 만큼 끈질기게 배척하는 백성들이 살고 있는 조선이라는 나라에, 어떻게 한 외국인 여성이 그것도 서민층 태생의 여인이 조선황실에 들어와서 그토록 막강한 권력으로 공식적인 과제를 수행하게 되었는지 궁금하다. … 손탁 양은 연회손님들의 눈에 띄지 않도록 조선의 전통적인 발이나 비싼 천으로 만든 휘장 뒤에 서서 모든 과정을 지켜보고 지시를 했다. 그 어떤 실수도 그녀의 눈을 피해 갈 수 없었다. 그녀가 눈을 한번만 깜빡 해도 '황제의 시종'들은 그녀의 지시에 따라, 무엇을 해야 하는지 알아 차렸다."[18]

크뢰벨은 호기심과 존경심으로 간절히 만나고 싶었던 손탁 양을 처음 만난 후 다음과 같이 그녀를 묘사하고 있다. 당시 손탁 양의 나이는 만 67세였다.

"후덕한 인상에 흰 머리카락, 영리하고 날카로운 눈총과 근엄한 얼굴, 큰 체구와 융통성 있어 보이는 외모, 이 모두가 그녀가 비범하고 실제보다 더 젊어 보이게 했다." 언젠가 손탁 양을 소개한 유럽인들의 수많은 글을 다 모아 편찬한다면 그녀의 생애를 좀 더 명료하게 조명할 수 있겠다. 일본인들의 저술은 대부분이 사실이 아님을 『손탁호

---

18 위와 같음, 192쪽

텔 』[19]을 읽은 독자는 잘 알 수 있을 것이다.

을미사변을 맞아 신변의 위협을 느낀 고종과 왕세자가 베베르 공사의 배려로 러시아 공관을 피신처로 정했을 때 고종의 아픔을 어루만져 주고 진심으로 보살펴 준 그녀는 외교적으로 고종의 오른팔 역할을 충분히 했다고 믿는다. 국제적인 외교관계를 돈독하게 하기 위해 각종 국제 연회가 잦아지고, 고종은 이러한 연회석상의 절차를 능숙하게 해결할 수 있는 적격자로 손탁 양을 선택한 것은 어쩌면 너무도 당연한 일이었다. 게다가 한국어 구사에 어려움이 없게 되면서부터 손탁 양의 탁월한 섭외력은 국내외의 외교적 경계를 넘어서기에 더욱 용이했으리라 여겨진다.

이제 국내에서 아직까지 확실한 정보가 알려지지 않은 손탁 양의 여생에 관한 설명이 필요하다.

손탁 양의 여동생과 짝을 맺은 폰 마악이나 손탁 양의 생을 바꿔 준 러시아 공사 폰 베베르는 원래 발틱-독일계 러시아인들이었다. 따라서 손탁 양의 여동생 마리 파울리네가 발틱-독일계[20] 러시아인과 결혼함으로써 손탁과 베베르 가문이 동양과 서양의 교량 역할을 하게 되었다.

손탁 양을 조선으로 데려 온 베베르 공사의 여생에 대해서는 알려

---

19 이순우, 『손탁 호텔』/손탁 평전 등에서

20 발트-독일인은 독일어문화권에 속하며 원래 12세기부터 주로 독일인 귀족층의 잔재가 소수민족을 형성하고 유럽지역, 특히 주로 오늘의 에스토니아,Jettland와 리투아니아Lituania 에서 살면서 러시아 사회에서 활동했으며 이 발틱-독일계 귀족들은 러시아황제 시대에 많이 활동했다. '폰'이 성 앞에 붙어 귀족임을 표시하며, 폰 막이나 폰 베베르 공사도 러시아 황제에게서 훈장을 받았다. 러시아 역사에 수많은 장관,장군, 정치외교관을 배출하였다.

진 바가 별로 없다.[21] 오히려 조선에서 활약한 정치외교 활동이 베베르의 일생에 가장 중요한 업적이 되지 않았을까 한다.

고종황제와 친분과 신임이 두터워 고종의 외로운 정계를 도왔던 베베르 공사는 1897년 국제 정치의 혼란 속에서 물러나 러시아(페테르부르크)로 귀국했다가 동독 드레스덴 인근의 니더뢰쓰니쯔 Niederloessnitz(현재 라데보일Ladebeul)에 정착하고, 1910년 1월 8일 세상을 떠난다. 베베르 가족의 묘는 현재 드레스덴에서 멀지 않은 라데보일에 있고, 여생을 마치기 전 거처는 라데보일 불르멘스트라쎄 Blumenstrasse 6번지로 저택의 이름은 '빌라 조선Villa Korea'이라고 명명했다. 가족묘[22]에는 부인 엘바 알비나 알마 폰 베베르(결혼전 이름 Eugenie von Maack 1850~1920)와 일찍 세상을 하직한 아들 에른스트Ernst von Waeber(1873~1917년)가 함께 묻혀있다. 베베르 공사 부인은 남편이 세상을 떠난 후 손탁 양이 살고 있던 칸느로 가 함께 지내다가 죽기 전에 남편 곁으로 돌아온 듯 하다.

19세기 말부터 일본은 조선을 옥죄면서 파고들어왔다. 일본의 치밀한 계획아래 1895년 을미사변으로 민비가 시해된 후 미국을 중심으로 한 국제 여론이 거세지자 조선주재 일본 공사이며 시해사건에 개

---

21 1841.7.5일 리바우-Liebau(현재 명칭 Lettland) 생, 1910. 1. 8 독일 니더뢰쓰니쯔Niederloessnitz, 현재 지명 라데보일Ladebeul 에서 사망, 공사의 정확한 이름은 칼 테오도르 이바노비츠 폰 베베르(독일명 베버) 한글이름 위패韋貝, 발트-독일계 러시아인, 아버지는 루터교 목사, 1865년 페테르부르크 대학에서 동양학부 전공, 중국에서 외교관으로 시작한다.

22 묘지: Friedhof Radebeul West, 묘비 건축가는 Otto Rometsch와 Adolph Suppes이고 Ernst Thalheim 이 조각했으며, 베베르 가족묘는 지방 문화재로 지정되어 있다.

입한 일본인을 본국으로 송환하여 '거짓 소송'을 하였다. 청일전쟁이 청나라의 패배로 끝나자 일본은 조선으로 군대를 거침없이 파견하여 한일합방의 물밑작업을 해나갔다. 이러한 일본의 노골적인 정치활동에 반기를 들며 조선을 옹호하는 유럽인들은 본국으로의 귀국을 종용받아 소위 '강제추방'[23]되기 시작했다. 따라서 조선에 있었던 외교 공관의 일부는 일본 내 자국 공관으로 옮기고 다른 국가는 공관을 아예 폐쇄시켰다.

손탁 양의 조선에서의 운명도 크게 다를 수는 없었다. 그녀는 1907년에 이미 여생을 보낼 대지를 프랑스 휴양지 칸느에 구입했다. 망망한 대해가 보이는 해안가에, 기후가 온화하여 신흥 부자들이 너도나도 모여들어 휴양지를 사들이는 것이 '유행'일 때 손탁 양도 바로 이 부촌에 여생을 보낼 둥지를 틀었다. 손탁 양은 폐위된 외로운 고종황제와 1909년 8월말 아쉬운 작별을 하고 떠날 때 그녀의 나이는 71세였고 한국에서의 체류기간은 통틀어 24년이었다. 어쩌면 그녀는 조선 황실에서 마지막 여생을 보내고 싶었을지도 모르겠다. 하지만 일본은 그녀의 출국을 오래도록 기다렸고 그녀 역시 이런 사실을 잘 알고 있었기에 어쩔 수 없이 '칸느행'을 준비할 수밖에 없었다.

엠마 크뢰벨은 손탁 양이 한국에서 얼마나 부유했는가와 여생

---

23 몇 가지 예를 들자면, 고종의 주치의 분쉬 박사는 일본의 억압에 떠밀려 일본을 거쳐 청다오로 떠났고, 조선 독일학교장 Bolljahn도 외압을 견디지 못하고 1909년에 귀국한다. 영국인 M.B. Lewi도 일본 공사가 고종 알현 중에 과로한 레뷔를 귀가시키는 게 좋겠다고 추천하여 억지로 귀향하였다.

을 위해 준비한 프랑스의 거처를 알려준다. 그러면서[24] 이렇게 말한다. "서울 시내에 있는 그녀 소유의 여러 채의 고급 주택만 봐도 잘 알수 있다. 프랑스 남부지역에 있는 도시 '칸느'는 부유한 고위층들이 모여드는 해안가로, 그녀는 이곳의 화려한 저택을 사들이기도 했다".

다시 서울로 돌아온 손탁 양은 1907년 손탁호텔을 프랑스 호텔경영인 J. Boher에게 넘기고 가구까지 모조리 경매에 부친다.

결국 1909년 9월에는 조선을 떠나야 했다. 손탁 양이 운영하던 손탁호텔에서 항일운동가들이 자주 모여 토론하는 한편 1904년에 '한일합방 사전작업'을 하러 온 일본의 노련한 정치가 이토 히로부미가 바로 그녀의 집에서 조선을 약탈하기 위해 온갖 위압적인 협상을 도모할 때도 그녀는 프랑스 귀국 준비를 할 수밖에 없었다.

엠마 크뢰벨 여사는 손탁 양이 조용히 3년 후의 귀국을 준비하는 것을 보았을 것이다. 그러나 아무런 말도 하지 않았다.

1909년 9월 19일 제물포에서 상하이로 떠나는 증기선 '칭다오 호'에 올랐다. 그 전에 국내 여러 신문들이 작별을 알리는 기사를 실었다. Emil Martel(1874~1949. 조선정부의 청으로 입국해서 1896년 서울에 불란서학원을 개설했다)도 "그녀의 여동생과 프랑스에서 행복하기 바란다".(The S. Press 9월 17일 기사)[25]라고 기사를 썼다. 1909년 9월 17일과 18일자 신문에는 "일요일 오후 12시 20분 남대문 역에서 출발한다.",라고 알렸다.

---

24 크뢰벨, 133쪽.

25 이순우, 『손탁호텔』, 159쪽 외 다수.

제물포항에서 출발해서 같은 날 저녁에 독일증기선 '칭다오 호'를 타고 상하이로 갔다. 그리고 상하이에서 선박을 바꿔타고 프랑스 마르세유로 떠났다. 1909년 9월 21일 국내 기사에는 "여러 교회에 기부하고, 남은 부동산을 자선사업에 보탰다"고 했다.

마리 앙트와네트 손탁 양은 정든 조선 땅을 등지고 남은 생을 보낼 프랑스 칸느로 떠났다.

손탁 양의 긴 여정에는 동행하는 일행이 많았다. 먼저 한국에서 아끼면서 사랑했던 애완견이 따랐고, 조선 독일학교 교장이었던 볼얀 씨 가족, 한국인 양자 15세의 소년 '이태운Yi, Tiu-woon'(필자의 영문표기 해독임, 다른 해독은 이예운이라고도 함)과 오랜 동안 함께 생활했던 일본인 여성 타카호치 오마키Takahochi Omaki(일명 모다 Moda)도 동행했다.

필자는 칸느 시립문서고를 방문하여 마리 앙뜨와네트 손탁 양에 관한 기록으로 사망신고서 한 장을 찾을 수 있었다. 사망증서에 마리 앙뜨와네트 손탁은 1838년 10월 1일 (알자스) 이뷔르Aubure(독일어명 Altweiher)에서 태어나 1922년 7월 7일 아침 8시에 칸느시 아네모네 거리Rue Anemones에 있는 자택 "아침에 해가 비친다는 뜻의 'Au Matin Calme'(조선옥)에서 세상을 떠났다고 기록되어 있었다. 아버지는 게오르그 손탁georg Sontag이고 어머니는 마리안네 발라스트이며Marianne Balast, 사망자 마리 앙트와네트는 미혼이라고 적혀 있었다."[26]

---

26 Am 07/07/1922 um 8:00 ist Marie Antoinette Sonntag verstorben, Zuhause , rue des Anémones, Cannes. Geboren in Aubure (Haut Rhin) am 01/10/1838, Tochter von Georges Sonntag und Marianne Balast, verstorbene Ehepaar. Ledig.

손탁 양의 사망증명서

　그녀가 살던 멋진 저택은 도시개발에 밀려 1970년 이후 완전히 자취를 감추었다.[27] 번화한 상업 지구 '볼레봐드 두 카르놋'Boulebard du Carnot의 중간 쯤 모퉁이에 있던 집은 이제 거대한 아파트로 변했다. 손탁 양의 저택 '조선옥Au Matin Calme'이 있던 옛 거리이름 역시 현재는 Alle des Mimosas 이름으로 변경되었다.

　칸느 시립문서고에서 은근히 기대했던 또 다른 서류들도 찾을 수

---

27 Annemone Alle, 손탁과 그 상속자 여동생 파올리네 손탁이 사망한 후 주소가 Rue R. Viglieno로 변경되었다.

있었다. 조선에서 함께 건너 온 양자 '이태운'의 결혼증명서와 자녀들의 출생 신고서를 발견했다. 혼인신고서에는 그가 1884년 10월 20일 서울에서 태어났다고 적고 있다. 혼인 당시 39살이었던 신랑은 스무살이나 어린 알자스 콜마르Colmar 출신 엠마 클레멘쯔Emma Clemenntz양과 1923년 11월 28일 결혼했고, 그 당시 이태운은 손탁 양집의 잡무를 보는 집사라고 기록되었다. 그러므로 최소한 결혼 후 독립할 때까지 손탁 양과 함께 기거하면서 부부가 손탁 가족(손탁 양과 여동생 파울리네 부부, 그리고 일본 여인)의 가사를 돌보았을 것이다.[28]

필자를 많이 놀라게 한 손탁 양의 사실은, 한국인 양자 이태운은 슬하에 5명을 두어 아들 넷에 막내딸이 있었고, 이태운이 아직 정식 혼인을 하기 전인 1923년에 큰 아들 마르셀Marcel(1923.4.4 생, 1950.5.16 혼인, 1973.1.26 사망)이 태어났다. 둘째 아들 페르디난트 앙토와네Ferdinand Antoine(1924.4.24~2013.10.21), 셋째 아들 안드레 요셉Andre Joseph(1925.9.11.~2001.2.27/1957.7.8 결혼), 넷째 아들은 마리우스 루시엔Marius Lucien(1927.9.3~1941/군인으로 전쟁 중 사망, 훈장을 받았다는 기록이 있음)이다. 막내 고명딸의 이름은 마르게리타Marguerita(1935.5.12~1995.8.30 (니스)/1960.2.20 니스에서 결혼)이다.

위의 기록처럼 이태운의 다섯 자녀는 2015년 현재 한 명도 생존해 있지 않다. 모든 출생 신고서에는 아버지 '이태운'의 친자확인 서명이 있었으나, 그의 3세들은 어디에서 살면서 조국 한국의 문화를 이어가

---

28 일부의 글에서 한국인 양자로 데려가서 파리에서, 내동댕이 '를 쳤다고 하는 것은 억설이다

고 있는지 알 길이 없어 유감스럽다.

첫아들 마르셀Marcel이 태어날 당시 주소는 칸느 빌라 레스 두메스 Cannes, villa les Dumes로 나와 있다. 칸느 시청에서 열린 결혼식에 참석 한 하객들은 주로 발틱-독일-러시아계 손님이었으며, 손탁 양이 이미 별세한 후였던 터라 그녀의 저택에서 여동생 마리 파울리네 손탁이 피로연을 열었다고 한다. 혼인 증명서에 의하면 이태운은 1923년 11 월 28일 오전 10시에 18살의 젊은 신부 엠마 클레멘즈Emma Clementz와 혼인을 했고, 당시 이태운의 직업은 '집주인의 하인Kammerdiener' 이며 주소도 손탁 양의 저택으로 적혀있었다.

마지막으로 손탁 양이 잠들어 있는 칸느 시립천주교묘지 'Du Grand Jas' in Cannes[29]를 찾아갔다. 시립묘지 사무실에서 간단한 안내를 받고 안내도에 표시된 미모스Mimosline Alee주소를 받아 마리 앙토와네 트 손탁의 묘를 찾으러 나섰다.[30]

공동묘지에 들어가서 필자의 남편은 왼쪽 선을 따라, 필자는 오른 쪽 선을 따라 가다가 중간쯤에서 손탁 양의 이름이 크고 선명하게 새 겨진 묘를 찾아냈다. 묘비에 새겨진 '조선황실의 서양전례관 마리 앙 트와네트 손탁Marie Antoanett Sontag, Ancienne Intendante Du Palais Imperial de Coree' 이라고 새겨진 묘비를 맞닥뜨린 순간이 지금도 명징하다. 그녀

---

29 사진기사. 묘비 "Du Grand Jas" in Cannes, (독일어 번역으로 die mit "ewiger Konzession" von der ehemaligen Hofzeremonienmeisterin am Koreanischen Kaiserhof) 프랑스어 비문은 주석 39번 내용 과 같다.

30 비문의 내용 : Cimetiere "Du Grand Jas" in Cannes, Ancienne Intendante Du Palais Imperial de Coree

손탁 양의 가족묘

앞에 참배하며 필자는 감회가 깊었다. 어쩌면 한국인으로 그녀를 참
배하러 온 이가 여태 없었을지도 모른다. 이제 '고종황제'의 고통과
번민을 진심으로 감싸고 위로했던 옛 친구의 묘를 고종 백성의 후손
이 찾았으니 어쩌면 외롭게 여생을 마친 그녀에게 조금이나마 위로가
되었으면 하고 바랐다.

　손탁 양의 가족묘에는 세명이 안장되었다. 조선 황실 전례관 마
리 앙트와네트 손탁, 그녀의 바로 아래 여동생 마리 파울리네 마악
Marie Pauline Maack, 그리고 여동생의 남편 '전하殿下' 알렉산더 마악son
Excellenz Alexamder Maack의 이름과 사망일자가 아주 선명하지는 않으

나 해독이 가능했다.

가족묘는 공동묘지 내 다른 묘와 마찬가지로 흰 대리석으로 덮고 십자가 등을 세워 그 묘 주인의 위엄과 신분을 표시하는 듯했다. 손탁 가족묘도 흰 대리석 석판을 삼 층의 계단식으로 덮고 그 위로 정사각형의 흰 대리석 묘비에 사자의 이름과 살아생전의 업적을 새겨놓았다.

묘 한 가운데 솟은 흰 대리석 십자가는 묘석보다는 어딘지 모르게 갸냘퍼 보였고, 십자가 뒤로 펼쳐진 수평선의 검푸른 바다가 햇빛을 받으면서 반짝거렸다.

석판은 양쪽 바깥쪽으로 갈수록 약간 기울어지게 만들어 빗물이나 눈이 녹으면서 흘러내리도록 되어 있었다. 바로 이 석판의 제일 윗판에 다시 한 번 마리 앙트와네트 손탁, '조선황실의 전례관'이라 새겼는데, 묘비의 선명함에 비해 석판의 문장은 오랜 세월 속에 흐릿해져 해독이 쉽지 않았다. 손탁 양 이름 하단부 오른쪽에는 제부弟夫의 이름이 새겨졌는데 '전하 알렉산더 폰 막son Excellence Alexandre Maack' 까지는 해독이 가능했으나 그외 글자는 유감스럽게도 식별이 매우 어려웠다. '마악 전하'의 왼쪽 아래 석판에는 손탁 양의 여동생이자 마악 전하의 부인인 '마리 파울리네 마악Marie Pauline Sontag, Juse Alexander Maack이 1842년 4월 5일 출생 및 1937년 4월 5일 Cannes에서 사망'이라고 새겨져 있으며 해독이 비교적 수월했다. 한 독일인 학자는 이 가족묘에 다른 한 일본 여인이 함께 묻혔다고 주장했으나 필자는 석판에서 상기 세 명 외의 이름은 찾지 못했다. 이 일본 여인의 이름은 다카호치 오마키 모다이며, 손탁 양이 서울을 떠날 때 동행하여 손탁 양 가족과 함께 생활한 것으로 보인다.

마리 앙트와네트 손탁의 가족관계를 정확하게 알게 되고, 그녀가 어떤 연유로 조선에 들어오게 되었음도 확실하게 드러났다. 곧 손탁Sontag 가문과 마악Maack 가문, 그리고 베베르Waeber 가문이 인척관계를 맺지 않았더라면 손탁 양의 동양과 서양의 문화교류는 불가능했으리라.

국내에는 아직도 마리 앙트와네트 손탁 양에 대한 낭설이 무성하다. 특히 그녀의 출생연도와 조선에 들어온 경위, 그리고 조선 땅을 떠나 여생을 어떻게 보냈는지에 대한 의견이 분분하나, 이번 필자의 답사로 손탁 양의 출생년도와 가족관계를 밝히고 출생지에서 편안한 여생을 보낸 사실까지 확인했다. 그녀가 전 재산을 러시아에 투자했다가 혁명으로 다 잃고, 어렵게 살다가 러시아에서 삶을 마감했다는 설이 잘못되었음를 명확히 밝혀 필자의 한 몫은 마쳤으니 참으로 다행이라 여긴다.

엠마 크뢰벨Emma Kroebel;
손탁 양의 대리 조선 황실 서양 전례관 또는 외인접대계
엠마 크뢰벨 여사(1872 독일 드뤼트 — 1945 베를린)

엠마 크뢰벨 여사는 마리 앙트와네트 손탁 양의 추천으로 1905년부터 1년간 조선 황실에서 서구식 전례관으로 활동했고, 체류 기간의 경험을 기록한 견문기를 1909년 베를린에서 펴냈다. 책에는 저자가 신혼

여행 차 미국, 하와이, 일본을 거쳐 종착지인 중국 칭다오까지의 여행 일지가 일부 있고, 조선에 체류하며 실제 사회정치를 바라 본 저자의 생각과 일본의 침략과정, 조선의 전통문화 및 신앙, 궁중에서의 궁녀와 내시들의 모습 등의 상세한 기록이 더 많은 비중을 차지한다. 이 한 권의 책으로 어느 평범한 독일 여인이 조선 근대사의 현장에서 남긴 기록으로 일약 국제적인 저술가로 이름을 알리는 계기가 되었다.

엠마 크뢰벨은 독일 영토의 북쪽 슐레빅 지역의 듀릴트Schlewig, Druelt 대지주의 딸로 1872년 7월 6일 태어났다. 아버지의 이름은 칼 코제가르텐Carl Kosegarten으로, 엠마가 1901년 11월 5일 결혼함으로써 그녀의 성은 크뢰벨이 되었다.[31]

엠마 크뢰벨의 약력은 대략 다음과 같다.

1872년 7월 베를린 근교의 코제가르텐 지주 집안에 태어나 1901년 여름 독일인 전역 대위 에른스트 크뢰벨Ernst Kroebel(1853~1925)과 결혼하여 그 해 겨울 남편의 사업처인 중국 칭다오로 배를 타고 신혼여행 겸 세계여행을 떠나게 된다. 에른스트 크뢰벨은 군인교육을 받고 대위가 되었으나 지루한 군대생활을 청산하고 흥미 있는 일자리를 찾아 인근 나라를 여행하기도 했다.

그러던 중 중국 칭다오가 독일해병대에 의해 1897년 12월 규주 해안지역 Kiautschou-Bucht이 점령되면서 '독일령'이 된다. 그리고 독일령

---

31 Emma Kroebel, geb. Kosegarten, wurde am 6.7.1872 auf Gut Drült in Nordschleswig geboren. Sie heiratete am 5.11.1901 den Kaufmann Ernst Kroebel. Am 25.2.1945 사망, 베를린에 묻혔을 것으로 추정

첫 해군 사령관으로 코푸카 폰 라쏘우Major Kopka von Lossow 중령이 임명된다. 폰 라쏘우는 에른스트 크뢰벨과 군인 시절부터 친분이 두터워 폰 라쏘우 사령관은 크뢰벨 씨에게 칭다오 및 중국 내 각종 유럽생산 수입품과 군수 물자를 공급하는 사업체를 맡아줄 것을 제안했고, 크뢰벨은 이 국제 무역사업을 기꺼이 수락한다. 이렇게 해서 크뢰벨 씨는 1898년 2월부터 중국에서 유럽생산품 무역사업가가 된다. 1898년 1월 15일 정식으로 군수물품 수송회사로 상하이와 칭다오에 사업 등록을 한다. 고가 사치품과 군수물자 수입을 주요 업종으로 상하이의 회사는 3인이 공동으로 운영하였지만 칭다오의 회사는 크뢰벨이 단독으로 운영했다.

중국에 회사를 등록한 후 3년이 지난 1901년 봄 독일로 건너가 엠마 코제가르텐과 혼인하고,[32] 그 해 겨울에 중국 사업처가 있는 칭다오로 돌아오는 길에 신혼여행 겸 세계 몇 나라를 여행한다. 이태리, 터키, 스페인, 미국 본토와 하와이, 일본을 경유해서 목적지인 중국 상하이에서 친구들의 환영을 받은 후 1902년 초 본인의 자택이 있는 칭다오에 도착한다.

칭다오 자택은 바로 해변가에 인접한 빌헬름 황제 해변 거리에 대지를 구입해서 자택과 회사 사무실을 겸하여 1902년에 아름답게 지었다. 그리고 회사 상호는 '에른스트 크뢰벨의 군대 식품과 고급상품 무역상사 E.Kroebel.Import von Kantinenartikeln sowie Luxusartikeln fuer Civil und

---

32 아버지 Carl Kosegarten과 어머니 Margaretha Catharina Kühl

Militaer'였고 '에른스트 크뢰벨과 공동수입운영회사'[33]로 등록하였다.

엠마 크뢰벨은 중국 칭다오에서 평범한 주부로 지냈고 이들 부부에게는 자식도 없었다. 그저 중국 현지의 다른 독일인들과 적당히 교류하며 중국의 '한 외국인'으로 지내고 있었다.

그러던 1905년 어느 날 서울로부터 '상상을 초월한' 편지 한 통이 날아온다. 다름 아닌 마리 앙트와네트 손탁 양의 초청이었다. 손탁 양은 1896년부터 조선 황실에서 서양전례관으로 공식 업무를 수행하고 있었지만, 조선 내에서 알게 모르게 많은 그녀의 직함은 유럽인들에게도 이미 잘 알려져 있었다. 조선황실로의 초대 목적은 손탁 양이 급하게 유럽여행을 가게 되어 황실의 잦은 전례 연회 등의 대리 역할을 1년간 맡아 달라는 것이었다. 물론 손탁 양과 에른스트 크뢰벨은 이미 사업상 수년간 친분이 있던 참이었는데, 엠마 크뢰벨에게 이런 '상상하기도 어려운 숨막히게 들이닥친' 초대에 아직 갓 32살의 '그 당시 범상한 여성'에게는 너무 벅찬 과제일 수도 있었다.

이 초청장이 마침 중국 칭다오 독일령 총독인 투루펠truppel이 조선을 방문한 기회에 전달되었다는 사실도 한 몫 거들었다. 엠마 크뢰벨의 고민은 매우 깊었다. 남편을 혼자 중국 땅에 남기고 가는 것도 고민거리지만, 이 막중한 직책을 수용할 자신이 있는지, 그렇지만 조선에 대한 그녀의 호기심은 이 모든 걱정과 고민을 날려 버렸다.

---

33 회사명과 중국내 회사, 그리고 회사사업자명 "E. Kroebel & Co. Importgeschäft". Filialen Peking, Kiautschou, Kaumi. Inhaber: Ernst Kroebel und Joh. Walther. - Max Baldow, Prokurist. Friedrich Jann, Anton Scheuermann, Wilhelm Hinney. Ludwig Kölsch in Peking.

그녀의 저서 본문 101쪽에 "나를 초청한 사람은 손탁 양이다. 그녀는 몇 년 전부터 조선 황실에서 황제의 신임을 받아 특별한 지위에 올랐고, 그녀의 권세 역시 대단했다. 저자 엠마 크뢰벨은 … "나의 호기심을 끌었던 것은 크게 다음 두 가지였다." 첫째, 극진한 손님접대로 명성이 자자했던 그녀의 집에 머물면서 그녀와 친분을 쌓는다는 것은 반복적인 내 일상에 변화를 줄 수 있는 좋은 기회가 될 것이라는 생각과 둘째, 당시 미지의 땅이었던 조선을 직접 보고 체험할 수 있는 다시없는 기회라고 생각했다."

조선 황실에서 서양으로 초청 제안을 받았을 때 순간 당황했지만 일단 손탁 양에게 생각을 정리할 말미를 구한다. 그리고 결정할 때까지 그 순간에 얼마나 깊이 고심했는지 그녀의 온갖 고민을 책에서 풀어놓는다.

"과연 내가 이 막중한 과제를 빈틈없이 수행할 수 있는 적격자인지, 나는 오랜 시간 생각했다. 그러나 한편으로는 이 중요하고도 힘든 임무에 도전해보고 싶은 충동이 일었고, 또 다른 한편으로는 서양인들의 호기심을 불러일으키는 미지의 나라 조선에서의 사회생활을 직접 체험하고 싶은 욕망이 꿈틀댔다. 낭만과 상상 사이에서 이리저리 맴돌다가, 나는 두려운 마음을 버리기로 했다. 세상에 거의 알려지지 않은 나라, 지구상에서 가장 비밀스런 조선에 대한 호기심이 나를 압도했기 때문이다."[34]

---

34 크뢰벨, 121쪽.

엠마 크뢰벨 여사는 드디어 결심하고 손탁 양에게 초청 제안을 받아들이겠다고 알린다. 그 후 1905년 8월 여름 '페이호'를 타고 조선여행을 하게 되고, 조선황실에서 손탁 양의 친절한 배려로 황제 알현을 하게 된다. 고종은 연약해 보였지만 무척 따뜻하고도 간절한 태도로 도움을 청하는 모습에 '거의 마음'을 빼앗길 정도로 크뢰벨 여사 역시 고종에게 충심을 다할 것을 즉석에서 약속한다.

그리고 1905년 여름부터 1906년 가을까지 크뢰벨 여사는 손탁 양의 궁중 전례관 대행을 한 후 남편의 사업지인 중국 칭다오로 돌아갔다. 그 후 곧바로 남편 에른스트 크뢰벨씨는 1907년 11월 7일 사업체를 공동운영자[35]에게 넘겨준 후 부부는 중국 땅을 떠나 고향 베를린으로 돌아간다. 크뢰벨 부부는 1910년부터 베를린에서 살았다고 전한다. 그리고 에른스트 크뢰벨은 1차 세계대전이 발발하자 62세의 높은 나이였지만 자진해서 군복무를 했고, 독일의 패전으로 전쟁이 끝난 직후 1925년 5월 16일 베를린에서 세상을 떠났다.

1909년 독일 베를린 야콥스탈[36] 출판사에서 엠마 크뢰벨은 『내가 어떻게 조선황실에 들어오게 되었는가』라는 제목으로 1901년 겨울에 그녀가 신혼여행 겸 떠난 세계여행과 1905년부터 1906년 가을까지 1년간 조선황실에서 전례관 대리역을 수행하면서 보고 들은 내용으로 책을 펴냈다. 그녀의 저서는 단순하게 '세계여행견문기'로 넘기기

---

35 회사의 중국명 리창양행, 사업주 J. Walther, „Li dschung yang hang

36 Berlin 1909, Verlag von R. Jacobsthal & Co Jacobshon

에는 민감한 내용이 포함되었기에, 책이 출간된 다음날부터 저자 엠마 크뢰벨의 존재가 세상에, 그것도 험악한 국제 언론을 힘겹게 감당해야 할 만큼 하루아침에 '국제적 유명인사'가 된다.

저서 내용은 미국본토를 거치면서, 얼마 전에 미국영토로 편입된 하와이와 일본에서 체류하면서 경험한 여러 견문기, 일본 여인의 사회적 지위를 소개했으며, 1902년 초에서 1905년까지 중국 칭다오에서 체류하면서 만난 중국인, 그리고 중국인의 민속신앙과 중국인의 전통문화에 대해 진지하게 기술했다. 그리고 1년간 조선 황실에서 근무하면서 조선을 관찰하고 황실내부의 실정, 조선이 점차 일본의 지배하에 들어가는 과정을 안타까워하고 조선의 풍습과 조선의 정치적 현실을 지적했다.

본문 101쪽에서 저자는 "조선은 지정학적으로 참으로 특이한 위치에 놓여있다. 영국의 국토 면적과 비슷한 한반도는 자국의 세력을 확장하려는 세 열강(일본, 중국, 러시아)의 최대 관심 지역으로 떠오르고 있다. 세 나라는 한반도를 서로 자국의 세력권 안으로 넣으려고 안간 힘을 쓰고 있다. 한마디로 이러한 국제 정세가 바로 현재 조선반도의 운명이다." 라고 그녀 나름의 20세기 초 조선의 정치적 현실을 세계에 알렸다.

그럼에도 불구하고 엠마 크뢰벨의 책 『나는 어떻게 조선 황실에 오게 되었나?』는 어쩌면 단순한 세계견문기로 끝날 수도 있었다.

평범했던 한 가정주부 엠마 크뢰벨이 한 순간에 세계적으로 주목

앨리스 루즈벨트와 부군 롱워즈가 주한 미국대사관 정원에서 (사진 X 앨리스 양과 부군)

받는 동기가 된 것은 이 책 내용 일부에 있었다.[37] 당시 미국 대통령의
외동딸 앨리스 루즈벨트 양이 약혼자를 대동하고 동양여행을 하다가
1906년 여름 고종의 국빈 초청으로 서울에 오게 된다. 서울체류 중 앨
리스 공주는 '말괄량이' 처럼 굴었다. 고종의 연회석상에서도 '제 멋
대로' 굴어서 연회에 참석한 국제적 외교관들의 빈축을 사기도 했다.
그러다 끝내 이 '말괄량이' 가 '문화 충돌 사고' 를 저질렀다. 이 사건

37 Emma Kroebel, Wie ich an den koreanischen Kaiserhof kam, 162-167쪽: Miss Alice Roosevelt in
  Seoul und ihr festlicher Empfang an den Grabstaetten der koreanischen Kaiserfamilie..

에 대해 엠마 크뢰벨 여사가 당시의 기억을 더듬어 쓴 추억담은 대략 이러하다. "고종황제가 앨리스 양을 야외 연회에 초청하고 그 장소는 홍릉이었다. 이미 먼저 도착한 각국 외교관 및 내빈들이 국빈 '앨리스 공주'를 기다리고 있을 때 갑자기 먼지가 뽀얗게 일더니 능 바로 곁에서 멋진 승마복을 입은 앨리스 양이 약혼자 롱워즈Longworth 일행과 함께 말에서 내렸다. 손님들이 보편적으로 생각하는 왕릉 참배에 적절한 의상도 아니었고 말을 타고 나타난 것은 더더구나 모두를 다소 '당황하게' 했다. 참석한 손님들이 ⋯ 승마복 차림에 한 손에는 채찍을 들고 입에는 '시가를 문' 미국 대통령의 영아嬰兒를 맞을 마음의 준비가 되지 않아 당혹해 하는 모습이 역력했다. 잠시 후 엠마 크뢰벨 여사가 연회 주관 책임자로서 다가가 다과를 권하는 동안 잠시 평정을 찾은 귀빈들에게 두 번째 폭탄이 떨어졌는데, 앨리스 양이 갑자기 왕릉에 서있는 '코끼리' 석수를 발견하고 날렵하게 올라 타 약혼자에게 사진을 찍으라는 신호를 보낸 것이다. 미국 대사까지도 입을 다물지 못할 행동이 순식간에 일어났다. '앨리스 공주'는 코끼리상 위에 올라타고 사진을 찍은 후 주위의 시선에는 아랑곳하지 않고 그녀의 일행을 재촉해서 '버펄로 빌'(저자의 표현)처럼 다시 먼지를 날리고 홍릉 연회장을 벗어났다." 웃지못할 씁쓸한 '문화 충돌 사고'를 엠마 크뢰벨은 살아 생전 잊을 수가 없었을 것이다.

그리고 책이 1909년에 베를린에서 출간되자마자, 다음날 1909년 11월 17일과 20일 사이에 미국 뉴욕타임스 신문에 엠마 크뢰벨의 책 내용은 전혀 근거가 없다고 그 동안에 결혼한 앨리스 롱워즈의 남편은 강력하게 부인하는 기사를 내놓는다. "독일여인 엠마 크뢰벨은 거짓말쟁이이거나 정신이상자이다"라고 반박한다.[38]

두 번째 이 책의 내용을 부인하는 기사는 조선에서 활동하는 미국인 선교사 부인이었다.

"사건 당시 내가 조선에 있지는 않았지만 조선으로 돌아와서도 그런 이야기를 들은 적이 없었으니 사실 그런 일이 있었다면 내가 모를 수가 없다."라는 인터뷰 내용이었다.

이 기사에 반박하여 즉시 베를린 조간신문에 엠마 크뢰벨은 "나는 거짓말쟁이도 아니고 정신이상자도 아니다. 앨리스 양의 조선 체류 중 왕릉에서 일어난 '문화충돌사고'는 어디까지나 사실이다"라고 답변 기사를 썼다. 그렇지만 그녀는 당시 증거를 확보하지 못한 탓으로 외로운 투쟁을 했다.[39] 여론의 관심이 흔히 그렇듯 이 사건도 차츰 국제적 관심에서 벗어나면서 잊혀졌다. 그러다가 100년이 지나 미국 코넬대학교 도서관의 한 사서가 앨리스 롱워즈 부인이 조선 왕릉에서 석수 위에 올라타 있는 사진을 발견하면서 재차 언론의 관심을 받게 되었고, 이번에는 국내 언론까지 합세해서 엠마 크뢰벨이 적은 내용이 사실임을 확인했고, 엠마 크뢰벨의 명예는 완전히 회복되었다. 이

---

38 N.Y. times, 17.Nov. 1909: Mrs. Longworth amazed Koreans, Book jest published by German od Korea Court Tells Remarkable tale of her. Made Joke of Ceremony had Picture taken Astride Stone Elefant of Tomb of Espress befor Horrified Imperial suite.

39 Displaying Abstract. Berlin Emma Kroebel, a German Woman, who was the Chief Mistress of Ceremonies at the Court of the Emperor of Korea 1905.Appears as the author of a Book, published here to say, which Contans of section dealing with the visit of the them Miss Alice Roosevelt to Korea in that Year, 11월 17일 뉴욕 신문의 기사에 반박기사

러한 오해가 바로 잡히는 동안 국내에 '엠마 크뢰벨'의 이름은 이제
는 낯설지 않게 되었고, 단지 그간 원저의 한글 번역본이 없던 터에 이
제라도 내용에 대한 궁금증을 풀게 된 점은 다행이라 여긴다.

참고 문헌_

원본 기록

Emma Kroebel: Wie kam ich an den koreanischen Kaiserhof. Reise-Eindruecke und Erinnerungen. Mit zahlreichen Illustrationen. 1909, Verlag von R. Jacobsthal und Co. Berlin Scjoenberg. Meinen lieben Mann, dem Haupt mann a.d. in herzlicher Dankbarkeit gewidmet. 184쪽

Archiv Cannes : 사망증명서, 혼인증명서, 출생생신고서
http:archivescannes@ville-cannes.fr.
주소: Villa 9 Montrose Avenue, Cannes, 프랑스

독문 _

엠마 크뢰벨에 관한 참조논문

Tsingtau Adressbücher von 1901-1907; Genealogische Daten der Familien Kosegarten und Kühl; Nachruf auf Ernst Kroebel in der Ostasiatischen Rundschau, 1925, Seiten 139-140.

마리 앙트와네트 손탁에 관한 참조논문

- Braesel, Sylvia : Marie Antoinette Son(n)tag 1838-1922 eine Pionierin der deutschen-koreanischen Beziehungen. Oder das Wirken einer aussergewoehnlichen Frau, die man die "ungekroente Kaiserin von Korea" nannte.(ein Garten der Freundschaft에서), 164-177쪽, 2014, Lau-Verlag & Handel KG, Reinbeck
- Claussen, Gertrud (Hrsg.)(1983), FremdeHeimatKorea.EindeutscherArzterlebtdieletztenTagedesaltenKorea1901-1905. München. Simon & Magiera. 103쪽 mit Abbildungen.
- Die ungekroente Kaiserin von Korea. Interview mit Sylvia Braesel, Kultur Korea Berlin, 2014.
- Sylvia Braesel: Fraulein Marie Antoinette Son(n)tag 1838-1922. Eine deutsche Pionierin mit interkulturellen Background am koreanischen Kaiserhof. 4-7 쪽. Kultur Korea Berlin , 2014

국문_

김은주, 『석조전』, 민속원, 2014.

김원모, 「미스손탁과 손탁호텔」, 『향토서울』 제56호, 서울특별시 시사편찬회 1996.

———, 「루스벨트양의 서울방문과 대한제국의 운명(1905)」, 『향토서울』 제44호, 서울시사편찬위원회, 1987.

이광린, 「한국 최초의 독일어학교와 독일인 교사 요한 볼얀(1862~1928)」, 『독어교육』 제56집, 한국독어독문학교육학회, 2013.

이왕무, 「대한제국기 純宗의 南巡幸 연구」, 『정신문화연구』 제30권 제2호, 한국정신문화연구원, 2007.

———, 「대한제국기 순종의 西巡幸 연구」, 『동북아역사논총』 31호, 동북아역사재단, 2011.

이순우, 『근대서울의 역사문화공간: 손탁 호텔』, 도서출판 하늘재, 2012.

한희숙, 「구한말 순헌황귀비 엄비의 생애와 활동」, 『아시아여성연구』 제45집 2호, 숙명여자대학교 아시아여성연구소, 2006. 11.

『황성신문』, 1899. 2. 4.

다른 나라의 언어를 자국어로 옮길 때 직역만이 꼭 문장을 매끄럽게 하지 않을 때도 더러 있다. 문장 전체를 독자들이 편히 이해할 수 있도록 하자면 '의역'이 불가피할 경우를 더러 본다. 그리고 저자는 고유명사나 특별한 예문들을 자국 언어로 표시했는데, 이러한 단어내용이 역문에서 독자들에게 오히려 혼란을 일으킬 것으로 생각되면 역문에 우선을 두었다. 간단한 예를 들자면 '백두산', '두만강'을 저자의 자국어도 아니고 제 3국의 '비슷한' 언어를 사용한 경우이다. 또한, 사진 캡션에서도 저자가 단 설명에는 일부 잘못된 내용이 있었다. 이는 번역하는 과정에서 바로 잡았음을 밝혀둔다. 독자들의 양해를 구한다.

독일어 저서 원본을 읽은 지가 수십 년이 되었다. 그 당시 무척 흥미로워 바로 번역작업을 시작했다. 그런데 계획대로 쉽게 풀리지 않았다. 그래서 서랍 깊숙이 넣어두고 급한 일부터 하다 보니 번역 작업을 시작했다는 것조차 잊을 때도 있었다.

지난해 초에 성균관대학교 조우현 교수가 민속원 출판사 홍종화 사장을 찾아 번역출판을 제안했다. 두 분이 없었더라면 이 책이 세상에 태어났을 지 의문이다. 감사드린다. 꼼꼼히 교정을 봐준 박호원 편집장님, 그저 고맙기만 하다.

빠른 시일내에 책으로 나오기를 원해서 마음이 급했다. 이미륵 기념사업회 박균 회장과 남양주역사박물관 정지희씨의 교정, 참으로 고마웠다.

옛 프랑스글자로 적힌 사망, 혼인, 출생신고서의 해독을 해준 선교 분도회 마우루스Maurus 신부님, 그리고 현지 탐색을 주도해 준 남편 크리스토프 베커스Christoph Beckers 씨, 두 분께도 어찌 감사인사를 잊으랴. 문화유산국민신탁 김종규 이사장님의 적극적인 후원, 그리고 바쁜 일정에도 마다하지 않고 함께 해주신 모든 분들의 진심 어린 협조가 있었기에 이 책이 세상의 빛을 보게 되었다. 마냥 고마운 마음이다.

2015년 꽃이 만발한 4월
남독일 레겐스부르그에서

찾아보기 _

아

자

카

타

차

나는 어떻게
조선 황실에 오게 되었나

초판 1쇄 발행 2015년 9월 3일

지은이 엠마 크뢰벨 **옮긴이** 김영자   **펴낸이** 홍기원
편집주간 박호원   **총괄** 홍종화
편집·디자인 오경희·조정화·오성현·신나래·김선아·남지원
　　　　　　이효진·남도영·이상재
관리 박정대·최기엽
펴낸곳 민속원 **출판등록** 제18-1호
주소 서울시 마포구 대흥동 337-25 **전화** 02) 804-3320, 805-3320, 806-3320(代) **팩스** 02) 802-3346
이메일 minsok1@chollian.net, minsokwon@naver.com
홈페이지 www.minsokwon.com

ISBN 978-89-285-0776-4 93910

※ 책 값은 뒤표지에 있습니다.
※ 잘못된 책은 바꾸어 드립니다.